中華書局

U0106428

未完成的
香港社會保障：
批判的導論

歐陽達初　黃和平　著

大中華研究中心
Centre for Greater China Studies

羅金義　主編

香港，經過幾代人數十年的辛勤努力，取得了輝煌的經濟成就，奠定了作為國際金融、貿易、航運中心之一的重要地位，並在國家現代化建設和國際經濟格局中發揮着特殊作用。在成為國際化大都會的發展過程中，香港在許多方面都有精彩之筆，不乏成功範例，積累了一系列成熟的經驗，值得認真總結，並推廣開去，供人借鑒。

但是，毋須諱言，香港當下也正面臨着前所未有的困境和挑戰。當今世界日趨激烈的國際和地區競爭形勢，特別是中國內地的改革開放和經濟的快速發展，給香港造成空前巨大的壓力；同時，香港社會內部始終存在着不易化解的深層次矛盾，加上紛爭不斷、內耗嚴重等因素，給香港社會造成極大困擾，並直接影響到香港經濟的可持續發展，致使香港競爭力不升反降。如何通過全面總結寶貴的「香港經驗」，重新找回香港社會對自身前途和命運的信念與信心，並主動對接國家發展戰略，謀求香港經濟持續穩定的發展，不斷提升自身競爭力，保持已有優勢，是擺在香港社會各界面前的嚴峻課題。

為此，香港三聯書店與香港中華書局聯袂策劃組織出版一套總結、概括香港經驗的叢書，計劃在未來三到五年時間裏，邀請海內

外香港研究專家參與，凡涉及香港社會政治、經濟、文化各方面、各領域的先進經驗、成功案例，均可編寫成冊，列入叢書，力求全面展示海內外關於香港經驗的最新研究成果。

「香港經驗叢書」是一套相對開放的連續性出版物，起初列入的選題，包括香港的城市規劃、香港的房屋政策、香港的金融貨幣管理、香港的交通運輸管理、香港的醫療與社會保障制度、香港的法治與廉政建設、香港的公務員制度、香港的企業管治、香港的創意產業等等，過程中或會酌加增減調整。

為便於一般讀者閱讀，並方便相關培訓課程參考使用，叢書力求結構清晰，層次分明，文字風格深入淺出，通俗易懂。既有扎實的理論功底和較高的學術含量，又有較多的典型案例和操作方法；既追求嚴謹，又力戒空談，避免煩悶、複雜的理論論證。

我們相信，無論從香港自身發展的角度，還是從提供他人借鑒的角度，出版本套叢書都具有重要意義。

本叢書的編寫出版，得到香港和內地眾多學者的熱心關注和大力支持，在此謹表感謝。

三聯書店（香港）有限公司
中華書局（香港）有限公司

　　法國人類學大師克勞德‧李維史陀（Claude Levi-Strauss）説，所謂創意，就是介乎科學知識和神話式意念之間。一方面，我們需要重新整理既存材料，這就是科學知識的任務；另一方面，我們也需要在既存材料當中開拓新路徑，俾能前行，而神話式意念往往就是憑藉。李維史陀這提法也許滿有法式知識份子傳統的趣味，但對於深受英美實用主義訓練的社會科學工作者而言，反而引發另一番感慨，當中包括日本研究名宿布賴恩‧莫倫（Brian Moeran）：以亞洲研究而言，我們是否有着太多神話式意念，科學知識卻嫌不足？（參看 Brian Moeran, "Asian Studies: Scientific Knowledge or Mythical Thought?" *Asian Studies*, September 2015, 1（1）: 1-11）

　　香港研究跟莫倫心目中的亞洲研究是否有一些相似的經歷？那些年，遠在我們有意去整理什麼是「香港經驗」之前，已經有人張燈結綵似的將香港「成就」標籤為「奇跡」，解説它是仰賴什麼「政策」促成；後來，甚至有「大香港主義」的傳奇；九七回歸前後，為「香港經驗」做「總結」的叢書巨著不一而足。然而幾番起落，香港成就又被稱為「例外主義」的一種；賴以成功的政策原來是文過飾非或者事後孔明；創造奇跡、傳奇的範式和

歷史都要被修訂和重新詮釋；今天，「香港經驗」還算得上是代表「成功」的符號嗎？莫衷一是，人言人殊。

　　人們也許需要神話式意念來突破成規、考據、意識形態的深嚴條塊，但未曾深究就忙於樹碑立傳，神話往往成為政治操作的文宣罷了。於是，我們選擇了為香港研究做最謙卑的工作，為既存材料重新整理。作者們都清醒明白，為香港經驗重整一幅盡量完整的圖像，並非要來定義它是偉大還是僥倖，也不是要標榜它可供臨摹還是只供月旦；大家堅持的是有根有據的闡釋，有板有眼的論述，也會顧慮到科際知識的互用，在理論參照之下的跨社會比較。是其是、非其非要有科學基礎，當香港經驗的根據、板眼都整理完備，它算不算是個「神話」，還有多重要呢？

　　感謝香港教育學院大中華研究中心的支持，以及中華書局（香港）有限公司同仁的推動，當然最重要是多得諸位毫不計較功名利祿的作者，令到這種深耕細作的項目，在這個計較亮眼噱頭、排名檔次、「影響因子」的時代，依然成為可能。

羅金義

香港教育大學大中華研究中心

黃洪序

　　歐陽達初與黃和平是我認識多年的工作伙伴，我們的關係可以說是亦師亦友。

　　達初於香港中文大學修讀社會工作本科時，我是他的老師。當年，他十分積極參與和推動「中大基層關注組」的活動；在關心勞工和基層的各項事工中，達初和我有不少接觸和合作。

　　和平在香港中文大學社會學系修讀哲學碩士，他研究的範疇是邊緣勞工中的女性清潔工，而我是他的論文評審委員。跟達初一樣，和平在學時已經很關心基層的生活，一直關注貧窮、勞工及社會保障議題，並參與中大基層關注組的活動。

　　但是，對達初及和平的深入認識始於大家成為工作伙伴。他們倆都曾經當過我的研究助理，協助我進行有關貧窮及勞工的研究。很慶幸，能夠與他們二人互相砥礪。

　　達初於 2005 年自中大社工系畢業之後，便成為了關注綜援低收入聯盟（關綜聯）的組織幹事。這段時期，我先後擔任香港社會服務聯會（社聯）的社會保障委員會主席和副主席，所以多次與達初合作，一起進行研究、活動及政策倡議。當時，達初不單積極推動綜援人士發聲，反對政府對綜援的削減和收緊，更主動提出以社區或公眾教育的方法來改變普羅市民及主

流傳媒對領取綜援人士的定型及歧視。他透過街站、書籍《綜援 -nization》、電影等多種多樣的手法，去重新解構及建構綜援人士的社會形象。可以說，達初採取較創新的方法來推動香港社會保障制度的發展。

和平於碩士畢業後協助我進行有關青年訓練，以及居住在偏遠地區的長者、婦女及青年的生活研究。其後，和平成為社聯政策倡議及研究部的職員，開啟了我們在爭取全民退休保障及進行香港貧窮及匱乏的研究上長久的合作。

貧窮是香港最嚴重的社會問題，市民有最切身的關注，而社會保障及退休保障制度正是解決貧窮問題關鍵的社會政策。所以，探討香港社會保障及退休保障政策的得與失，是尋找解決香港貧窮問題之道必須面對的課題。本書不單能整理香港社會保障與退休保障的發展歷史脈絡，亦能就其中的重要政策及議題作出分析及評論。最特別的是本書能深入淺出應用理論來分析香港的實況，並以參與者的視點出發，認真檢視社會保障及退休保障制度出現的不足和漏洞。

達初與和平是少數能兼具基層視野、理論分析，並能批判地及系統地透視政策的年青人。他們是次撰寫的《未完成的香港社

會保障制度：批判的導論》，正正反映了本地社會保障及退休保障運動參與者／研究人員的觀點和聲音。這些觀點和聲音，對於我們探求和推動香港社會保障制度的改變尤為珍貴。我誠意向大家推薦。

黃洪
香港中文大學社會工作學系副教授

趙維生序

　　知道歐陽達初與黃和平被邀請出版一本有關香港社會保障的書，很替出版社和讀者高興。過去多年優質中文社會政策書籍買少見少，原因之一可能與大學教研生態改變有關，以致出現所謂「重英輕中」和「重期刊輕書籍」的趨勢，部分學者不太願意花時間於「低回報」的中文學術書籍的出版工作。這現象既不健康，也十分可惜。然而在這學術風氣和大勢下，達初與和平兩位優秀年輕學者，願意在個人繁重的研究與實務工作之上，致力完成這書，實在很了不起。這書的完成與出版，不單反映兩位作者的功力，更在中文社會政策的荒漠中長出了一片綠洲，滋潤了本地與及鄰近華文地區的社會政策批判討論，實在是我們讀者的福氣。

　　在香港，社會保障對不少人來說，是個既熟悉又陌生的概念。無論從社會福利署的網頁、政府的宣傳資料、報章電視看政府官員的新聞發佈，甚至民意代表的公開評論，很多人都有機會接觸有關社會保障的一鱗半爪。如果一般人單純從普通常識去理解，社會保障只是對貧窮及其他有需要的個人或家庭提供的援助或服務，而所謂「有需要的個人或家庭」，一般的理解大概是指一些在個人或家庭不能控制的範圍外所遭遇的生活困難，例如年

老無依、患病、殘障、孤寡等。而保障一般就被視為對這些不幸者的慈濟性福利和照顧。正如作者指出，香港仍有很多人不太願意承認自己有社會保障的需要，因為社會保障只是為少數不幸／失敗者而設，帶有負面的道德烙印。如果上述理解正確的話，香港一般人對社會保障的理解，可以說是相當保守和片面的，因為它把貧窮和社會不利處境變成個人不幸，而社會保障作為其中一個社會制度，則成為了政府為不幸人士的施予，完全漠視了貧窮、失業、生活困苦、晚年生活缺乏保障等問題的社會、政治和經濟成因，也看不到社會政策，包括社會保障制度和各項對生活保障的政策，如何強化和延續問題個人化，並把貧窮和生活困苦不斷重複生產。

然而，這不是管治香港的官僚和既得利益階層的目的嗎？社會上一般人對社會政策，包括對社會保障制度的理解，很大程度上是社會建構的，它的生產必然有其獨特社會背景和脈絡。在這書裏，兩位作者引用了不同的理論觀點，例如在前言提及的選擇性發展主義（selective developmentalism）及導引性生產主義（facilitative productivism），說明由殖民地政府到特區政府，過去一直和資本家（及親政府／建制政治團體）結盟，無論在財

經政策和社會福利政策上，都一貫以促進經濟生產為首要（也可能是唯一）目標。在這論述下，經濟成長被建構成為香港人生活改善的唯一有效依據，而殖民政府時期的「自由市場、積極不干預」，以及特區政府時期的「自由市場、積極導引」（positive facilitation）策略，也被建構成為香港經濟發展的最有效政策。既以經濟增長為首要社會目標，經濟增長率也就常被用作等同生活質素改善的指標。正如兩位作者指出，這種追求經濟發展的情況，必然要在促進經濟增長、控制工資與國民生活保障之間作取捨，而香港特區政府的取捨十分清晰和明顯：就是壓縮國民生活保障及公共開支、並在最大可能程度上阻礙勞工權益的發展，並由此促進經濟增長，讓投資者從中得到最大的利益。

作者對香港社會保障制度的發展，作出了十分詳盡深入的政治經濟分析，也大大補充了一直以來社會政策討論缺乏結構分析的空隙。作者沿着制度、觀念和利益三個互動因素，分析港英政府以殖民主義及重商主義的邏輯，以及剩餘福利模式迴避社會政策的重要性。除了對剩餘福利的路徑依賴外，作者提出路徑依賴（path dependence）與路徑突破（path breaking）在香港社會政策的拉扯，藉此分析社會保障政策制定的權力動態，也借

用「混雜式政治體制」的概念，解釋政府如何在有限度選舉的狀況下，限制社會福利的發展。在觀念方面，作者的分析也十分精彩：除了分析一貫以來對「自由市場」、「家庭責任」等新右派論述外，也以「具家長主義色彩的福利觀」：強調就業及抗逆的個人道德責任，重建職涯規劃等，作為鞏固現有社會保障制度的意識型態力量。在利益方面，作者也把社會保障和利益分配的複雜多維關係作出了深入分析，指出社會保障與資本家和中產階層的關係並非直線性的矛盾，問題是什麼的社會政策和什麼的社會保障制度才令階級矛盾尖銳化和升級？這個分析框架，使本地社會政策界對社會保障制度分析更為完整，也更可能看到制度、觀念與利益分配的互動。

另一方面，近年無論歐美還是香港，國民身份與社會福利的關係似乎愈來愈密切，也愈來愈緊張。社會福利和社會保障的提供不單已遠離權利（entitlement）的原則，而且資格（eligibility）審查的條件也愈來愈複雜，在入息審查（means-test）以上還需通過道德審查（例如是否有工作意願）及身份審查（例如是否國民／香港人）。階級矛盾往往透過福利領取轉移至身份矛盾上，例如低工資、低保障不再（或不單）是資本家對勞動工人的剝

削，更是由於外地人（或移民）入侵導致；另一方面，政府的緊縮政策（austerity）（香港稱為財政紀律）及社會服務私營化本來是導致市民福利削減的主因，但卻也變成移民奪取本地人的福利及社會資源。身份審查一方面強化本地人的向心力，但卻沒有處理階級政治的矛盾。在此情況下，社會政策作為跨越社會階層橋樑、並藉此建立對國民（包括陌生人）社會關懷的情操也愈走愈遠。在身份政治、社會保障和社會矛盾方面，兩位作者也提出了十分貼地的分析。雖然作者沒有為解決這些矛盾提出答案（誰人可以？），但提出了方向性的討論，也實在是難能可貴。

我是個社會政策人，大半生參與社會政策教育、研究和實踐，對社會政策構造平等關懷的全民社會有濃厚（到愚蠢）的感情，也對香港社會政策對社會階級的分化和對弱勢的壓迫有很大的批判，希望批判的聲音能喚起更多人的覺醒。讀完達初與和平的這本書，令我十分感動，也由衷的欣賞。這是一本情理並重，介紹與分析兼備、學術討論與政策分析並行的好書，值得向大家推薦。希望透過這書和更多的本地出版，促進本地社會政策的辯論和反思。

當我從大學的崗位退下來時，很多人說：當我們那一代社會

政策人退下來後，社會政策研究與教育將難以為繼。這完全不是說我們一代社會政策人特別優秀，而是社會的改變令人對社會政策、社會平等及社會改革的理想漸漸變得淡薄，而保持理想與熱情的人卻不甘於社會政策促動的社會改革。年前與英國社會政策大師雅倫沃克教授（Prof. Alan Walker）（也是我當年和達初現時的博士指導教授）談起，他也見證英國出現了相似的現象，但原因不盡相同。然而我不完全認同這觀察，因為在我實際生活中，我認識不少很有能力、很有學問，也有比我那一代對社會改革更有熱誠的年輕學者，達初與和平兩位就是其中的表表者，他們都是香港社會政策研究、教育與實踐的未來棟樑，也是社會改革的希望。這書的出版就是最好的見證。

趙維生
前香港浸會大學社工系教授、台灣實踐大學社工系客座教授
2017 年 5 月

蔡海偉序

　　香港的社會保障制度仍然保留在社會救濟的色彩，尚未發展成為一種社會投資與風險分擔的制度。社會保障的改革必須對症下藥，透過共識而建立社會契約。

　　過去幾年香港人對貧窮問題、財富再分配等議題有更多及更深入的討論，特別是在剛過去的退休保障諮詢，退休保障改革成為了社會上最重要的社會政策議題。然而，討論雖多，卻不見得這些討論都有助市民真正認清問題，促進彼此理解。

　　有一種論者立場模糊，其實並非真正支持或反對某一社會保障改革方案，只是因應一時社會氣氛、政治形勢而提出意見。到日後形勢出現變化，他們的意見卻可以徹底逆轉。

　　第二種論者則相反，他們往往過於執著於某一特定社會保障改革方案，卻忘記改革的目的，結果忽略了以其他方案解決同一問題的可能性。有時為了堅持方案，會無視對自己不利的客觀證據，輕信有利於自己的流言。例如在討論綜援改革上堅持「大部分領取綜援都是新移民」，在討論退休保障改革時，也有不少人硬說「希臘因推行全民退休保障制度導致破產」，都是忽略了客觀的證據。

　　這兩種論者都只會使討論變得更混亂，意見變得更極端，卻

無助建立共識。

筆者與本書的作者——達初與和平認識多年，兩者長期參與社會保障的研究及倡議工作。本書難得之處，是作者既有清晰立場，亦能在分析中做到客觀持平，更重要的是對不同觀點，都保持開放態度。在現時撕裂的社會氣氛中，實屬可貴。

本書名為「未完成的香港社會保障」，要完成這未完成的使命，需要社會對此議題有更多討論，更需要有更多有理有節的討論。

誠意推薦參與社會保障政策討論的持份者閱讀此書。

蔡海偉
香港社會服務聯會 行政總裁

自序一

　　我對社會保障的關懷源自大學時期，那時正值 2002 年政府蘊釀削減綜援，遇上剛回香港中文大學任教的黃洪老師，經他介紹之下，到「關注綜援低收入聯盟」當義工。可以肯定的說，目前我對社會政策（例如綜援制度）的理解和分析，離不開與福利使用者、單親婦女、失業者、當零散工的新來港人士的接觸。從她／他們身上可領略到，理解社會保障的一個很重要但經常被忽略的方法，就是向使用者學習。作為政策的一部分，談社會保障當然要觸及其目標、工具與結果，但它更是一套可以被經驗、被感知、被改造的制度。本書很多觀點都受到她／他們的啟發，特別是其生活經驗及對政策的敏感度。不過，在綜援、最低工資與全民養老金的倡議中，我亦感到部分香港人對社會保障和勞工保障，深存恐懼與懷疑：長者擔心拖累青年一代、基層工人害怕福利削弱工作動機等等。這些觀感及經驗，推使我思考背後的政治經濟制度，以及社會改變的可能。我逐漸相信倡議社會保障與社會公義，既不能脫離血肉的具體處境，也不能見樹而不見林。

　　身為基層團體的組織者，即使想認真地梳理這些想法，亦未有太多時間讀書和寫作（懶惰的藉口）。及後回到學院讀書，希望能結合理論與實踐、運動與知識，更明白到自己學問不足，要掌握

現實世界的複雜性並不容易。正當掙扎於英國的濕冷與研究文獻之際，一天收到「香港經驗叢書」主編金義兄邀請出版的電郵。那時猶豫好久，因為一來忙於預備論文，況且當今的學術氛圍並不鼓勵撰寫中文書；二來珠玉在前，唯恐力有不逮，未能擔當重任。幾番思量，我還是希望對香港的社會保障發展與基層運動作些微貢獻，為本地社會政策和社會工作教育，提供一個入門的參考。最終決定斗膽一試，實要感謝金義兄及出版社的信任，不介意作者缺乏知名度。這要順帶提及另一位作者的關係：我與和平在中大基層關注組相識，那時與其他同學一起落區進行清潔工調查，又組織工作坊討論資本勞工剝削貧窮等議題。畢業後大家都從事與社會保障倡議有關的工作，崗位不同卻經常合作。雖然我們的看法不是完全一致，但卻分享着許多社會保障原則的共識，我從他身上亦獲益良多。

嚴格來說，這並不是一本學術教科書，即使不少內容都建基於前人的研究成果，它們亦只算是香港社會保障文獻的回顧。或許本書更多針對關於綜援及退休保障的爭論，提出批判性的分析及建議。在這個立場和情感先行的時代，要認真地探討社會保障制度，不論對作者或讀者來說，都是一種挑戰。在成書的過程中，我深感社會保障及政策的討論，並非一本書所能盡攬；礙於

時間、能力及篇幅，本書只能集中處理綜援及退休保障。本書的所有不足及錯失，完全是作者的責任。

最後，要感謝先後教導我的馮可立老師、黃洪老師及趙維生老師等，他們讓我認識什麼是社會公義、社會工作及社會政策；而從我現在的論文導師 Prof. Alan Walker 身上，可以見到學者應有的社會關懷及學術修為。亦要感謝方旻煐女士的信任，讓我首次參與社工教育；胡美蓮女士及蘇耀昌先生將基層運動帶進我的認知，擴闊我對社會的想像；「關綜聯」和一班社運戰友，特別是李大成先生、黃碩紅女士、張超雄議員、邵家臻議員等不能盡錄，他／她們都在不同階段幫助我很多。香港政策透視、左翼21、社工復興運動與工黨等團體，令我感到人生路上並不孤單。更不得不提及父母、家人的支持，以及太太一直的包容與鼓勵，陪伴我舉步維艱地應付寫書、工作與完成論文。感謝上主讓我有機會參與基層組織及研究。

將這書獻給所有在貧窮掙扎、使用社會保障及爭取公義的人。

歐陽達初
2017 年春

自序二

　　我常常想寫一本有關退休保障的書。

　　想寫書並不是因為有什麼真知灼見，而是只想把話說清楚。近年退休保障又引起社會的廣泛關注，在此議題的討論中，或因為個人利益，或因為策略考慮，或因為要避免得失某些人，或因為要取悅某些人，總有不少人故意把道理說得含混不清，結果真理有時倒反愈辯愈亂。

　　2016 年因為要推動退休保障的民間諮詢，我差不多每天都與不同團體、市民、社會服務使用者討論退休保障。我印象最深刻的是，不論市民支持或是反對某一退休保障制度，他們對於退休保障核心理念，包括財富轉移、風險分擔效應，可持續性等問題，其實都掌握得十分準確。當然，一般市民很少會說出準確統計數字，或說出隨收隨支、固定提撥等專有名詞，但從他們對不同制度直觀的評議中，已反映他們其實對各種理念的實際掌握不會差於任何專家學者。因此筆者相信討論退休保障的能力，不應只由少數專家所壟斷，我們所需要的，是用一套共同語言，把大家的真實想法說清楚。

　　把話說清楚的目標看似簡單，但筆者能力所限，書寫時仍覺力有不逮，我只能保證本書所寫的，都是源於我的真實所想，還

希望本書能對香港社會保障的改善帶來一些貢獻。

本書篇幅甚短，序更不宜長篇大論，但仍希望借此機會感謝一些人。

感謝羅金義博士找我與達初撰寫此書，對於一再脫稿感到非常抱歉。我與達初相識於大學時期，他對運動上的委身常使小弟深感汗顏，是真正做到「左而不膠」。老實説，我對社會保障議題的立場有改良主義傾向（從某角度説就是不太進步吧），感謝達初仍對我不失信任，找我合撰此書。

感謝香港社會服務聯會及一眾同事，筆者對退休保障及社會保障的大部分觀點，都是過去十年間與機構同事一同研究及反覆討論下成型的。

感謝爭取全民退休保障運動上的一眾團體朋友，特別是聯席的朋友，他們是在過去十多年養老保障改革運動的中流砥柱。他們有理有節的堅持，我深信是使香港退休保障制度能得到改善的最大動力。儘管書中部分論點未必與他們完全一致，但我相信在大原則上彼此仍是殊途同歸。

最後，必須感謝我的妻子。筆者在本書負責的部分都由她先作校對。事實上，過於進入退休保障與社會保障的倡議及研究工

作，常使我對社會大眾如何理解這些議題失去了敏感性，因此筆者近年每一篇撰寫的文章，包括本書，都必會先給她評閱，她往往能把我漂浮至外太空的視角，重新帶回地球。

黃和平

目錄

導言 香港社會保障的政治經濟學   *1*

一、港式福利資本主義脈絡與社會保障

二、香港社會保障的發展動力：制度、觀念及利益

三、本書的目標與結構

第一章 社會保障的定義與香港社會保障的發展及種類 *23*

一、社會保障的定義、目標與類型

二、香港社會保障的不同發展階段

三、現時香港社會保障的類型

第二章 綜援的原則與資格   *69*

一、綜援的原則與性質

二、綜援的資格：進入與離開的機制

三、小結

導言
香港社會保障的政治經濟學

　　今天在香港談社會保障（「社保」），不少人立即會聯想到「救濟」、「福利」、「貧窮」，但更多的反應可能是「有手有腳我唔需要」、「唔想靠政府」、「咪養懶人囉」等。香港人對社會保障的觀感，無可避免地受到制度設計、文化價值、自身利益等影響；這些態度與經驗構成了市民對「社保」的支持及懷疑，又規範了社會保障的發展。因此，談社會保障，不能止於把它視作一套獨立的社會政策，更要看到從「社保」折射出來的社會關係。在探討「社保」的制度性及結構性基礎之外，也不能忽視社會的主體對「社保」論述及關係的建構，其中不同理念及利益的角力如何推動香港「社保」發展。社會保障作為一個「依變項」（dependent variable），它的出現與構造受到不同的原因影響；同時它又是一個「自變項」（independent variable），能對不同的社會結構及主體產生影響。

　　本導言旨在提供一個宏觀的概述，在進入本書仔細的社會保障分析前，點出與「社保」發展最重要及相關的因素，從而建立認識「社保」動態的框架。導言分成三部分，第一部分將「社保」的發展，放置在特定的港式福利資本主義脈絡中，尤其是近年的「社保」發展與福利體制及經濟模式的關係。透過對香港福利發展的不同分析，可以進一步了解「社保」在香港所扮演的角色，

及其可能產生的社會經濟效果。第二部分簡介「社保」發展動力的三種政治經濟面向，探討過去、現在與未來塑造「社保」的驅動力。最後部分帶出本書的結構與特色，再提出不同篇章嘗試回答的問題，打開社會保障必要的討論。

一、港式福利資本主義脈絡與社會保障

香港作為亞洲區內的全球城市，其社會政策經驗經常被用來跟其他相近的經濟體作比較。近年不少福利研究將東亞國家的政策安排，歸類為一組有別於西方的福利體制，較受關注的是來自兩個概念：發展性福利國家（developmental welfare state）及生產性福利資本主義（productivist welfare capitalism），它們都認為這些（半）威權國家的發展是以增長及生產為導向，社會政策從屬於經濟發展的目標。「發展性福利國家」較強調東亞國家的威權政府在建立國族的過程中所扮演的角色，特別是對經濟發展的介入及壟斷性權力，例如扶植產業、管制外資、貨幣政策、協調企業關係，以及維持穩定及順從的勞動力供應等，協助維持非民主政體的認受性（Kwon, 2005）。福利政策作為配合出口導向型經濟的一部分，發展型國家傾向投資於人力資本，如教育及醫療等。例如在二戰後的日本、韓國及台灣等，即使它們有不同的發展策略，都是發展型國家的例子，經濟增長可說是手段，而國家發展才是主要目標（Choi, 2013）。「生產性福利資本主義」則指出經濟發展本身，就是這些國家資本主義的主要目標：福利政策被視為促進資本主義再生產的社會工資，其特色為低度平等主

義及低社會開支比例，支持低工資增長及高勞工彈性（Holliday, 2000; Wilding, 2008）。相較西方的福利體制，生產型福利的社會政策地位更次等，政府的管制角色強於提供者，更重視福利混合體（welfare mix）中，市場及家庭的重要性（Gough, 2004）。

　　或許不論東方或西方的福利體制都存在不同程度及形式的生產主義（Hudson et al., 2014），而東亞威權模式的發展邏輯較以經濟增長、生產力、工作倫理及競爭力為中心。這不但排斥了其他「再生產」的價值，例如照顧及生態保育等，更將發展狹窄地理解成經濟增長，而非多元化及包容性的社會發展（Chan & Lee, 2010）。不論是從發展式或是生產式的框架，這些所謂東亞模式，在面對全球經濟波動、人口結構改變及家庭功能的削弱（Gough, 2004），其可持續性及脆弱性將構成重要挑戰。有論者更認為在千禧年後，不少東亞國家面對全球金融風險及內部民主化，一方面擴張社會福利的覆蓋性及強化再分配效果；另一方面在經濟發展上，其生產方式則更依賴市場主導（Choi, 2013）。

　　在這兩套東亞福利政治經濟學中，香港分別被描述為「選擇性發展主義」（selective developmentalism）（Kwon, 2005）及「促進型生產主義」（facilitative productivism）（Holliday, 2000）。前者指出香港與其他亞洲國家和地區，如台灣、韓國及日本的不同，在於其社會投資高度集中在教育及醫療，缺乏可以集散風險的社會保險制度；後者指香港的福利建基於最少社會權利及市場優先性，社會政策的增長依賴政府的技術官僚推動，因此態度有所保留及步伐緩慢。香港的國外直接投資（FDI）淨流入佔本地生產總值的比例，為亞洲四小龍最高（Tohyama, 2015）。這令港式福利資本主義極受全球貿易競爭及金融市場衝擊，同時帶來極

高的勞動市場風險。面對 1997 年亞洲金融風暴及 2008 年全球金融危機，特區政府依舊維持原有的福利政策方向（Wilding, 2008; Kwon, 2009）。有論者形容香港的社會保障制度屬於市場式生產性福利（market productivist welfare）（Kim, 2015），以強制個人儲蓄計劃取代社會保險，及強調自力更生的最後安全網，推崇個人在市場的責任。對比其他發展水平接近的東亞福利體制，香港雖然在醫療、房屋及教育的投入毫不遜色，但社會保障及勞工保障卻一直相對落後。因此，就社會保障的範疇而言，香港可說是自由－剩餘模式（liberal-residual model）的代表（Mclaughlin, 1993; Chan, 1998）。

全球金融化產生的危機及風險，迫使特區政府在經濟及社會政策作出回應，但兩者卻有巨大差異。政府對經濟競爭力及資本積累有較長遠的承擔（Fung, 2014），願意作出如減稅的制度性改革。但對社會保障及福利政策，則只是以碎片化及短期措施，短暫地刺激個人的消費力，及以不同的服務券資助「福利市場」。政府不斷製造經濟風險及彈性的論述（Chan, 2009），以防止長遠財政赤字為理由，把一次性的短期紓困措施合理化，減輕資產泡沫及通脹的壓力。在金融海嘯後多年的財政盈餘下，政府一直擁抱「臨時式福利」（welfare adhocism）（Lee & Law, 2014）或「彈性福利策略」（flexible welfare strategy）（Chan, 2012），多年來以非經常性開支應付新增的社會需要。企業則藉着勞動關係的彈性化及壓抑工資增長，將成本及風險轉嫁給工人而把利潤最大化（Lee & Cheng, 2011）。這些新自由主義的論述及財政結構，不但未能顯示政府引以為傲的財政紀律，更阻礙了香港社會保障的制度性發展。

二、香港社會保障的發展動力：制度、觀念及利益

當然，港式福利資本主義體制及社會保障制度，並不完全是由全球化壓力、經濟結構及企業需要決定，而是不同力量在不同發展階段下互動的結果。在社會福利的政治經濟學中，部分論者從制度、觀念與利益的取向，分析及比較社會政策和社會保障的發展，嘗試綜合多重的驅動力，對社會福利作出更全面的解釋（Hay, 2004; Hudson et al., 2008; Murphy, 2012）。筆者引用這三個角度作為影響「社保」的場域，提綱挈領地檢視香港社會結構和不同主體，於改變及延續「社保」上的角色。制度、觀念與利益雖然有各自的運作邏輯，但卻非獨立的個體，而是互為影響的政治經濟組成部分。三個場域內外的互動，反映了香港社會保障如何鑲嵌在本地的政治經濟中，以及在何種程度上受到外在及國際的力量所塑造。

（一）制度

絕大部分的社會保障，都是由政府全部或部分地提供、融資及管理，而作為整體社會開支及政策的一部分，它必然與其他社會制度產生互動，特別是政治及行政、經濟及財政、就業與福利等體制。對每一制度的發展來說，歷史遺緒及時序可說至關重要，往往制度起始的設立階段，都會有意無意間規限了未來發展的空間，這是制度的路徑依循（path dependence）及延續性傾向。不過，資本主義國家的制度不會一直處於穩定的狀態，而是經常受到外在及內在的危機影響，例如資本積累及政治認受性等

危機。每當危機或特別事件出現，便可能形成關鍵時機（critical conjuncture），這些偶發性因素（contingency）導致制度可能出現路徑突破（path breaking），以不同的形式及程度離開原有的發展軌跡。有論者就從香港的歷史角度出發，以「殖民主義」解釋社會福利發展（Tang, 1997）。有別於一般西方的民主國家，殖民地政府（特別是英國）往往只考慮短期的政治經濟利益，籠絡殖民地的商界精英買辦，牟取宗主國最大的好處。在這種施政邏輯下，社會政策從屬於經濟需要，如房屋、醫療及教育可說是對經濟有直接的幫助；政府卻對社會福利及勞工保障根本不願意作長期的投資及介入，更不會挑戰僱主的短期利益。這一方面鞏固了政治經濟制度的重商主義，包括在政治體制內吸納不同的商界代表，以確保其利益不會受社會福利損害。另一方面，在殖民地政府的非政治化體制下，政府官員往往只從最現實及實用的角度作政策制定及執行，抑制社會目標及價值的公共討論。在上世紀七十年代，殖民政府首次否定社會保險，選擇設立社會援助作為主要的「社保」工具，並輔以社會津貼作為缺乏社會保險的補償（見本書第一章），這種剩餘模式的社會保障制度遺留至特區政府的施政中。目前香港的社會保障制度，仍是保留着殖民政府定下的主要框架，特區政府拒絕變革的其中一個常見理由，就是不能違反「行之已久」的政策原則。由此可見，雖然香港已脫離殖民地的身份，但社會保障差不多是「原封不動」。

除了殖民主義的路徑依循外，也有其他制度約束社會保障的發展。部分論者形容香港為混雜式的政治體制，兼具選舉政治及威權主義的特色（Fong, 2017）。雖然威權統治者容許部分選舉的存在，但卻意在透過選舉提高自身的認受性及增加管治的穩定

性，所以當權者積極「介入」甚至操控部分的選舉。混雜式政體非但不能確保民主發展及政治穩定，更可能窒礙社會福利的發展。首先，香港的政府及行政長官並非通過民主而普及的選舉誕生，例如所謂的總統制或議會制，目前的特首是由 1,200 名選舉委員會委員投票出來。特首有權委任司長、政策局長及行政會議成員等，因此最具政策影響力人員的任命，都是集中於特首身上。除了政治體制外，香港制定政策的制度基本上是以行政主導為基礎，壟斷了定義、設計及執行社會政策的權力。在沒有福利法的前提下，政府可以藉行政指令實施福利政策的改變，立法會只能在財務上通過或反對相關的撥款，並無正式參與決策的權力。換言之，政府的福利政策決定，是可以「繞過」立法會的民意監察機關。即使有法人以司法覆核的方式入稟，挑戰政府某項福利政策違反《基本法》的規定，最多只能迫使政府放棄或調整某項單一的安排，並不能撼動整個社會福利及社會保障政策。一方面，民間社會難以主動地要求政府實施新的福利政策；另一方面，這種半民主政體壓抑了社會的監察與平衡力量，為新自由主義的福利改革，提供了最佳的制度框架（Chan, 2011a）。

　　撤除政府的行政霸權，香港立法會使用比例代表制作為民選議席的選舉方法；參照外國經驗，這模式理應有利少數群體的代表及推行較漸進式的改革。不過，立法會受限於私人條例草案，由議員提出的法案（bill）不能涉及政府開支及運作，而一般動議（motion）則對政府缺乏約束力。更甚的是立法會不單存在不成比例的親工商界功能組別議席，任何議員提出的議案、法案及修正案，均需通過分組點票的一半或以上。立法會的功能組別過去曾否決過親基層的議案，例如最低工資及全民養老金等。因此，缺

乏「實權」的立法會在推動社會保障擴張時，面對很大的障礙，尤其是涉及需要立法規管僱主參與的供款式社會保險。同時，在行政主導的局面下，議會的立法否決點（veto point），並不能作為行政的否決點。當特區政府在千禧年間進行福利緊縮，包括成本壓抑及再商品化等策略，制度上幾乎沒有抵抗能力可言。反對聲音只能透過民間社會、議會或司法覆核等方式，制度效果並不明顯。

由於目前的社會保障，需要政府透過稅收進行財富再分配，這亦關係到香港的財政體制，包括財政原則、開支比例、儲備水平及稅制等。《基本法》第 107 條列明：「香港特別行政區的財政預算以量入為出為原則，力求收支平衡，避免赤字，並與本地生產總值的增長率相適應」；第 108 條：「香港特別行政區參照原在香港實行的低稅政策，自行立法規定稅種、稅率、稅收寬免和其他稅務事項。」可以說香港政府的低稅制及財政保守主義承襲自殖民時期，英國不願為殖民地作任何財政負擔，一直被視為經濟競爭力及吸引外資的金科玉律；而《基本法》亦限制了特區政府的理財哲學及方式，構成了主要的福利禁區（余偉錦，2013）。雖然歷任政府的財政理念及實際的公共開支有所差別，但從殖民政府財政司夏鼎基的「積極不干預」，到董建華政府的「儒家管治」，再到曾蔭權政府的「大市場小政府」，及至梁振英政府的「適度有為」，其實都是透過各種政策論述，包裝不同程度的財政保守主義，包括多年來低估收入及誇大支出的習慣（李劍明，2015），以及政府內部每年嚴控舊與新的社會開支增長等。在量入為出的原則下，這些措施都方便壓低社會開支的增長。

在經歷亞洲金融風暴及經濟復甦後，香港政府推行了三個經

濟政策，均對社會保障發展構成壓力。第一，兩任財政司司長都傾向將政府開支控制在本地生產總值百分之二十之內，事實上這準則不但缺乏經濟理論及研究支持，而過往不論在殖民及特區政府中，公共開支都曾超越 20%。這原則可說是隨意的政治決定，卻根本性地壓縮了社會保障的發展空間，建構了不同社會開支項目互相競爭的「現實」。第二，由於財政司司長多年低估收入並高估開支，而財政司司長又以應付全球經濟風險為名，無目標及無限制地累積財政儲備。在 2007 年後財政司司長更放棄了過往具體的儲備準則，例如十二至十八個月的政府開支，或解釋什麼是「充足」或「適當」的財政儲備。第三，特區政府在 2013 年成立了長遠財政計劃工作小組及倡議未來基金，以解決新的「結構性財赤」。政府對上一輪出現財政赤字（財赤）發生於 2000－2003 年，當時由於經濟衰退、失業率攀升，賣地、印花稅及薪俸稅收入大幅減少，導致持續的周期性財赤，更將香港政府收入結構的脆弱性暴露出來。政府聲稱新一輪的「結構性財赤」，源於人口高齡化及不斷減少的勞動人口，從而減少政府的收入。開支方面，由於政府一直依賴基建帶動經濟及就業，而其開支又靠賣地收入，一方面將政府的收入鎖於高地價政策中，兼且催生了地產霸權，另一方面基建開支的壓力不斷增加。同時，政府拒絕實行三方供款的社會保險，卻要設立更多審查式的長者津貼作政治交換，只能由政府單獨融資。雖然未能盡錄其他重要的公共財政問題，但香港財政體系中的收入與開支結構，在在限制了發展社會保險的可能。不過剩餘福利不能減低社會開支及財政赤字的機會，反而諷刺地增加了政府財政的壓力，將養老的社會成本轉嫁至勞動者及納稅人身上。

跟社會保障互嵌的制度，還有就業體制及勞資關係。就業體制可指香港職位的分層與組織形式，包括經濟增長的模式、企業的內部市場、中小企業的比例、技術的形成，以至多產業多大程度上，構成政府宏觀經濟協調的部分等。勞資關係可指組織化的勞工及資本權力關係，即他們在生產場所及過程中可以行使的自主性，例如僱主解僱員工的空間及僱員在工資設定上的參與權，勞資處理衝突的機制等。這些都需要政府的制度性管制，例如僱傭條例的法例及最低工資立法等。就業體制與社會保障同時管理勞動市場的進入與離開，包括退休保障的年齡、失業福利的資格及再就業的速度。經濟的協調化程度，也可影響企業更願意作長期的技術投資，而社會保障則可為失業工人提供技術更新的誘因等，以配合新的產業政策（Hall & Soskice, 2001）。勞資關係更反映到工人爭取社會工資及延遲工資的能力，例如醫療保險、失業保險及退休金等，部分歐陸國家的工會更可以參與在社會保險的管理中。

　　香港的工會不但未能參與在正規的勞資談判及社會保障制定中，更遑論是統合主義式（corporatism）「勞資官」三方的中央協調制度。因此，香港工人難以靠組織化的力量，恆常地與僱主討價還價，甚至發動工業行動等。勞資關係嚴重地向僱主傾斜，令工人幾乎只能靠個人的可僱性（employability）在市場上競爭。撤除經濟衰退的年份，香港多年來的失業率相對偏低，政府及商界亦反對任何增加失業工人選擇的社會保障。一般來說，當政府收緊社會援助的資格及慷慨度，亦可能削弱底層及失業勞工的議價能力；如果政府持續透過在職福利（in-work benefits）處理在職貧窮及低薪問題，亦可能變相資助低生產力部門，或抑制婦女

就業的機會等。總而言之，社會保障與就業體制及勞資關係，有着複雜且密切的關係，具體的政策結果取決於制度的設計及結構性條件等。

（二）觀念

　　除了制度安排外，觀念的建構與傳播亦是社會保障政治中重要的一環。所謂的「政策觀念」（policy idea），可指在制定政策的過程中，對問題選取的定義、提出解決方法，以及其背後的哲學範式。政策觀念可以分成認知性及規範性兩個面向（Schmidt, 2010）。認知性的觀念指政策及政策群體就特定問題的工具性定義，包括對經濟利益及效率的計算等；繼而選擇解決問題的方法，包括能促進更大自由或減少貧窮的政策。規範性觀念指對特定問題的道德價值建構，例如正確行為的社會標準、責任的定義；行動者再根據這些框架，推動及實施相關的政策工具，不斷爭奪對社會價值的詮釋。舉例而言，社會保障的目標都蘊含着家庭責任的分配，而「社保」的給付模式亦塑造了養老的責任攤分及對照顧勞動的體認。在建立觀念的同時，政策行動者如官員、議員、活躍份子等，必須要透過各種論述策略（discursive strategies），與其他政策群體進行辯論及競逐，合理化自身的倡議。

　　從政策觀念的認知及規範面向，可以理解香港的「社保」政治中，不同群體爭取的政策工具、目標及原則，以及當前福利意識形態霸權的特點及弱點：港式新自由主義。自殖民政府以降，社會保障一直恪守兩個認知性概念：第一，市場才是滿足經濟需要及具生產效率的機制。政府只有在市場未能發揮作用下，才能透過社會保障介入未能生產經濟價值的群體，作出最後的社會安

全網。第二，福利只能針對身體非「健全」人士，以免減弱工作動機及增加財政負擔。在這兩種剩餘福利的邏輯觀下，政府只願提供社會援助予經濟條件最差，以及未能在市場上謀生的社群，社會保障的選擇被鎖在社會援助上。同時，香港政府在拒絕設立覆蓋率及保障程度較高的社會保險時，其中一個理由是不願改變所謂「行之有效」的剩餘福利原則，以否定社會福利的再分配功能。在檢討綜援的足夠度時，政府往往假設提高援助金會拉近工資與安全網的收入距離，因而吸引基層工人放棄工作。另外，社會援助的開支全由政府融資，所以要嚴格控制開支的增長。再者，不少本地的官員及右翼經濟學者，認為在資本主義發展下貧窮是不能消除（Wong, 2015）、貧富懸殊是不應被縮減的，否則便落入「共產主義」及福利國家破產的陷阱。多年來他們都擁抱「滴漏理論」（trickle down theory）的迷思，相信只要「做大個餅」，自然會惠及基層。這些觀點並未有確實的證據支持，例如經濟增長就自然會增加基層收入、綜援對工作動機的影響等；實際上社會保障一直存在再分配效應，只是政府不想肯定資源再分配的重要性。作為一種霸權的觀念，新自由主義的福利意識源自於殖民政府年代，並成功植根在香港社會至今，而且由政府、商界、右翼政黨、智庫，以至基層勞工等不斷再生產下去。

在規範性的觀念上，殖民政府過往較強調華人社會的家庭責任、孝道等（Chan, 2011b），以此把當時社會保障的低度介入合理化，只有在家庭未能滿足個體的經濟需要時，社會福利才被視為最後的方法。不過隨着社會經濟結構的轉變，家庭在維持收入保障的功能慢慢被削弱，晚期的殖民政府不得不逐步擴張社會保障，但仍一直維持家庭的符號價值。直至董建華政府上任後，其

管治訴諸「儒家」論述（Chiu & Wong, 2005），以面對新的政治經濟危機。當然，不少東亞政府所建構的儒家管治，都是選擇性地抽取配合其施政方向的政策修辭，以回應全球化帶給本地的挑戰（Walker & Wong, 2005）。一方面，儒家精神至今仍有影響，例如政府仍將照顧責任放在女性身上，以維持低度的照顧服務介入（Leung, 2014）。另一方面，與政策方向有衝突的華人社會傳統則被有意忽略，例如「老吾老，以及人之老」的共同分擔及集體照顧精神。換言之，儒家文化中的社會秩序及家庭倫理，被用來建立特區政府的威權管治及福利觀。問題是在強調家庭責任的同時，以家庭為單位的審查式福利，卻令負起家庭責任的貧窮人士，因選擇與有經濟需要的家人同住，失去社會援助的資格。因此，「家庭責任」作為推卸政府責任的論述策略，其效果掩飾了不同政策效果對家庭的破壞。

除了家庭論述外，特區政府在「社保」改革的道德修辭上，還引入了新的社群主義（communitarianism）論述（Yu, 2008a）。首先，近年政府經常強調就業作為公民的責任，特別是針對沒有正規工作的零散工及失業者。就業作為公民責任的觀念，不但凌駕於所有的權利觀，更蓋過了關於就業質素及政府責任的質疑。在缺乏普及性的社會權利觀念下，政府要求所有貧窮人士無條件地遵守自力更生的社會契約，彷彿當公民滿足了就業責任後，政府就會全力支援及改善他們的生活。或許近年新增的在職福利，可以作為政府對就業貧窮的「補償」，但在什麼程度上體現政府的責任，卻仍充滿疑問。在福利條件性（welfare conditionality）的論述中，責任與權利並不處於對等的位置，香港政府並無清晰界定社會權利的基礎。更甚的是，公民與政府間

的責任分配界線十分模糊，政策修辭較多集中於窮人責任，對政府提供經濟保障的責任卻是輕描淡寫。由此可見，一方面近年政府的福利論述策略，焦點從家庭擴大至社會責任，可說是對權利意識增加的一種保守回應；另一方面，政府在建構權利與責任觀念時，忽略了為公民提供最基本的收入、住屋、醫療、教育等保障，是在任何條件下都不能退卻的公共責任。即使政府可以要求公民更謹慎地使用公共服務或一定程度上改變行為，但前提是不能透過違反或收回公民的基本人權。

平情而論，政府並沒有完全放棄自身的責任，但不是體現於提供社會保障，而是定位於協助窮人脫離貧窮狀態的角色，折射出具家長主義（paternalism）色彩的福利觀（Deacon, 2002）。無疑，近年政府對貧窮問題的關注有所增加，例如設立扶貧委員會及關愛基金，以至落實貧窮線及第二安全網等政策及服務。不過在貧窮及福利的新論述中，其實充斥着針對窮人文化及行為的假設，將貧窮的責任歸咎於窮人自身的不足。同時政府對窮人遭遇的社會排斥，基本上是以進入就業市場作為促進社會融入的萬靈丹：因為不論就業的條件如何，它先具有不證自明的內在價值，更能讓貧窮家長作為子女的榜樣，在就業中獲得社交網絡及成就感等。因此，福利政策及社會保障的重點，在於「協助」窮人適應就業市場，減少他們不利就業的文化及習慣，培養工作生活的紀律，以及增加有益就業的社會資本等，這些介入完全是出於對窮人及福利使用者的長遠利益。這套「因基層利益之名」的福利論述，結合了就業與「抗逆」等個人道德責任，建構窮人在市場及家庭的脆弱性，合理化政府在這兩方面的角色，例如改變窮人的工作及儲蓄習慣、重建他們對職業生涯的規劃等。或許不需要

全盤否定這些介入或否認窮人特定的生活文化，但有兩個問題不能忽視。第一，政府的改變對象不成比例地側重於窮人身上，卻容許社會及勞工保障落後於經濟發展，這並不符合基層的長遠利益。第二，政府認為對窮人有利的生活及生產方式，基本上只有透過市場上就業或自僱，這排除了多元的勞動及經濟參與，例如照顧、社區經濟及義務工作等。由此可見，政府的家長式福利論述對基層福祉的定義狹窄，只承認單一化的全職工作及收入。

　　上述關於社會保障的認知性及規範性觀念，構成新自由主義在香港落地生根的主要面向。當然，作為主流的福利觀，它經常受到不同力量及替代觀念挑戰，包括社會公義、人權及民主等，這些衝突可見於社會保障的倡議運動上。例如在全民退休保障的諮詢及爭取中，經常出現兩個對立的概念：「福利」與「權利」。雖然在西方的經驗中，「社會福利」制度就是體現「社會權利」的物質條件，兩者不能切割；即使是審查式的社會救濟，亦有相應的權利基礎，政府不能輕易縮減或取消。例如在《世界人權宣言》第二十二條及《經濟、社會及文化權利國際公約》第九條中，都提及社會保障的權利（right to social security），並不限於社會保險制度。不過在香港的政策語境中，不少聲音都將這兩者分割成對立的觀念，認為審查式「社保」是「福利」，而全民式的「社保」則屬「權利」。其實在西方的政策語言中，不論審查式還是全民式的「社保」，雖然兩者的目標及形式不同，但其「福利資格」（welfare entitlement）本身就必然地包含權利的意義（Midgley & Tang, 2008）。由此可見，社會權利觀在香港仍處於低度發展，審查式福利被看成是政府基於仁慈而施行的救濟，而不是公民身份或普世人權的一部分。

港式新自由主義的剩餘福利觀，配合只有最低覆蓋的社會援助制度，將社會福利「去權利化」，把使用「社保」的資格降格為政府給予的救濟或施捨。其中政府就退休保障諮詢的政策語言，將不同目標的社會保險與社會援助，化約成「不論貧富」與「有經濟需要」的偽二元對立，模糊了兩個制度不能互相取代的事實。不論是針對失業者福利、新移民福利資格及退休保障的選取，本來鬆散甚至充滿張力的政策群體，在新自由主義的福利共識下聯成一線，發揮不同的觀念權力（ideational power）（Parsons, 2016），包括將觀念制度化、建立常識的能力及媒介傳播力等，限制了社會保障的發展。不過，新自由主義的觀念及制度，並未如它的承諾般，可以透過市場及更少的公共福利，為社會及窮人帶來更大的福祉。反而它們鞏固了資本主義的權力結構及利益分配，無助勞工及基層以集體力量對抗經濟風險。

（三）利益

社會保障制度及福利觀念作為政策投入，經常受到高度關注，反而它帶來的政策產出及結果卻經常被忽視。譬如不同津貼及援助所造成的社會影響，反映了社會保障如何分配利益。新自由主義的社會制度，往往造就了嚴重不均的（再）分配結果，這為階級政治及福利運動製造了物質基礎。當然，階級之間利益分配的能見度不一，當社會聚焦於「福利依賴」及綜援人士的每月收入，往往掩蓋了商界對政府的依賴及企業福利（corporate welfare）（Farnsworth, 2013），例如稅務寬免、土地使用權以至低收入在職家庭津貼（低津）等。自殖民年代至回歸後，香港的政治經濟制度都「先天地」保障了商界的利益。隨着經濟全球化

未完成的香港社會保障：批判的導論

及金融化，本地的制度更對跨國資本限制力量微弱，上市公司將盈利最大化的模式合理化，「股東利益」（shareholder value）大於「持份者利益」（stakeholder value）。近年的公營服務私有化及福利服務市場化，亦使企業成為最大的受益者，它們享用的福利既不受公眾注目，又因政府服膺於市場邏輯，缺乏有力的社會監管。龐大的經濟利益與政治特權互為因果，助長了財團在政治與經濟領域上的壟斷，但不代表他們能主宰社會政策的制定。面對全球化及社會經濟轉變的壓力，社會保障作為利益分配的場域，其發展受到香港政治及制度依循左右，不同的團體及倡議聯盟組織起來，基於利益及理念進行角力（Lee, 2005）。

　　首先，資本的利益與社會保障看似必然衝突，因為社會保障的融資要求稅收及僱主供款，在在影響到資本的利潤。不過正如前文提及，社會保障有機會促進企業作長遠產業升級，以及增加員工接受技術培訓的動機。因此，問題應是資本在什麼情況下會懼怕社會保障。香港的資本集團及其政治代表，一直反對任何有機會在短期內增加勞動成本的政策，例如全民養老金及標準工時等。不少勞動力密集的中小企業一直通過壓低勞動成本，造就所謂的市場彈性作為經濟競爭力；又因高地價政策及資產泡沫導致地租飆升，嚴重擠壓其利潤。他們認為租金是固定成本而工資是可變成本，故對提高工資及連帶福利十分敏感。因此，本地的僱主代表一般反對三方供款的「社保」，以及質疑綜援會削減工作動機；但對審查式的長者津貼、交通津貼及低津則較為歡迎。

　　在香港甚具政治影響力的中產階級，似乎對社會保障有着矛盾的態度。一方面社會保障看似是每個發達社會應有的制度，而他們自己亦有機會遭遇經濟風險及高齡化。但另一方面，他們明

顯被排除於香港的審查式「社保」中，政府迫使他們依靠個人的力量在市場上滿足需要。目前「社保」的分配格局，將中產變成制度的「付款人」，而「收款人」則是另一群貧窮人士。故此部分中產可能較同情理解貧窮人士，但亦有不少對福利使用者相當反感。中產階級較為複雜的福利態度，可能混雜了對福利及市場的恐懼，以及對自身保障能力的信心與懷疑。不過，面對同樣的全球性經濟不穩定，中產階級其實不能獨善其身，因為其僱傭關係亦出現合約化、零散化的跡象。問題是他們會否接受以集體力量分散風險，以及信任政府較市場更能提供穩定的保障。

香港的基層勞工組織化程度不算高，過去一直爭取改善及發展社會保障的，要數社會福利界團體、獨立工會聯盟、親基層政黨、基層及婦女團體和身心障礙自助組織等，主要由工人及基層組成，另外亦有社工或組織者參與。自特區政府在財政危機進行緊縮後，這批活躍於公民社會的團體，組成了一個泛勞工基層的倡議聯盟。它們既有單一議題，亦有以社會運動定位的團體，推動設立及改善香港不同的社會保障，諸如反削減綜援、立法最低工資、爭取全民養老金、照顧者津貼及低津等。在目前的諮詢政治下，公民社會的倡議及社會運動對「社保」制定的影響，較多是發聲及製造社會壓力，政治動員力量始終有限；但這些團體仍可藉着扶貧委員會及立法會等平台，具有一定程度的能力設定議程，發起對抗福利緊縮及爭取擴張「社保」的行動。

與此同時，各種身份政治亦會重新包裝階級利益，部分能強調少數群體的差異性及特殊性，凸顯他們的需要及權利；但部分卻遮蔽了分配的根源性問題，製造群體之間的對立，甚至阻礙社會保障發展。當前與「社保」最相關身份政治，可說是世代與族

群性。在反對全民性福利及社會保險的立場上，一方是政府與僱主、右翼政黨、主流經濟學者結成倡議聯盟；另一方，部分以青年及本土利益為名的政團，亦與政府互相呼應，認為新移民對香港沒有「貢獻」，如果他們亦有權享用全民性的福利，對永久居民不公平。就算他們經特定居港期後才合資格，亦模糊了土生香港人的身份界線。部分青年團體更認為三方供款的社會保險，必然將財政負擔轉嫁給未來一代，形成跨代轉移及代際不公，危及青年的利益。先不論這些說法的合理性，但反福利的身份政治在媒體的影響力不斷擴大，它們對利益分配的建構，增加了「社保」發展的難度。

　　總體而言，香港的政治、行政、財政、就業和勞資體制，都是與社會福利及保障交互作用較明顯的制度。新自由主義的認知性及規範性觀念，合理化政府在社會保障有限度的介入，以及市場機制的超然地位。受各種制度保護的財閥及僱主，亦與政府組成緊密的政治經濟利益及權力網絡；基層及中產未能結成穩定的利益聯盟，令「社保」的倡議力量仍在累積當中。這些宏觀的結構性困境，並不代表社會保障制度不能改變，或勞工基層力量完全無力挑戰。現實上資本主義政府需要管理不同制度之間的張力，以至回應全球資本主義帶來的不穩定及危機（Offe, 1984;Jessop, 2002）；而新的社會經濟需要，又會催生新一波來自社會的壓力。

　　換言之，經濟與財政、政治認受性等危機，再加上關鍵事件，或能催生制度上的路徑突破。例如在 2011 年立法的最低工資，便是在商界、政府及工會的非預期性互動下出現的（Wong,2014）；2012 年成立的長者生活津貼，可說是受到爭取全民養老

金的壓力下，建制派內部政治（特首）競爭的結果；2014年宣佈實行「低津」，首次設立第二安全網的角色等。當然，這些改變較少是根本性地取消或替代舊制度。以近年香港的「社保」經驗舉例，可以見到政府賦予失業綜援新的意義，從需要為本的安全網轉移至過渡性的援助，以及強調使用福利者的工作動機與自力更生責任等。這些轉變可視為制度的轉換（conversion），基於經濟衰退時工資下跌的幅度較「社保」福利多，但政府「不能」管制工資水平，只能重新規範失業福利的條件與資格。同時，政府在現存制度上疊增了新的規則（layering），例如不同形式的強制就業服務及削減金額等，既有的安全網功能並未消失，但新的就業目標主導了後來失業綜援的調整。這些社會保障制度的轉換與疊增等改變，大多屬於漸進（gradual）改變而非急速的劇變，因此制度變革與延續往往共同出現（Mahoney & Thelen, 2010）。

　　從回歸後的「社保」發展軌跡可見，福利擴張（expansion）及收縮（retrenchment）的推動與限制性力量，有着不同的必要（非充分）條件（見表一）。促進擴張的條件包括政府的財政能力及管治危機，以至特定的政治機會及官僚，加上公民社會的推動；限制性條件則來自商界的反對力量及政治制度，以及剩餘模式的福利及理財哲學。據此「社保」擴張的邏輯，可說是基於一種「實用－漸進主義」（pragmatic incrementalism）。相反，經濟危機及財政赤字較易迫使政府選擇緊縮之道。而在先天的半民主政體下，政府在削減福利時受到「免責」（blame-avoidance）及「領功」（credit-claiming）的政治壓力較小，加上在制度上缺乏有力的行政否決點，這些條件都促使福利收縮的出現。緊縮的規模則視乎社會上的反抗力量，以及不能否定的實際社經需要。因此，

福利緊縮的動力可說由偶發性的經濟風險及財政赤字驅動。這些擴張及收縮，不意味實質的制度性改變或範式轉移；香港「社保」政策的延續性頗高，威權體制及財政保守主義等構成維持現狀的「墮性」（inertia），難以回應新的社會需要及應對新社會風險。

表一　社會保障擴張與收縮的動力

	推動因素	限制因素
福利擴張	財政盈餘及儲備 政治機會及政府官僚 管治及認受性危機 基層社會運動及政策議程	商界反對聲音及政治力量 行政主導及立法會功能組別分組點票 新自由主義及剩餘福利觀
福利收縮	經濟危機及財政赤字 行政主導的政策安排 缺乏否決點的體制	基層社會運動、議會反對聲音 實際社會經濟需要

三、本書的目標與結構

專門討論香港社會保障的中文書籍並不多，本書定位於學術討論與政策分析之間。透過整理本地及國際的文獻及數據資料，再加上作者們的經驗，對香港社會保障作深入的分析，既回應普遍市民對社會保障的疑問，亦就現行的制度作出批評及提出改革的方向。本書作為對香港社會保障的批判性導論，其分析取向建基於公共政策及社會問題的社會科學知識，挑戰主流社會對福利及社會保障的慣常想法，為社會保障發展開啟更多可能性，推動社會公義及平等。礙於作者的能力及篇幅限制，本書只能涵蓋香港社會保障中兩個最大規模的制度：綜援及長者相關的保障。至於其他如傷殘津貼及「低津」等政策，以至社會保障的財政成本

及轉移效果等，需要留待本書以外再作書寫。

　　本書第一章簡介了社會保障的定意及種類，以及回顧香港社會保障的發展歷史，將殖民地至特區政府的社會保障政策，劃分為不同的時期及政策重點。第二章開始簡介綜援作為社會援助的特點與資格，包括其進入與離開的機制，同時回應對綜援資格的質疑，例如居港年期及家庭申請單位等問題。第三章舉出較多的數據，有系統地反映綜援使用者的構成及過去的發展趨勢，以分析社會援助的覆蓋面及制度性的缺陷。藉着相關的數據，有必要澄清對綜援制度及使用者的誤解，包括失業人士及長者的比例，並提供理解這些數字的角度。第四章探討計算綜援金的方法、調整綜援金的機制，以評價目前綜援的慷慨度與足夠度，解釋綜援金額的爭議。第五章從綜援就業政策及條件性的演變，分析綜援與勞動體制之間的關係，以及港式工作福利的特點與限制，包括豁免入息制度等。特別是回應關於「綜援養懶人」的說法和自力更生政策的影響。第六章談及綜援的社會觀感及使用者經驗，以至分析政策倡議及社會福利運動的困局與出路。第七章作為養老保障制度的導論，旨在澄清相關的概念，以及回應為何需要公共養老保障。第八章分析由香港政府負責，以長者為對象的社會保障：長者綜援、高齡津貼及長者生活津貼，包括政策目標及發展等，指出它們作為養老保障的問題。第九章探討強積金制度及其爭議性，再提出可行的改革方向。第十章將探討近年公民社會所倡議的退休保障改革方向。最後，本書在總結部分提出關於香港社會保障的關鍵問題，並就其未來發展提出不同的方向建議。

第一章
社會保障的定義與
香港社會保障的發展及種類

在多個社會文化傳統規範中，都曾出現家庭及社群共同為所有成員提供保障。現代社會保障作為一個綜合性概念，它可以指向各種制度模式，在不同的時空下具有獨特的社會意義。例如在美國，它多指聯邦政府負責的養老社會保險，但在歐洲及其他國家，則指向一系列的收入保障計劃（Midgley & Tang, 2008）。事實上定義社會保障並不容易，太寬鬆會令它失去意義及製造混淆；太緊則會排斥其他國家的經驗，減低其應用性。況且在資本主義及非資本主義國家中，社會保障的形式及重點亦有不同。不過作為導論書籍，實有必要根據現存的文獻，介紹社會保障的各種指涉，讓讀者清楚本書提及的「社會保障」，應該如何從香港的處境中理解。當然，這些定義的社會脈絡較偏重於西方工業民主國家，但目前國際社會對社會保障亦具一定共識，因此為社會保障下定義並不冒險。

本章首先提出社會保障的一般性定義，以及常見的類型及目標，了解關於社會保障的討論及趨勢。第二部分從不同的階段，分析香港社會保障的歷史發展、重要爭論及對後來的影響。第三部分簡介目前香港不同的社會保障制度，以及它們的特點。

一、社會保障的定義、目標與類型

　　整體而言，「社會保障」（social security）可泛指由政府營運或資助的現金福利（cash benefits）系統，可以來自稅收或工人及僱主的供款，依據市民的需要、地位或供款記錄作福利資格，並以個人或家庭作給付的單位（Walker, 2005）。現代的社會保障，可說源自西方資本主義國家在工業化及都市化時期，因受到國內外不同的政治經濟社會壓力，以至在民族建立的過程中，受特定文化傳統影響而設立的制度，以應付新的社會經濟需要及風險（Midgley & Tang, 2008）。[1] 二次大戰後這種制度作為人權的一部分，在國際社會更開始受到關注。華語翻譯的「社會保障」頗為準確，「社會」應理解成共享及共責的系統（shared system），不論是供款者或使用者，所有公民都是它的一部分，體現了社會的價值與承擔；「保障」作為一套制度，默示了人的生計不應只靠市場或基於別人的恩賜，而是應該透過集體的力量建立收入保障，抵禦、消減或分散由經濟及社會改變所產生的不穩定性，使人滿足當下的需要及有條件計劃將來（Miller, 2009）。

　　如果説「社會保障」多指傳統國家層面的法定公共社會保障，近年逐漸流行的「社會保護」（social protection），其定義更為廣闊（Standing, 2007; Midgley, 2013），除了政府提供及管理的制度外，更包括由社區及公民社會團體負責，各種地區性的保障基本生活服務，例如健康、教育及房屋等，以及各種實物援助如食物銀行等，防止多種面向的匱乏。不論在學術及政策實踐，「社會保護」作為倡議概念或制度安排，都日益受到關注。例如晚近的發展研究，就傾向使用「社會保護」的概念；而國際勞工

組織近年亦積極推動最低社會保護（social protection floors）及綜合性的社會保障系統：[2] 前者可以理解成一種全球社會政策，不同發展程度的國家都應該設立，後者則可按不同條件，設定不同形式的社會保障制度。當然，不少政策及學術討論會將兩者交換使用，本書較集中討論傳統意義的社會保障，並不表示排斥其他社會保護措施。

政府推行社會保障制度，普遍都帶有系統性目的及政策性目標（Walker, 2005）。系統性目的（aims）指政府不明顯的政策取向，包括其價值觀、偏好及假設等，塑造社會關係及集體身份，亦是政策過程的起點與終點。在整體系統目的下，不同社會保障制度還有各自的政策目標（objectives），它們可以相互影響甚至互相衝突。政策目標較易被確認，因為各式社會保障都有公開的政策聲明（policy statements），包含一般的理念及對問題的定義，再提出社會保障與解決問題的關係。雖然系統性目的及政策性目標屬不同層次，但它們都缺乏較具體的表現指標。關於社會保障的分析，既需要就其目標的達成作評估，更要超越表面的政策目標，對政策投入與產出、深層價值觀、社會經濟效果及意義等，作出仔細的描述及解釋。

綜合不同的文獻，可以總結出不同的社會保障制度大體有以下的目的及目標（Walker, 2005; Spicker, 2011; Midgley, 2013）：

■ 風險集散（risk pooling）

由於社會及個人風險的分配並不平均，例如失業、疾病、貧窮等，較集中在少數的群體身上，而大部分經濟風險及意外更非人所能控制。因此，這些不穩定性不能只當成是個人責任。社會

整體應該通過集體力量，透過政府建立及管理保險制度，一方面避免將某些保障變成企業的利潤，能降低抵禦風險的成本；另一方面可分散不同社會經濟背景，以及個人在不同生命歷程中的風險。社會保障的預防性及保險目的，旨在為每個成員提供制度化的安全感，對抗經濟不安全。這不止於令窮人受惠，更要令所有社會成員都能享有生活保障。

■ 救助及緩減貧窮（poverty relief and alleviation）

社會保障的另一重要目標，在於為貧窮家庭提供現金援助，以減輕其物質匱乏的狀態。一般社會援助金額，等同訂立社會的最低生活水平，相當於社會的「絕對貧窮線」，但亦需要與相對貧窮線作比較，評估社會援助的減貧效果，防止社會援助嚴重落後於一般市民的生活。

■ 收入維持與替代（income maintenance and replacement）

現代社會高度依賴市場滿足需要，一旦失去或中斷收入，必然大幅影響個人及家庭的生活。故社會保障亦旨在維持個人或家庭在失去收入期間，能維持一定程度的消費力，例如失業或退休，讓短暫或永久性失去經濟能力的群體，免於嚴重的匱乏及社會排斥。部分社會保障的給付水平，與薪酬及供款掛鈎，而領款佔之前收入的某一百分比，稱為入息替代率；部分社會保障則以維持最低生活的收入作為目標。

■ 社會團結及互助行為（social solidarity and mutuality）

資本主義市場着重個人的收入及消費能力，令社會分成不同

的經濟層級。社會保障在維持收入及預防風險的同時，將不同社會人口特徵的組群連在一起，建立互助及共責的共同體。尤其是普及主義式社會保障，更推動社會凝聚及互利合作的道德責任，促進國民身份、國族文化及歸屬感的定義。

■ 資源再分配（redistribution）

社會保障作為轉移支付（transfer payment），根據社會階級進行垂直的資源再分配，將部分富人的資源轉移到較窮的人身上，可視為一種累進式的轉移。同時社會保障亦期望達到水平式的再分配，根據不同生命歷程的需要及生產力，進行收入平滑化（income smoothing），例如強制儲蓄及供款計劃等。這些資源及風險的再分配，旨在減少收入不平等，促進機會及結果的平等。

■ 補償（compensation）

這目標接近水平式再分配，將經濟資源導向特定背景的人口，包括因外在環境而造成的個人損失，如戰爭或工業意外等，導致個體失去工作能力，需要由政府或僱主承擔有關的補償制度。同時，部分社會成員因身心障礙帶來額外的生活成本，或因從事某些社會必要勞動而犧牲其經濟保障，都會透過社會保障進行特別補助，確保社會的公平性。

■ 行為改變（behavioural change）

儘管這目標存在一定爭議，但不少社會保障都具有改變市民行為的目標，顯示了政府不同程度的家長主義。透過經濟援助的獎勵或懲罰，意圖增加或減少某些行為，例如儲蓄、學習、生育

等。這些福利條件性的運用，如在缺乏民主參與及監察的社會中，較易變成政府維護主流價值或規管窮人行為的工具。

除了系統目的及政策目標外，社會保障還具有社會政治及經濟功能（Townsend, 2009; Midgley, 2013）。這些功能不一定是政策制定者所計劃的，可以是制度的非預期後果，並持續地發揮影響力。社會保障作為社會福利的一部分，承載了國家及統治者的政治經濟目標，但又同時構成政治衝突及社會矛盾的場域，不同階級及身份都在影響社會保障的發展，而社會保障的形成，又塑造了階級及身份政治。

首先，社會保障制度與國家地位（statehood）的建立高度相關，政府透過形形色色的社會保障政策，落實國家的公民身份及社會權利，界定社會成員身份。對資本主義國家來說，社會福利及社會保障更是緩和社會矛盾及促進社會穩定的重要工具，因此部分具教條色彩的論者，批評社會福利「麻醉」工人階級，維護資本主義的穩定，阻止社會主義革命的出現。例如歷史上最早的社會保險制度，便是出現在十九世紀末的德國，由首任宰相卑斯麥（Bismarck）設立，為要遏止共產革命及德國社會民主黨的擴張。不過後來新馬克思主義的福利理論家，卻提出資本主義社會福利及保障的矛盾性功能（O'Connor, 1973; Offe, 1984）：它既能滿足社會及政治需要，解決政府的認受性危機，但同時可能威脅資本積累，產生新的財政及經濟危機。因此，資本主義國家一方面難以與福利制度和諧共存，但沒有它亦難以令社會運作起來。或可以說，社會福利及社會保障的發展，很受工人階級、左翼政黨聯盟及窮人運動的力量影響（Gough, 1979; Piven & Cloward, 1993）。

　　除此以外，社會保障亦會塑造性別關係及分工。過往象徵歐陸保守主義福利體制的社會保險，就常被女性主義者批評，因為它鞏固了性別化的勞動市場、家庭工資及養家者模式（breadwinner model）。不少社會保險或與職業相關的保障，都建基於在職者的身份。換言之，不少女性被分工照顧家庭，其社會保障資格需要依賴其外出工作的丈夫。除了階級及性別關係外，社會保障的福利資格（entitlements）及分配效果，不斷建構各種社會分層，例如世代年齡、族群、身心障礙、家庭模式等。它可以反映主流社會的偏好，但亦可以透過資格劃分，重新定義及肯定少數群體的利益。

　　如前文所述，社會保障的經濟功能時常被忽略，因為不少主流經濟學者及右翼政黨，只把社會保障看成是維持無生產力人口的財政負擔，認為福利開支與經濟效率必然地不能調和，懷疑其可持續性。另外，他們亦質疑社會保障會削弱個人工作、投資及儲蓄的動機，長遠減少工作人口。這些批評往往是缺乏證據的迷思，例如社會保障開支與就業及經濟表現不一定有衝突，不少富裕國家有相當高的社會保障開支比例（Townsend, 2009）。雖然不能完全否定社會保障對經濟的潛在負面影響，但不能過分誇大這可能性，因為社會保障同樣地對經濟有潛在正面影響，並無絕對的正面及負面關係，亦要視乎具體的制度設計及經濟環境。

　　在戰後的凱恩斯經濟學中，政府在社會政策的開支具生產性功能，可被視為一種反周期的宏觀經濟政策，在經濟衰退時維持集體消費力及刺激有效需求，變相成為經濟自動穩定器（Figari et al., 2013; Midgley, 2013）。另外，社會保障亦可透過經濟誘因，促進人力資本的社會投資，增強教育及技術發展的動機，

配合創造就業措施。諸如南美洲的條件性現金援助（conditional cash transfer），就資助基層家庭讓孩子穩定地上學。另外，失業福利亦容許失業者有較充裕的時間求職，有助提高就業的質素，改善供應與需求的配合度（Clasen, 1999）。近年歐洲更推廣「彈性保障」（flexicurity）概念，在確保充足的社會保障及就業保障下，增加工人轉職的彈性及勞動市場的轉移性。不過，當遇上經濟及財政困境，而政府選擇緊縮政策，這些社會保障的生產性功能無可避免受到削弱。但整體而言，在經歷多次的全球性及地區性的經濟危機後，各國的社會保障並沒有被廢除或解體，反而是面對不同形式的改革，甚或有局部性的擴張。社會保障並非如主流媒體所言，是部分歐洲政府破產或經濟危機的元兇。反而在復甦過程中，部分國家的失業福利開支，與就業增長具有相關性；緊縮政策及削減失業保障，卻有機會導致進一步的經濟及就業萎縮（Ernst, 2015）。

上述社會保障的多種目標及功能，絕對可與經濟發展並行，但更需要民主社會的監察。必須留意社會保障的功能不代表初始出現的原因，為了避免過於功能取向及經濟決定的解釋，我們需要理解社會保障的多重成因。這亦導致在不同的社會脈絡中，出現了不同類型的社會保障政策。綜觀不同國家的經驗，大致可以歸納出五大類社會保障（Dixon, 1999; Walker, 2005; Midgley & Tang, 2008）：

■ 供款性社會保險制度（contributory social insurance）

一般由政府、僱主及僱員三方供款，政府法定強制僱員及僱主參與。由公營部門管理「大水塘」共同分擔，可投放在特定的

信託基金，僱員或工會可參與，政府負有必然責任。社會保險的累積收入既用作支付成員的福利，形成所謂的「隨收隨支」(pay-as-you-go) 系統，其餘部分可當作儲備及投資之用。

社會保險最初旨在抵禦工業生產中的風險，如病患、工傷、失業、生育、退休及死亡等，這些風險令工人及其家庭遭受收入減少甚至中斷。它亦可用於養老、退休、疾病、失業及意外等風險。「社保」的一般資格為特定年期的供款，亦可是公民身份及居住年期等。有別於私人保險，社會保險的供款額與獲取的福利不一定相稱，保障的水平視乎制度的設計，在什麼程度上與供款掛鈎，部分「社保」有較高的替代率，但給付只維持較短時間；部分「社保」則屬劃一金額 (flat-rate)，但水平可能較低。

■ 非供款式普及社會津貼
(non-contributory universal social allowance)

免審查的社會津貼，可說是一種全民式津貼 (demogrant)，避免「有與沒有」的分野。它主要由政府資助，目標不在再分配，而是要集體補償或獎勵特定人士的需要及責任，但津貼額一般較少，例如普及性的兒童福利。部分與兒童相關的家庭津貼，甚至作為鼓勵生育，向有兒童的家庭發放。這種津貼不用經濟審查及供款，基本上沒有標籤效應及貧窮陷阱，可說最能體現社會公民身份。

■ 審查式社會援助 (mean-tested social assistance)
或社會安全網

援助金以特定的最低收入為臨界線，需作經濟審查以判斷申

請資格，政府從稅收直接支付金額。現時不少國家的社會援助，都具法定地位而受憲法保護，只要能通過經濟審查，申請人便有權使用（詳見本書第二章）。

近年英國的工作家庭稅務補助（tax credits）（普及補助的前身），或美國的負入息稅（negative income tax），可說是在傳統的社會援助以外，提供第二層安全網。它的目標與社會援助接近，但對象主要為有工作入息的在職貧窮人士或家庭。由於透過既有的報稅制度發放，這兩個國家的低收入補助並不需要經濟審查，減低了申請的標籤效應及成本，唯在其他國家可能需要進行審查。這種具工作條件的福利，雖然在理念上不算新鮮，但可說為在職貧窮家庭提供更多經濟支援，亦防止對工作動機可能產生的負面影響。

■ 公積金（Provident funds）

由僱主及僱員固定地供款（payroll contribution）進個人戶口，僱員供款部分一般佔工資的某百分比。公積金主要用於退休，可以整筆過（lump-sum）或分期支付。如僱員在退休前遇上失業，或可以提取部分累積的供款。不少公積金計劃成立在二十世紀中期的英國殖民地，因為當時殖民政府認為只有很少的勞動力可以穩定地供款，不願意設立社會保險制度及投資長遠的制度。這種公積金制度仿傚英國殖民政府公務員的退休計劃，可大規模地移植到私營部門。

公積金計劃類似私營強制性儲蓄戶口，但前者主要由政府負責管理，私營化的目標並不常見；但後者全交由私人基金經理投資及管理，例如智利與香港模式。這些計劃一方面為金融業提供

大量機會，另一方面則假設個人可以受惠於基金的選擇，隨之而來的競爭亦能降低成本及尋求最高回報。

■ **僱主責任（employer liability）及**
職業福利（occupational benefits）

基於普遍的社會共識，與工作相關的意外成本及一般風險，主要由政府立法管制、僱主承擔，例如有薪（病）假、工傷賠償、（侍）產假、遣散費等。部分僱主向政府施壓，要求將有關的開支以社會保險方式支付，或由政府完全資助。有見及此，不少國家要求僱主自行為這些開支購買保險，以應付不時之需。

表 1.1 總結了五種最常見的社會保障類型，以及其融資、覆蓋面和資格。下一節先探討香港社會保障的歷史，再以此框架理解香港的社會保障類型，勾勒出香港整體社會保障的特徵。

表 1.1 社會保障的主要類型及特徵

形式	融資方式	覆蓋面	資格
供款式社會保險	三方供款（勞、資、官）	社會保險計劃的成員	普及性／計劃成員／按供款記錄
非供款式普及社會津貼	政府稅收	特定需要的人口	不需經濟審查，需符合其他條件
審查式社會援助／社會安全網	政府稅收	低於特定收入水平的個人或家庭	經濟審查
公積金	僱主及僱員	特定類別的僱員	就業地位
僱主責任及職業福利	僱主	特定類別的僱員	就業地位及特定需要

資料來源：Dixon, 1999; Midgley & Tang, 2008

二、香港社會保障的不同發展階段

要理解香港的社會保障，必須從歷史背景探討它在不同階段的變化，以及其與社會經濟變遷的關係。學者鄧廣良就以殖民主義作為塑造社會福利的主要動力，分析香港社會政策的發展（Tang, 1998），大致將其分成四個時期，每一階段都表現了不同的發展速度。第一個時期是指 1842 年至 1970 年，可稱為剩餘階段（Residual），除了教育及醫療服務因為滿足了必要的社會功能而被發展起來，房屋、勞工及社會保障都尚未制度化地建立起來。在上世紀六十年代第一份社會福利白皮書中（香港政府，1965），政府不但重申了剩餘模式的重要性及適切性，更高舉自力更生及家庭的角色。因此，這期間可算是一種社會不干預主義（social non-interventionism），建基於新古典經濟學及滴漏理論（trickle-down theory），相信社會整體財富的增加，自然令基層市民的收入水漲船高，因此政府的角色只有在個人及家庭失效時才需要介入，類近所謂的放任自由經濟（laissez faire）。因此，家庭及志願團體是提供「社會福利」的最主要單位。

第二個時期是從 1971 年劃分至 1977 年，被稱為社會政策的大爆炸（Big Bang）。眾所周知，六七暴動及其調查委員會作為香港內在的動力，催生了在七十年代政府增加在房屋、教育、醫療及社會服務的介入及開支，這亦首次確認了社會發展的所謂「四大支柱」。不過，殖民政府對擴張社會政策的承擔並不穩定，再加上經濟衰退的威脅，政府在七十年代中期再次確定其「積極不干預」的財政保守主義，要維持平衡預算、低稅制、累積儲備等，因此在七十年代後期，開始將社會政策發展的步伐放慢下

來。近年亦有研究指出，七十年代的麥理浩政府並不願意在勞工
及社會保障上作出重大改革，因為這會直接削弱香港資產階級的
利益及其經濟競爭力；所以即使面對英國內部的政治張力，要求
香港改善勞工及社會保障，以免跟英國出口造成惡性競爭，但殖
民政府仍堅拒在這兩方面作較大讓步（Yep & Lui, 2010）。

　　第三個階段是 1978 年至 1997 年的遞增期（Incremental）。
殖民政府大約在 1978 年後開始將七十年代的社會工程放慢，而
主導社會政策的原則，亦回到市場為本的軌道，社會服務可隨着
經濟增長而逐小地改善。因此，整體社會政策的制度化改變，主
要在七十年代內完成，而八十至九十年代則主要在既有的安排
下，作出修補及技術性的改善。在踏入九十年代後，部分政策更
開始步進第四階段的私有及私營化，例如醫療政策，但同時亦有
部分作出改善，例如社會援助。不過這種遞增式的福利發展，雖
然整體上仍算是有所改善，但制度化的改革步伐緩慢，後來即使
受到在香港回歸問題上中英角力的政治因素影響，基本上仍大幅
地保留了殖民地年代的福利體制。

　　社會保障作為香港社會政策的一個重要範疇，它的發展軌跡
跟整體社會福利的方向接近，但亦有些許差異。參考上述的歷史
分析，香港的社會保障及其中最重要的社會援助，可分作六個主
要階段：非制度化（1971 年前）、初始建立（1971－1976）、修
正確立（1977－1992）、政治動盪中的檢討（1993－1997）、財
政危機下的緊縮改革（1998－2006）、選擇性及條件性擴張（2007
年至現在）。

（一）從非制度化到制度化：1971 年前

早於 1965 年，殖民政府已在立法局通過《香港社會福利工作之目標與政策》，文件清楚指出在香港的社會環境中（頁三），社會福利的效益應建基於對個人及社區的經濟回報，並需促進社區對不幸的居民的幫助。福利的目標是要確保個人可有自由免於匱乏及不安全，亦能在健康、教育及就業上享有平等機會；但以香港的「特殊」情況，提供福利無可避免地需要訂立優先次序，政府首要鼓勵及發展服務以促進社區的經濟福祉。文件認為傳統中國人的文化不利於市民向政府求助，而個人、家庭以至社區的自助互助網絡，亦擔當了重要的保障責任；其次香港那時經歷移民及人口快速增長，而出口導向的製造業經濟則充滿不確定性，政府當時的收入不足以滿足各種社會需要。

因此，殖民政府在尚未肯定其財政能力時，難以提供一種完整的福利，任何一種社會保障都需要小心其對經濟的潛在影響。文件最後提出公共責任在既有的資源許可下，政府可以考慮提供實物公共援助，如住屋、衣服、食物等，並歡迎志願機構合作進行慈善工作，例如向受災害影響的市民、貧苦無依者提供緊急救濟，同時需小心減弱其個人及家庭的自立能力。政府福利需要協助依賴者獲取或恢復其謀生的能力，以最快速、經濟、有效及持久的方式，促進其從依賴到自足的「康復」。

同年，政府邀請了英國學者威廉士（Gertrude Williams）來港進行社會保障研究（Williams, 1966），在翌年發表報告，批評政府誇大其工業經濟的問題及製造不必要的危機（Jones, 1990；顧汝德，2015），亦指出延伸家庭（extended family）的功能正在下降。最後建議成立一個由政府、僱主及僱員三方供款的社會

保險計劃，短期內解決養家者的疾病風險，長期解決退休問題（MacPherson, 1993），亦體現了政府對公民身份的認同。

　　這段時期的社會保障，主要體現於實物援助及僅有的現金援助。實物救濟即是公共援助的前身，在 1948 年起由社會福利辦事處（Social Welfare Office）（社署的前身）推行，申請人必須居港滿 10 年。他們起初提供熱飯，及至 1951 年加發乾糧，1962 年起兼發食米，1969 年起停止供應熱飯。直至 1971 年，才以現金援助完全取代實物援助。社會福利署的救濟組負責提供如白米、飯餐及乾糧等，原則上主要針對單親家庭及殘疾人士。到 1959 年，社會福利署將公共援助的居港年期減至 5 年，不足者及一般健全成人並無資格。不過在執行時卻包括了少量短暫失業及收入不足之家庭。一般來說，每名成年人（9 歲或以上）的認可入息水平為四十元（1967 年計），9 歲以下兒童當半個成年人計，如家庭的實際總家庭入息，低於其家庭的認可入息，便算合乎救濟的資格。至於實際的援助金額，則差不多等於兩者之間的差額。這個以定額標準作為救濟的門檻，並非建基於實際的理據，但卻沿用至後來的社會援助。1971 年前的政府現金援助，主要由醫務衛生署給予患痲瘋及肺癆的長期留院病人及家屬，並無針對一般貧窮家庭的財政支援。社會福利署當時已經察覺這種救濟的標準，落後於當時赤貧家庭的需要，而實物援助亦解決不到愈來愈多的基本需求，包括租金、衣服、家具、燃料等。不少領取者亦需出售糧食以換取現金，以應付其他必須開支。在非制度化的提供下，貧窮人士所得的援助標準不一，可能視乎他們運氣碰到哪些志願機構。

　　因應威廉士的建議，殖民政府成立的跨部門聯合工作小組，於 1967 年 4 月編訂《社會保障問題報告書》呈交港督戴麟趾。

報告書呼應 1966 年聯合國的《經濟、社會及文化權利公約》，提出「為承認每個人均有權享受社會保障，包括社會保險在內」(Jones, 1990)。在殖民政府中，亦存在選取社會保障模式的不同聲音，反映不論在政府內外，這都是一個具爭議的社會議程。報告中亦見到當時政府對不同形式社會保障之態度，一方面它體認到職業福利、意外、社會保險的重要性，但同時不傾向社會援助以負擔企業及低薪就業的成本，亦拒絕對不同需要的工人提供不同的制度，包括失業、工傷、分娩等。報告書在原則上，較支持對有經濟需要及入息低之工人提供援助，但技術上卻缺乏正規及可靠的入息記錄或證明，亦沒有充足的資源以判決來源的真確性，更未能定義何謂足夠的入息，因此對當時的政府構成障礙。至於寡婦及其年幼子女，報告書亦提及她們的經濟困境，以及所謂的親族家庭（特別是鄉村），仍維持對她們及困難的老人家庭的經濟援助。

另外，報告書亦肯定了大部分從事工業生產的工人，都沒有餘錢儲蓄及為意外事故作準備。但就失業保障來說，主要倚賴勞工法的規定，要求僱主在解僱前作出補償及確保通知時間。就失業的現金援助來說，雖然一般工人工資被壓低而少積蓄，但那時社會失業相對不算嚴重卻難以預測，加之華人家族式的聘用傳統，以及大家庭仍是社會主流；再者經濟前景難以估計，失業的保險基金可能要面對破產的風險。對政府來說，失業福利即增加了失業工人的選擇，有機會被長期濫用，故此政府對失業援助的需要及急切性有所懷疑。

但就廣義的社會保險來說，如果能包括醫療傷病及退休金，那政府及社會的態度卻是有所不同。報告書認為雖然華人社會傳

統強調協助老弱婦孺，有能力工作者應勤力工作維生，但問題是
在工業經濟發展中，華人家庭制度的功能受到削弱。況且當時的
華人社會代表如華民政務司、新界民政署等，都在某程度上接受
個人供款原則的。因此，所謂的社會保險更應優先保障就業者的
職位，以及其失業時的生活，協助孤兒、老弱，最後才是賑濟赤
貧者。報告書在原則上是支持香港設立社會保險的，因為沒有社
會保險的社會代價更高，故應以集體方式分擔風險，但在制度上
亦可同時設立公共援助，反而社會保險可減少市民對政府公共援
助的依賴。最後，更重要的是社會保險及公共援助，需要配合工
資管制以確保工人薪金不會過低，以及有經濟能力參與供款，這
是一種長遠的做法，以防止低薪企業濫用社會援助及助長剝削。
不過，在當時的一次調查中，只有約三分之一的僱主表示接受供
款式社會保障，並主要針對長期老年生活保障的，支持失業津貼
的則只有一成左右。有趣的是，這份報告書不但沒有否定社會保
險的需要及可能性，更呼應了港督戴麟趾對社會保險的支持（顧
汝德，2015）。不過由於政府內部對社會保險存在差異的態度，
特別是當時的一眾高官公務員普遍對社會福利及開支存有懷疑，
所以在這階段仍然未就社會保障制度作出最後的選取。

　　如前文所描述，很多論者認為 1967 年的暴動催生了各種社
會政策發展，例如房屋、醫療、教育、社會服務等。不過就社會
保障而言，六七暴動似乎未有直接促使殖民政府接納當時的社會
保險建議。反之，政府在七十年代初在缺乏認真討論下，否決
了威廉士（1966）、政府聯合工作小組的報告（1967），以及國
際勞工組織代表團向聯合國就改善香港社會保障的建議（Hodge,
1978；馮可立，2008）。總的來說，依照威廉士（1966）的說法，

殖民政府過於着重短期、補救性的措施,而忽略了預防性的政策,對貧困的理解流於個人化。再加上當時一向反對擴大醫療和教育的財政司郭伯偉(Cowperthwaite),以及其保守的財政哲學大力反對社會保險(顧汝德,2015),並指這是損害本地資方利潤的策略。在強烈的官商反對力量下,遂令六十年代第一次出現的社會保險建議胎死腹中。

(二) 初始建立期(1971-1976)

除了輔政司及財政司否定社會保險外(蔡健誠,2008),其他官員的反對亦限制了社會保障的發展,例如參與公援設計的陶健(Topley)曾明言不支持社會保障。最終戴麟趾卻與社會福利署署長力排眾議地堅持要設立社會援助(顧汝德,2015)。公共援助制度終於在 1971 年正式成立,取代過去政府提供的實物援助,以及志願機構零散的現金支援。在資格上,除兩類人士外,其他都有資格申請:(一)居港未滿一年人士;(二)達到工作年齡,健全失業人士(周永新,1988)。其資助額視乎申請家庭的「基本開銷」,即一個以基本需要作基礎的開支評估,以釐定一個家庭的標準開支水平,如申請家庭的「評估入息額」(總入息)較「基本開銷」低,其差額就由政府補貼,直至該家庭處於零收入,則由政府全數支付「基本開銷」。如家庭評估入息額超越「基本開銷」,則失去援助資格。換言之,公共援助作為「入息補助」的原則,設定了一個規範化的門檻,不但代表着公援的資格線,而且除了失業人士外,其資格相當於香港社會一般家庭的絕對貧窮臨界線,即能滿足基本溫飽所需的標準。

1973 年,社會福利署發表《香港福利未來發展計劃白皮書》

及《香港社會福利發展五年計劃：1973 至 1978》，解釋五十至六十年代人口急劇增加及開始戰後的工業經濟，因此及至六十年代才能推行較完備之社會服務，亦呼應政府在六十年代的政策理念，在分配資源的優先次序上，首要投入於房屋、醫療及教育。因此在七十年代才開始發展社會保障，並定下三種香港社會保障的主要模式：公共援助、社會津貼及緊急救濟。政府首次官方地否定供款式社會保險的可能，認為香港市民不支持供款、僱主不贊成及影響香港出口產品的競爭力，其行政管理亦令政府卻步，因為它需要設立新的行政部門，以管理及收集供款及工作記錄。白皮書中描述的市民態度，明顯地與 1967 年報告書的主張有出入，但僱主的反對卻依然是最重要的原因，故可推測最終政府放棄社會保險的原因是來自僱主的態度。馮可立（2008）認為正值七十年代初的石油危機及大量失業，令殖民政府不敢推出要求僱主僱員供款的社會保險，以及進一步改善公援制度。

在成立公援後，殖民政府在 1973 年相繼推出傷殘老弱津貼，主要為 75 歲或以上及嚴重傷殘人士，提供以個人為單位、免審查的定額社會津貼，政府稱為「公共福利金」，主要以年齡及醫療證明為資格。殖民政府放棄社會保險，公援資格又相當苛刻，老人津貼變相是一種「道歉式」的政策（馮可立，2008），給予不是最貧困長者的微薄資助。而在 1974 年政府的社會保障檢討中，發現那時大部分的社會津貼使用者，都是以此作主要收入，使用後與家人的關係有所改善（周永新，1988）。由此可見那時的社會津貼，從甫開始已不是扮演幫補家計的角色，而是作為跨階層老弱傷殘群體的主要收入。

在 1973 年，之前的社會救濟信託基金，開始由「緊急救濟基

金」取代，並由政府負責其財政安排。同年亦推行了「暴力及執法傷亡賠償計劃」，以緊急救濟基金中關於死亡及傷殘的賠償為準則，援助暴力罪行的受害者及因執法人員執行職務而意外受傷的市民；至於天災及人為災害的災民，可以獲得現金及物資的緊急救濟。這種一次性的賠償，並不需要市民供款，使用者亦不需要接受經濟審查；賠償金額主要視乎死者的情況及傷者的傷殘程度而定。再加上針對因工受傷或死亡的工人，由法例規定、僱主負責的一次性勞工賠償計劃，構成當時最主要的意外賠償雛型。

　　1973 年之後的數年間，由於經濟不穩定，故政府一直只維持既有的保障，以及按通脹調整金額，以保持購買力（社會事務司，1977）。在七十年代中，基於經濟復甦，故政府再邀請英國專家許樸（T. S. Heppell）來港，就社會保障進行檢討，特別是針對當時不同個案較劃一的金額。其後在社會保障綠皮書的建議，則使公援的金額超越最有限的生存條件（周永新，1988），以及精簡社會保障的行政結構，減少其佔整體社會保障的開支。這些舉措最終決定了社會保障未來的發展路徑，並在七十年代後期進一步制度化。

（三）確立遞增期（1977－1992）

　　經歷了七十年代初至中期的制度建立，及至 1977 年 11 月社會事務司再推出《為最不能自助者提供援助 —— 社會保障發展計劃綠皮書》，綠皮書一方面肯定了將公共援助的覆蓋範圍延伸至失業人士，以及部分增補政策。另一方面，它在原則上重申了香港社會保障的最高原則：「為最不能自助者提供幫助」，意在限制政府責任及開支（社會事務司，1977）。但同時綠皮書亦肯定

了部分生命事件並非個人責任:「社會保障發展計劃應針對非個人能力所能控制的各種情況(例如入息低微或因年老和患病極需照顧)」(頁六)。其中最重要的,是回應了 1974 年經濟衰退而飆升的失業及通脹問題(莫泰基,1993;顧汝德,2015),以及多個工會及地區基層團體發起的社會壓力,迫使政府將失業納入公援,以防止更大的社會問題出現,因此在 1977 年 4 月,將申請公共援助的資格擴展至 15-54 歲健全失業人士。這亦是首次將沒有工作、非家庭照顧者的健全成人納入安全網中,正式在香港設立針對貧窮失業工人的失業救濟(unemployed assistance)。不過,失業者要在勞工處職業輔導組登記一個月後,方能提出申請,然後要再等一個月審查,核實資格後才可領取(莫泰基,1982)。

其後,政府在 1979 年發表《香港社會福利白皮書 —— 進入 80 年代的社會福利》,肯定了部分在綠皮書中的建議,並在 1978 年 4 月已相繼就公援及特別需要津貼上作出改善。公援制度增設「長期個案補助金」,讓公援家庭在經過一段時間後,可以更換耗損的家庭用品,代替以前酌情發放的非定期特別津貼;針對未有領取傷殘或高齡津貼、而有 60 歲以上成員的公援家庭,將可多領「老人補助金」,以減輕其家庭經濟負擔;不論是獨居還是有家庭成員,領取公援的殘疾人士,只要經醫生證明或喪失勞工賠償條例指的謀生能力 50% 或以上,可獲傷殘補助金,以補償家庭因其殘疾及喪失工作能力而需要的額外開支;為鼓勵非失業的長者及年輕寡婦就業(當時主要的單親個案),公援推出「入息豁免計劃」,容許外出工作的人士保留部分收入,不用全數在公援金額中直接扣除。由此可見,公援不同個案之間的金額差距明顯增加,雖然它是單一安全網,但卻非劃一金額(社會事務司,

1977），這亦象徵着踏入八十年代，公援日漸趨向「分類援助」制度（Categorical Assistance）（周永新，1988）。殖民政府宣稱這種公共援助符合香港的家庭傳統，資格訂得相對寬鬆及少限制（香港政府，1979），但不少論者都批評當時的公援資格其實相當苛刻（MacPherson, 1993; 馮可立，2008）；雖然以非供款的社會援助來說，香港的公援不比其他發達國家差（周永新，1988），但卻嚴重受到政府稅收的限制，難以大幅改善貧窮人士的生活。

在傷殘老弱津貼計劃方面，它將更名為「特別需要津貼」（香港政府，1979），但保留原先的免審查及個人申請原則，以鼓勵有關家庭繼續照顧有需要的家庭成員。而在資格上，特別需要津貼（傷殘津貼）亦擴大範圍，涵蓋至嚴重失聰人士、中度弱智人士及住院人士。在意外賠償方面，除了先前已設立的緊急救濟基金和暴力及執法傷亡賠償計劃，政府再於 1979 年 5 月推行「交通意外傷亡者援助計劃」，經費主要來自車輛牌照費、駕駛執照費及一般稅收。不論意外是否因為肇事者的過失，所有交通意外受害者都可得到援助，金額依照緊急救濟基金所訂的數額及準則計算。這幾項意外賠償計劃，主要為遭受意外的家庭提供短期經濟援助。

不過，原來在 1977 年綠皮書提議，由中央管理的半自願性供款「僱員傷病人壽保險」，卻在 1979 年的福利白皮書中被擱置。雖然政府同意成立保險的原則，但它認為政府的社會保障已替低收入人士及家庭提供了安全網，而有關職業福利及對僱主的規管，並非是社會保障最重要的角色（香港政府，1979），故傷病保險一直押後處理。其後因工商界僱主強烈反對，表明不願意為僱員的社會及勞工保障付出更多，最終麥理浩在 1981 年正式撤回綠皮書的建議，認為自己對僱主的態度評估錯誤（蔡健誠，

2008；顧汝德，2015）。

　　總的來説，香港的社會保障在七十年代後期，基本的制度已經確立起來，直至整個八十年代再沒有大規模的革新（周永新，1988）。在行政方面，社會福利署亦在這階段成立上訴委員會，覆核申請人就公援或特別需要津貼決定所提出的上訴。這措施原則上增加了社會保障運作的透明度，不過其行政程序的門檻並不低，要求申請人先遞交上訴申請書，待申請接納後再安排聆訊，兼且酌情權的使用並不清晰，故此上訴制度對使用者來説不算友善，作用亦不大。在社會經濟方面，日益嚴重的工傷問題，令多個勞工團體向政府施壓，加速了部分勞工保障，如強制僱主為僱員購買勞保等。同時，民間團體如「社會保障關注委員會」及社聯，共同推動設立中央公積金人壽傷殘保險計劃，社會保險的倡議繼續發酵（莫泰基，1993）。

　　1986 年政府推出了《中央公積金評估分析》的文件，在諮詢團體中，銀行及保險業公會、經濟學者、勞工顧問委員會強烈反對，而以工商界為代表的社會福利諮詢委員會則支持私人公積金。但其後副財政司易誠禮（John Francis Yaxley）卻指退休保險會干預勞工及金融市場，甚至將供款形容為變相加税，以激起市民的恐慌（顧汝德，2015）。而在 1987 年 10 月，政府再一次拒絕成立公積金計劃，理由為對最有需要的市民幫助不大、融資及管理的困難，以及害怕對香港金融市場產生衝擊（Chow, 1998；蔡健誠，2008）。在 1991 年引入地區直選後，代表基層利益的議席大增，政府察覺到立法局將再次就退休保障辯論，故行政局率先在 10 月原則上通過設立「強制性私人退休保障計劃」，否決中央公積金，11 月成立跨部門的工作小組着手研究（許賢發，

1992）。當時的商界委任議員唐英年表示，工商界不支持任何強制性退休計劃，但在行政局支持下唯有接受，但質疑由基金公司管理的私人退休保障缺乏穩定性，認為政府既然強制僱主和僱員供款，它自然有責任承擔風險（唐英年，1992）。教育及人力統籌司主持的工作小組，在 1992 年 10 月發表《全港推行的退休保障制度諮詢文件》，建議引入「退休保障制度」，為所有 65 歲以下的全職僱員，推行私營強制性公積金計劃（即後來強積金的藍本）。政府以私營強積金取代民間倡議的中央公積金，被認為是受到金融界的壓力及游說，以逃避公共管理的責任，維持其「積極不干預」的財政政策（黃洪，2015）。然而，經過三個月的諮詢，大部分市民包括政黨甚至商界都反對方案，主要是因為由私營機構管理，將帶來極高風險。一方面民間批評方案排除了非就職業人士，另一方面政府聘請的顧問公司報告亦傾向於反對方案。因此，在諮詢結束後，政府亦收回有關的建議。

1991 年，殖民政府發表最後一份《跨越九十年代社會福利白皮書》，再次申明其福利原則：「社會福利服務不應被視作專為經濟及社會條件較差的而設的慈善服務。其實，凡有需要的人，都應該獲得福利服務。香港所面對的挑戰，是在改善服務之餘，不致使受惠人產生依賴性。」（香港政府，1991，頁 14）一方面政府已將社會福利的對象延伸至普羅市民；另一方面，政府在擴張服務的同時，仍抱有對所謂福利依賴的恐懼。尤其是以公共援助為主要制度的社會保障，其運作原則仍停留在七十年代的社會救濟（Chow, 1998），無視社福界及勞工界對社會保險的訴求。公援自 1981 年起至九十年代，基本歷經了五次調整，並引入租金津貼，以及如子女補助金等，保障可說是從食物需要發展到基本生

活需要。另外，政府於 1988 年推出高額傷殘津貼，對象為需要他人經常照顧的嚴重傷殘人士，亦放寬至所有年齡的嚴重傷殘人士（香港政府，1991）。而高齡津貼的年齡資格亦在 1990 年降至 66 歲，在 1991 年降至 65 歲，70 歲以下則需要申報入息。在人口老化趨勢下，當時對 70 歲以上長者是否需申報入息則未有定論。

總的來説，1977 年至九十年代初是香港社會保障的確立期，最重要的制度都在這段時間確立，而在九十年代中期以後的社會保障爭論及檢討，則主要在檢討既有的社會援助，以及引入新的退休保障制度。

（四）政治動盪中的檢討（1993－1997）

在九十年代中期，政府分別就退休保障及公共援助，推出了兩次的社會保障檢討。在退休保障方面，自八十年代以來公民社會團體（亦稱壓力團體）不斷發展，而 1985 年立法局首次引入間接選舉及 1991 年引入直選議席，亦加快了政黨政治的步伐。從此社會福利議題的政治化，普遍地增加了市民的權利意識及對政府的期望，形成社會福利發展的政治壓力（Chow, 1998）。這些政治力量反映在最後一屆殖民政府的社會保障檢討，大概可分為退休保障及社會援助兩大制度。除了本地政治外，殖民晚期的中英兩國角力亦塑造了當時的福利發展。對港英政府在某些福利政策的擴張，中方表面上憂慮其帶給特區政府財政負擔，因此有所謂「車毀人亡」之説；這更可能增加了殖民政府的認受性，給予特區政府更大的政治壓力。

在退休保障上，政府在 1992 年底撤回私營強制性公積金的諮詢文件，然後就在 1993 年 12 月，末代港督彭定康吸收了團體

的意見，向立法局提出「老年退休金計劃」。有關構思，由教育統籌科在 1994 年 7 月推出《生活有保障、晚年可安享 —— 香港的老年退休金計劃》諮詢。這種中央管理的公共養老金，基本上是以社會保險的形式，要求僱主和僱員供款約薪金 3%，政府再注資 100 億元，就可免審查地向所有年滿 65 歲長者發放每月劃一金額（1994 年價格為 2,300 元）。這方案引起了多方的討論，即使是原則性贊成的工會、基層社福團體等，亦有不同條件（黃洪，2015）：如並行老年退休金及私營強積金，或改善老人綜援等。因此全民老年退休金可說是他們的最大公因數，而一些報章民意調查亦得出正面結果（蔡健誠，2008）。反對聲音則堅持香港只需給予貧窮長者的社會福利、老年保障轉移個人家庭的養老責任，以及非依據供款記錄的再分配功能等。這些意見最主要來自商界、經濟學者的聲音，他們甚至爭取中方的反對（Chow, 1998）。這些對立的意見亦反映在當時的立法局中，譚耀宗議員曾提出動議，要求政府對老年退休金作出更大承擔，但工業界議員田北俊卻代表數個商會反對該計劃，要求政府分別處理社會福利及退休保障，改善老人綜援（蔡健誠，2008）。

在諮詢六個月後，雖然負責諮詢的教育統籌司曾表明，收回的意見以支持方案為主，但最後政府竟突然在 1995 年 1 月，指方案未能取得立法局共識，以社會上意見分歧為理由，宣佈擱置有關的建議。這次的反對力量，依然是來自金融保險、商界及經濟學者（黃洪，2015）。不過最峰迴路轉的，是政府在 1995 年 3 月於立法局動議，再次要求引入強制性私營公積金，既威脅聲稱這是推行退休保障的唯一最後機會，亦稱得到社會廣泛支持，但卻再無新的政策諮詢。最後，在短短四個月及立法局一片批評聲

音下，仍於 1995 年 7 月通過實施《強制性公積金計劃條例》，將在 2000 年實施。

至於公共援助的檢討，則可分成行政及援助水平的改革。在行政改革上，政府於 1993 年將「公共援助」改名為「綜合社會保障援助計劃」（綜援），其中的「基本金」易命為「標準金」，並將老人的補助金額納入標準金中，因此長者及殘疾人士的標準金，較健全人士高，但他們則不能再領取高齡及傷殘津貼。除此以外，社會福利署亦整合了不同的補助金及特別津貼，將綜援、高齡津貼及傷殘津貼區別開來，而福利使用者亦只可領取一種社會保障，不能使用「雙重福利」。

在金額改善方面，香港社會服務聯會於 1993 年委託城市大學學者麥法新（MacPherson），對綜援的標準金如何能滿足「最低可接受生活水平」進行研究（見本書第五章）。不過，政府卻以財政開支為主要理由，並認為麥的建議不符合綜援的精神，因此沒有採納其建議（黃洪，2015）。雖然社署否定了麥法新報告，但港督彭定康在 1994 年的施政報告中，承諾根據住戶開支調查，要求衛生福利司研究社會保障安排，檢視制度在滿足受助人需要的成效（社會福利署，1996）。政府在 1995 年 3 月成立督導小組，由社會福利署署長擔任主席，進行廣泛的綜援檢討，包括基本金、補助金、特別津貼、資產限額、離港規定、豁免入息等，甚至於顧客服務及員工訓練、人手編配等安排也進行檢討。小組最後建議增加健全成人及與家人同住長者的標準金，提高資產上限、新增回鄉養老計劃、調整豁免計算入息、簡化特別津貼、提高租金津貼等，分別在 1996 年至 1997 年落實。是次檢討雖然仍維持綜援作為最後安全網的角色，但尚對部分的金額作出

改善；更重要的是它首次承認，綜援金額應作為定義基本生活需要的底線，可說是晚期殖民政府對社會保障最重要的貢獻。

總的來說，在回歸前的五年間，香港的退休保障制度基本上作出了最大的改革，設定了具爭議性的私營強積金計劃。另外，對社會援助則作出了行政性及操作性的檢討，並首次以「基本生活需要」的原則，重新訂定了綜援金額及調整了一些措施。由此，當時的香港雖然沒有訂立官方的貧窮線，但綜援的金額水平作為一個臨界線（threshold），可說是發揮了類似的作用。

（五）財政危機下的緊縮改革（1998－2006）

在回歸後，香港社會接連面對亞洲金融風暴、樓市泡沫爆破、機構裁員減薪等挑戰，將殖民政府累積下來的政治經濟問題不斷暴露出來，再加上特區政府的管治問題及殖民地遺留下來的體制，例如低稅制、高地價政策等，令政府面對經濟、財政及認受性危機。這些危機都在很大程度上促進了回歸後的社會保障改革及其方式。

就綜援改革而言，在 1996 年檢討綜援及提升金額後，社會福利署在 1997 年就開始着手研究關於健全人士綜援的檢討。換言之其實在出現財政赤字及經濟危機前，政府已經開始有意欲針對有工作能力的綜援人士，作出政策修訂。不過有趣的是，政府在 1996 年還是願意根據檢討報告，提升健全成人的綜援金額。但同時香港正經歷九十年代最後階段的去工業化，社會援助將要面對一批失業工人，他們未能被新的服務經濟吸納。由此可見，政府在 1996 年時被迫承認早前的失業綜援金額未能滿足基本需要，因而作出調整；但另一方面，在 1997 年起擔心改善失業綜

援，會強化其對該批失業工人的所謂「福利依賴」，因此要着手檢討整個社會援助制度與工作的安排。檢討在 1997 年開始，當時的失業率已回落至 2.2%，及至報告在 1998 年 12 月發佈，同年 4-6 月失業率則攀升至 4.3%。

在這份名為《投入社會，自力更生》的綜援檢討報告中，政府就綜援提出了影響深遠的改革方向，遍及所有綜援人士，包括健全及老弱個案（其內容及理據見本書第五章），它的主要檢討方針有三點：界定「最有需要」的福利資格（targeting）；推動使用者離開安全網；減低社會保障對公共財政的負擔（趙維生，1999）。報告的建議在 1999 年正式實施，首先，政府要求所有 3-4 人或以上的健全家庭，分別削減標準金 10%-20%，並且取消多項健全家庭的補助金及特別津貼，例如搬遷津貼、兒童的眼鏡津貼等。其次針對健全失業綜援，政府建議引入「自力更生支援計劃」，強制失業綜援人士需要參與求職及相關的活動，包括會見就業主任及社區工作等。在經濟審查上，社署亦將健全家庭（沒有高齡殘疾人士）的自住物業，計算為可變賣的資產，只獲得十二個月的寬限期，變相限制了他們的使用年期及迫使他們出售物業。除此以外，政府亦以家庭責任為名，取消了長者獨立申請綜援的權利（見本書第二章），除非他們放棄與非綜援的家人同住，否則便失去綜援資格。

這個檢討報告以及隨之而來政府帶頭對綜援家庭的污名化，包括「綜援養懶人」的言論（顧汝德，2015；黃洪，2015），開始了在經濟危機下，政府對貧窮市民在政策及論述上的攻擊。在收緊綜援金額的同時，特區政府在 1998/99 年度的財政預算案，仍作出規模最大的減稅及調低差餉措施，可見這次綜援檢討並非

出於共度時艱的減赤，反而是大規模的累退式（regressive）再分配，挑動貧窮群體之間的競低分化，強化對福利使用者的依賴論述。因此，回歸後的第一次綜援檢討及收緊政策，開啟了接二連三對社會保障的攻擊。

政府在 2003 年 2 月向立法會發表《社會保障的未來路向》報告，以行政長官指令的方式，削減綜援金額及加強自力更生措施。社署指出香港早於 1998/99 年出現通縮，但當時仍按預測上調綜援金，以及在其後的通縮期間凍結金額，因此綜援金在 2003 年已較原先的購買力高出約一成，需要削減所有受助人的標準金 11.1%，以及其他特別津貼。健全受助人的金額需在 2003 年一次過削減，而長者及殘疾個案則在 2003 年及 2004 年分期削減。這次綜援削減遍及所有受助群體，在所謂的「共度時艱」的修辭中，綜援人士成為財赤下被犧牲的一群。政府在同年引入「深入就業援助計劃」，為失業綜援人士提供一些就業服務，包括職位轉介、培訓等，亦修訂豁免入息計算制度，針對領取綜援三個月以上的個案，輕微地提升全數豁免及最高豁免金額（見本書第五章）。

第二波的綜援改革針對新來港人士。在 2003 年 2 月推出的人口政策專責小組報告中，就提出基於財政緊絀，要收緊對來港不足七年人士的福利權利，特別是社會保障與醫療服務（本書第三章）。當時的決定其實是一種行政指令的緊縮政策，無需經過議會批准，將經濟及財政危機的責任，轉移至新移民群體作為代罪羔羊。自此，只有 18 歲以下、低收入以及部分受家庭暴力的新來港人士，才可獲得酌情豁免。

第三波綜援改革的對象為單親家長及家庭照顧者。雖然在 1999 年的綜援檢討中，社署已經將單親家長納入改革範圍內，但

基於它所引起的社會反彈，最終只在 2002 年推行了自願性的欣
葵計劃（見本第五章）。但經過數年的財赤及緩慢復甦後，社署
終於在 2005 年開始正式檢討單親綜援，過程中引起不少爭議，
而最終要求 12－14 歲子女的單親家長及家庭照顧者，從事兼職
工作或參與就業相關的活動。

　　總的來説，在 1998－2007 年的十年內，香港政府面對龐大
的經濟、財政及管治危機，綜援人士作為社會上最無權無勢、最
無組織的基層群體，一方面被政府以行政手段強行削減其援助金
額、引入不同的條件以收緊資格，另一方面亦在政商共同挑起的
社會分化中，進一步遭受排斥及被建構為「福利依賴」，掩蓋了
香港政治經濟的根源性問題，以及普羅工人階級不斷下滑的勞動
條件。政府以針對基層的緊縮政策，作為減少赤字的最主要手
段，卻製造了更大的社會不平等。至於強積金正式於 2000 年推
行，有關的討論可見於本書第七及第八章。

（六）選擇性及條件性擴張（2007－現在）

　　經過連續數年的緊縮政策，特區政府在 2006/07 年度終於
擺脱了財政赤字出現盈餘，而自 2004 年起亦出現了相對穩定的
復甦，並在 2007 年起開始在社會福利及保障上有緩慢及選擇性
的增長。首先，在 2007 年特首選舉後，新一屆政府開始重組政
策局的範疇，首次將福利與勞工政策，放置於同一政策局中，並
由同一問責官員統籌。這顯示當屆政府繼承了扶貧委員會「從福
利到工作」的扶貧原則，進一步將有工作能力人士的社會保障與
就業結合。其次，由前任特首董建華所設立的扶貧委員會，亦在
2007 年終結其任期，但政府就保留了其建議的兒童發展基金及交

通費支援試驗計劃，作為部分社會福利的擴張。在財政情況「許可」下，政府選擇性地增加少量對兒童及低薪人士的補助。兒童發展基金作為試驗計劃的社會服務，並非一種收入維持的社會保障。交通費支援試驗計劃則在 2007/08 年度的財政預算中提出，針對居住四個偏遠地區（屯門、元朗、北區、離島）的跨區就業者及待業者。由於它是直接的現金資助，亦可說是審查型的社會津貼（詳見本書第四章）。

及至 2008/09 年度的財政預算中，政府輕微調整是項計劃，包括提高其入息上限至 6,500 元及放寬至原區就業。直至 2010/11 年的施政報告中，出於民間社會的壓力及使用率偏低，政府正式設立「鼓勵就業交通津貼計劃」（「交津」），以取代交通費支援計劃，將援助對象擴展至全港的低薪人士。「交津」既作為一種針對低薪在職人士的財政補助，亦作為對偏遠地區失業人士的就業鼓勵，補償因就業帶來的額外成本。不過，政府在 2010 年底宣佈「交津」將由過去的個人申請制，轉變成家庭申請制，令不少早前受惠的人士將失去補助，因而引起民間社會極大反彈。最終政府在 2011 年 2 月，先後兩次優化其家庭申請的資格，放寬 2-3 人住戶的入息限額，以及設立更少工時要求的半額津貼。自此，短暫性的交通津貼試驗計劃，正式制度化成為一種審查型的在職津貼，並且從個人交通支出補助轉型至家庭收入補助，在 2011 年 10 月正式開始接受申請。

另外，在 2010/11 年度的施政報告中，特首曾蔭權設立「關愛基金」，由港府注資 50 億元，再以配對基金的方式向商界募捐 50 億元，用作資助當時安全網以外的項目，用以識別不同的需要，以決定是否納入綜援的恆常資助中。政府在當時社會興起的

「仇富」情緒中，既嘗試挽救財團的企業形象以緩和階級矛盾，亦實行曾蔭權政府所建議的「官、商、民合作」的福利發展方向（社會福利諮詢委員會，2011），以減輕政府的負擔與責任。當然，這本來是一個檢討社會保障及安全網的契機，但政府並沒有交代具體的檢討計劃，只是交由委任的關愛基金執行及小組委員會負責計劃撥款內容。其後關愛基金卻得不到商界的支持，只成為政府主要資助的項目，但就其延續性及功能而言，則可說是政府恆常化社會保障項目改變的試驗。雖然關愛基金的資助形式較碎片化，並沒有反映出固定及清晰的政策方向，但作為一種制度改革前的探索計劃，它卻開啟了一些政治機會予民間社會，向政府進行個別範疇的建議及施加壓力，因而引入了部分規模有限的修補，對一直被安全網所排斥及未能覆蓋的社群，提供短期及即時的現金援助。

其後在 2012 年特首選舉中，不同的民生議題成為了候選人之間的競爭內容。在新任特首梁振英的候選政綱中，就出現了三個與社會保障相關的建議：重設扶貧會、低收入家庭補助及長者生活津貼。這些建議在梁振英當選特首後，就開始了漫長的討論及爭議。首先，重設扶貧委員會以及定立貧窮線，如撤除對貧窮線定義的爭論，無疑是催生了後來的低收入家庭補助，因為基本上貧窮線可清楚地界定一批綜援以外、有就業成員、但收入仍低於貧窮線的家庭。而在 2011 年底實施的家庭制「交津」運作一年後，政府發現申請人數遠低於預期，因此在 2013 年新一屆特首的施政報告中，終於引入個人及家庭申請的「雙軌制」，同時檢討「交津」的成效。其次，在特首候選人梁振英（2012）的政綱中，亦提到研究為低收入家庭提供補貼。因此，在重設的扶貧

委員會中，其一議程在於如何減少在職貧窮及跨代貧窮的影響，不少倡議團體積極爭取設立「第二安全網」。特首繼而在 2014 年的施政報告中，正式提出了「低收入在職家庭津貼」（低津），最終在較少爭議下於 2015 年 1 月經立法會財委會批款，由新設的在職家庭津貼辦事處負責，並於 2016 年開始實施。

在綜援方面，自 2007 年社會保障援助物價指數明顯飆升，及至 2008 年由於港幣貶值而導致入口食物價格大幅上升，政府需要打破慣例，除了每年在 2 月的恆常調整外，亦在 8 月根據社援指數，第二次上調綜援金額。此後香港經濟長年錄得連年通脹，亦沒有出現嚴重財赤，故此綜援金額再沒有出現大規模的削減。明顯地，政府將綜援的發展凍結，只依據社援指數維持綜援的同等購買力，並沒有再次進行綜援金的檢討。反而財政司在 2007/08 財政年度起，在連續數年的預算案中作出一次性的紓困措施，向綜援、高齡津貼及傷殘津貼的使用者，多付一個月的標準金及一般金額，以此取代制度化的綜援檢討（見本書第四章）。不過，政府在 2011 年未有公佈原因及進行檢討下，突然在 8 月提高了傷殘及長者的綜援金，但仍維持健全人士（包括兒童）的標準金額，增加了特別人士與健全人士認可金額的差距。

另外，政府在 2010/11 年設立的關愛基金，嘗試資助一些當時綜援未有納入的項目，準備日後修補安全網（唐英年，2010）。至於失業人士支援方面，政府曾在 2007 年輕微放寬了豁免計算入息計劃，提高豁免額及縮短等候期至兩個月。同時，政府在 2014 年重整了自力更生支援計劃，取消了其中由社會福利署直接提供的「社區工作」，並將所有就業服務交予非政府機構營運（見本書第五章）。此外，政府亦試行了「進一步鼓勵『自

力更生綜合就業援助計劃』綜援受助人就業的獎勵計劃」，由關愛基金撥款，向 2,050 名失業綜援人士累計超過豁免額的收入。除了金額及就業安排外，唯一綜援資格上的變化，就是受制於終審法院在 2013 年 12 月，對居港未滿七年人士案件的判決（見本書第二章）。這迫使政府推翻維持了十年的綜援居港年期限制，在 2014 年起回復居港一年的規定。不過，這變革的成功，主要是由於司法覆核及法院判決的約束力，過程充滿偶然性，並非政府自願性的政策改革。

至於社會津貼方面，申訴專員在 2009 年發表了關於社署如何審批傷殘津貼（「傷津」）及處理上訴的報告，指出政府審核「傷津」的標準不夠一致及客觀，其後社署調整了「傷津」的醫療評估表格及評估檢視清單等。及至梁振英當選特首後，為履行其競選政綱，政府成立了跨部門小組，處理放寬「傷津」至單肢傷殘人士，以及檢討醫療評估表格。由於「傷津」自成立以來，一直應用僱員補償條例，以「失去 100% 賺取收入能力人士」定義嚴重傷殘，未能追上國際間及社會對殘疾觀念的發展，令不少殘疾類別被排斥於制度外。其實傷殘津貼的目標，並非考慮申請者有否能力就業，而工作能力的標準亦明顯不適用於部分申請人如兒童。整個傷殘津貼的資格問題，反映了香港對殘疾分類及需要評估相當落後。例如聯合國已逐漸放棄以工作能力損失作殘疾程度指標，在倡導殘疾人士的工作權利下，缺乏工作機會是殘疾及社會配套不足的結果，不應被當成是殘疾的原因（黃錦賓，2013）。世界衛生組織亦已提出「國際功能、殘疾及健康分類系統」，協助評估殘疾人士的需要；而英國的「個人獨立生活津貼」評估，建基於殘疾社群對重要日常活動的共識，並設定不

同層級的準則，了解殘疾人士在什麼條件下可以完成某些活動。總的而言，本地的殘疾團體及立法會，似乎有較大共識將傷殘津貼與工作能力脫鈎，轉以滿足殘疾需要及協助他們獨立生活為主要方向。直至 2017 年，政府基本上落實了工作小組就檢討「傷津」的建議，刪除了「喪失 100% 賺取收入能力」的提述及與工作有關的選項（勞工及福利局，2017）。因此，傷殘津貼在行政層面，作出部分技術性修改；但政府就工作能力與傷殘津貼資格的關係，似乎仍未完全擺脫過去的政策思維，或許擔心改革後會大幅提高「傷津」開支，即使未有證據證實有關的開支增長。至於這段時期的生果金改革、長者生活津貼及退休保障諮詢等，可見於本書第七及第八章。

　　總的來說，2007 年後的社會保障發展，可說是一種選擇性（selective）及條件性（conditional）的擴張。首先，選擇性是指社會保障的覆蓋對象，只集中於部分經濟狀況較差的市民，並非一個全民性的保障制度。2010 年增加的生果金以及 2013 年實行的長者生活津貼，都是針對一定資產及收入以下的長者，從金額上只發揮一種津貼的功能，並非一種足夠生活的養老金。另外，新增的在職福利（in-work benefits）：「交津」及「低津」，亦是針對處於就業市場底層的勞工，以及徘徊於貧窮線上下的在職家庭。因此，香港的社會保障在 2007 年後有所增長，但其實它的福利哲學仍然是承襲了殖民地政府的剩餘觀念，只針對「最有需要的群體」。因為社會經濟的轉變，政府不得不回應新的社會問題，如在職貧窮、人口高齡化等。其次，條件性是指新增的社會保障，特別是針對工作年齡的經濟援助，其給付的條件高度地與就業掛鈎。換句話說，2007 年後新增的在職福利，都是出於對市

場就業的肯定，因此拉闊了就業及失業者、長工時及不穩定就業者在福利收入上的差距。而失業者及不穩定就業者的福利，在急劇通脹的情況下卻被政府「凍結」，這變相削弱了它的保障性。當然，關愛基金及第二期的扶貧委員會，可說是在經濟復甦及不穩定期間，對香港社會保障發展很重要的兩個契機。雖然它們未能整體地檢討及完善現行的社會保障，但總算開啟了部分的政治機會予民間團體及政黨，向政府提供意見及施加壓力，最終推動發展新的在職福利。不過，對其他非在職的福利（out-of-work benefits）來說，包括綜援及退休保障，則未有明顯的制度變革或發展，只是根據現行的政策作出修補。

三、現時香港社會保障的類型

表 1.2　社會福利署按社會保障計劃的分類及個案

計劃種類		個案數目 （截至 2017 年 1 月 31 日）
綜援		236,530
綜援長者廣東及福建省養老計劃		1,506
公共福利金計劃	高齡津貼	237,532
	長者生活津貼	441,154
	廣東計劃	14,839
	傷殘津貼	141,512
暴力及執法傷亡賠償計劃		414
交通意外傷亡援助計劃		6,003

資料來源：社會保障統計數字 [3]

目前香港主要的社會保障政策是由勞工及福利局制定，社會福利署負責執行。表 1.2 顯示了現時官方社會保障計劃的分類及個案。但隨着政府引入新增的福利津貼，非傳統的社會保障資助亦由其他部門負責，例如成立於 2015 年的在職家庭及學生資助事務處，便是勞福局及教育局的跨部門組織，負責低收入在職家庭津貼及學生資助，以及各種學生資助的行政安排。而鼓勵就業交通津貼，則交由勞工處負責。或許政府並不視這些計劃為社會保障系統的一部分，它們的開支亦不撥入「社會保障開支」的範疇，但不能否認這些福利津貼已具有部分社會保障的特徵。因此筆者將政府提供的恆常現金資助，歸入整個香港社會保障體系中，務求更全面地掌握本地的社會保障現況。當然，不論是計劃的受惠人數及開支規模，社會福利署提供的社會保障仍佔有最重要的角色。社署如此形容香港社會保障的背景及目標：[4]

> 經濟有困難的人士若得不到政府的社會保障援助，便會陷入極度困境。一些需要獨力撫養幼童的單親人士，或是暫時失業的人士，都需要得到短期的經濟援助。
>
> 在本港，社會保障的整體目標，是幫助社會上需要經濟或物質援助的人士，應付基本及特別需要。社會福利署推行毋須供款的社會保障制度，達致上述目標。這個制度包括綜合社會保障援助計劃、公共福利金計劃、暴力及執法傷亡賠償計劃、交通意外傷亡援助計劃及緊急救濟。

由此可見，政府眼中的社會保障，主要是透過非供款的制度，對有經濟需要的群體提供「短期」的經濟援助。不過香港的

社會保障一般並無領取期限,而部分「社保」對象的經濟需要及特殊處境可說是永久性的,因此這說法大抵是針對健全人士。殖民及特區政府都不斷強調香港的公共財政及社會福利,並不傾向進行資源再分配,但有趣的是以審查式社會保障為主的制度,其垂直再分配的效果卻很明顯。下文將簡介香港不同類型的社會保障政策,包括其目標、融資及資格。這個社會保障分類從制度特徵出發,超出了政府在行政管理上的界分。

(一) 審查式社會援助

綜合社會保障援助計劃(綜援)屬於社會援助制度,政府從稅收進行轉移支付,申請者需要接受經濟審查,不論是年老、殘疾、失業、低收入或單親,任何家庭收入及資產低於或不超過綜援限額,以及居港不少於一年,都合資格使用安全網。關於綜援的詳細分析,可見本書第二至第六章。

(二) 審查式及條件式社會津貼

除了基本安全網外,近期政府還設立了兩種在職福利(in-work benefits),給予低薪工人及在職貧窮家庭:鼓勵就業交通津貼(「交津」)及低收入在職家庭津貼(「低津」)。雖然這些津貼並非由社署營運,但它們作為由政府稅收資助的恆常現金援助,已部分地扮演了社會保障的角色。筆者把它們定義為審查式及條件式的社會津貼,一方面因為它們具有經濟審查制度,福利資格是根據申請人的就業要求而定。另一方面,雖然「低津」的目標有別於普及式社會津貼,較接近緩減貧窮的社會援助或「第二安全網」,但政府及民間社會的態度,似乎更傾向把它當成

「津貼」多於「援助」或「救濟」，以減低制度的污名化效應。

當「交津」的資格從偏遠地區擴展到全港，由個人申請演變成雙軌模式，其實際的功能及意義，早已超越「鼓勵就業」的目標，成為持續給予低薪工人的入息補助。一直以來工資補貼制度都存在爭議，特別是它對就業及工資結構的影響。目前香港仍未有足夠的研究能證明兩者的關係，其中原因可能是「交津」的介入程度不算高，十年來未曾調整金額。當初每月 600 元的設計，有一說法是它參考了綜援的全數豁免計算入息額，相當於每個工人因就業而額外付出的開支。雖然最低工資每兩年調整一次，但「交津」在過去十年未曾根據通脹或其他指數調整，令「交津」的實質購買力不斷下降，削弱其保障的能力。

「低津」的官方目標相對簡單，為要「鼓勵自力更生，紓緩跨代貧窮」[5]。作為規模更大的在職家庭福利，它有三個潛在的政策效果。第一，提高在職貧窮家庭收入，一定程度上彌補最低工資未達養活家庭，改善他們的生活。第二，部分家庭因需供養人數較多（如兒童及長者），其經濟及照顧的壓力較大，「低津」可以補助他們額外的生活成本，故設有兒童津貼。第三，近年沒有使用綜援及公屋的在職貧窮家庭備受關注，這批所謂「N 無人士」被當時的福利制度排斥，更未能受惠於財政預算的一次性紓困措施。有聲音認為如果不放大在職貧窮家庭與綜援的收入差距，將會減低他們的就業意欲、削弱綜援人士離開福利的機會。因此對身處於或徘徊於在職貧窮邊緣的家庭，「低津」可以透過稅收資助增加他們的收入，維持其就業身份及鼓勵更多就業，防止進一步跌入貧窮線下。即使「低津」對單親家較為寬鬆，但對一般家庭的工時資格有着嚴格的控制，[6] 不時被民間團體批評過於苛

刻,排斥單身及零散工人(每月工時 144 小時或以下)。

「交津」、「低津」與綜援有幾個重要分別:首先,「交津」、「低津」的援助金都設兩級制,工時長短會影響金額。「交津」只有全額或半額資助,收入較高者因工時較長獲得較多補助。「低津」金額雖然亦有受工作時間的影響,但它的全額及半額資格取決於經濟審查,家庭收入低於中位數一半可獲全額資助。另外,「低津」除了家庭津貼外,兒童津貼亦會提高子女數目較高家庭的收入。理論上最能從「低津」受惠的,是那些只有一人從事低薪職位,而人數較多的家庭。至於綜援金的補助,則是根據申請人每月收入與綜援金額(認可需要)的差距,因此每個個案的援助金額完全不同,計算方法較為複雜,對收入較低者的補助較多。其次,綜援的援助金是每月發放,一般在續期前如資格不變,保障的穩定性很高;「交津」、「低津」則是根據過去六個月的工作記錄申請,以一筆過形式「獎勵」就業表現,保障較易受勞動市場波動的影響。另外,「低津」、「交津」是明顯的在職福利,失業、低收入及單親綜援雖有就業要求,但其資格只與就業相關的行為掛鈎,不是基於在職的身份。因為後者作為社會援助,其就業的條件性較在職津貼低(詳見本書第五章)。

(三)審查式社會津貼

香港另一些審查式的社會津貼並無就業條件。第一種是新增的公共福利金計劃:長者生活津貼(「長生津」)。[7]「長生津」以政府稅收支付,為 65 歲或以上長者提供綜援以外最大的經濟支持。申請者必須為香港永久居民,及申請前一年離港不能超過 56 日,亦需接受入息及資產審查。長者社會保障部分可見於本書第

七及第八章。

第二種是與學生相關的社會津貼，包括學校書簿津貼、學生車船津貼和上網費津貼。它們都根據入息審查及評估[8]（不需資產），將申請者分成全額及半額。學資的評估方式較緊，書簿津貼及上網費津貼，其全額的資格大約定於家庭入息中位數40%。學生資助每年發放一次，書簿津貼額隨年級有所不同，從小學遞增至高中一，再遞減至高中三。車船津貼則按住址往返學校的平均車船費用，而書簿津貼則劃一金額。

（四）免審查社會津貼

傷殘津貼及高齡津貼目前歸入公共福利金計劃[9]（social security allowance scheme），是香港免審查社會津貼和普及式社會保障的先驅。除了居港七年外，傷殘津貼的資格主要按公共醫療的評估，殘疾情況維持不少於六個月。津貼額分成普通及嚴重，後者要求申請人被評定在日常生活中需要他人不斷照顧，但兩者均可獲額外的交通補助金。高齡津貼（俗稱生果金）的對象為70歲以上長者，不用審查只需申請，但依然要符合居港年期，金額較少。

（五）強制性私營個人儲蓄計劃

香港現行的強制性公積金計劃，要求僱主及僱員同時就退休保障供款，金額注資入個人的強積金戶口，再由僱員自行選擇投資組合。這種由私人市場管理及營運，政府低度介入的強制性儲蓄計劃，主要促進個人在生命歷程中的收入平滑化，將個人的經濟資源進行水平式再分配。強積金在僱員正式退休後，可一次過

提取所有金額，數目多寡取決於供款及投資表現，因此高薪僱員
的強積金供款自然較多，規避風險能力較高，對低薪僱員相對較
不利。強積金作為目前最重要的退休制度，由成立至今經歷不少
爭議及改革，詳細討論可見於本書第七及第八章。

（六）對僱主的規定及職業福利

受《僱傭條例》保障，[10] 僱員可以享受到基本的保障，例如
最低工資、工資支付、扣薪限制及法定假日等，但「連續性合約」
製造了一般與次等的勞工保障。所謂的「4.1.18」政策，指僱員不
間斷地受僱於同一僱主四星期或以上，每星期工作不少於 18 小
時，可以享有較多權益，如休息日、有薪假日、疾病津貼、遣散
費及長期服務金等。換言之，未能滿足「4.1.18」要求的零散工，
包括兼職工、臨時工等，未能按比例享有這些職業福利。另外，
目前僱員的遣散費及長期服務金，均與僱主為僱員的強積金供款
「對沖」。雖然所有職業福利都由僱主負擔，但香港強弱懸殊的勞
資關係，加上政府對勞動關係的介入有限，改善僱傭條例一直是
勞工團體倡議的議題，冀能把更多僱員的職業保障制度化。

（七）賠償計劃

除了上述常規性的社會保障外，香港還設有兩項賠償式「社
保」計劃：暴力及執法傷亡賠償計劃[11] 及交通意外傷亡援助計
劃[12]。前者的主要對象，為因暴力罪行及執法人員使用武器造成
的死亡或永久傷殘，由政府稅收資助傷者或受養人。申請不需經
濟審查，但涉及的事件必須為刑事訴訟案件，或已在合理時間內
向警方報案，並在事發後三年內提出。交通意外傷亡援助計劃的

未完成的香港社會保障：一個批判的導論

表 1.3　香港社會保障的主要類型及特徵

類型	計劃	融資方式	對象及覆蓋面	資格	每月金額（以 2017 年 4 月計算）
審查式社會援助	綜合社會保障援助計劃	政府稅收	低於特定收入水平的家庭	成為香港居民不少於一年；資產及入息審查；健全人士就業條件	由標準金、補助金及特別津貼構成不同組合（見第四章）
	鼓勵就業交通津貼計劃	政府稅收	低薪僱員及家庭	資產及入息審查；工時要求	全額 600 元；半額 300 元
審查式條件式社會津貼	低收入在職家庭津貼計劃	政府稅收	在職貧窮家庭	資產及入息審查；工時要求；在學子女可獲額外兒童津貼	全額（家庭收入低於中位數 50%）：工時 192 或以上—1,000 元；工時 144 至 192 以下—600 元。半額（家庭收入介乎中位數 50% 至 60%）：工時 192 或以上—600 元；工時 144 至 192 以下—300 元
	長者生活津貼	政府稅收	65 歲或以上的基層長者	已成為香港居民最少七年；資產及入息審查	2,565 元
審查式社會津貼	學校書簿津貼計劃	政府稅收	全日制中小學生	入息審查	半額為全額的一半；全年金額從小學遞增至高中、再遞減至高中三
	學生車船津貼計劃 上網費津貼計劃	政府稅收			往返學校的平均車船費一年全額 1,400 元；半額 700 元
免審查社會津貼	傷殘津貼	政府稅收	身心障礙者	已成為香港居民最少七年；醫療證明	普通 1,695 元；嚴重 3,390 元；交通補助金 275 元
	高齡津貼	政府稅收	70 歲以上長者	已成為香港居民最少七年	1,325 元
強制性私營個人儲蓄計劃	強制性公積金計劃	僱員及僱主	所有僱員	就業及供款記錄	按供款額多寡及投資表現
對僱主的規定及職業福利	僱傭條例	僱主	特定類別的僱員	就業地位及特定需要	在法定最低標準之上並非劃一
賠償計劃	暴力及執法傷亡賠償計劃 交通意外傷亡援助計劃	政府稅收及攤費	暴力罪行及武器執法的傷亡 道路交通意外傷亡	不需經濟審查，由社署審核	非劃一，按實際情況
其他	緊急救濟	政府稅收	災民		非劃一—現金及實物援助

主要對象，為因道路交通意外造成的死亡或永久傷殘，為受害人或受養人提供最快援助。政府於駕駛執照及車輛牌照費融資，申請不需經濟審查或考慮意外的責任，但要在肇事後六個月提出，金額取決於傷亡情況。

（八）其他

最後一項社會保障為緊急救濟，[13] 這計劃的對象是受自然及人為災害影響的市民，及居於危樓而被迫遷出的居民。救濟包括實物援助（in-kind benefits），如熱飯及一般救濟品；同時包括由緊急援助基金提供的現金援助（in-cash benefits），由不同部門負責各式補助金。

註釋：

1　基於篇幅及本書目標，未能詳述現代社會保障制度的起源，有興趣者可參考 Midgley & Tang（2008），中文可參莫泰基（1993）。

2　見國際勞工組織 http://www.ilo.org/gimi/gess/ShowMainPage.action。

3　社會福利署 http://www.swd.gov.hk/tc/index/site_pubsvc/page_socsecu/sub_statistics/。

4　社會福利署 http://www.swd.gov.hk/tc/index/site_pubsvc/page_socsecu/sub_introducti/。

5　在職家庭津貼辦事處 http://www.wfsfaa.gov.hk/wfao/tc/objective.htm。

6　在職家庭津貼辦事處 http://www.wfsfaa.gov.hk/wfao/tc/eligibility.htm。

7　社會福利署 http://www.swd.gov.hk/tc/index/site_pubsvc/page_socsecu/sub_ssallowance/。

8　學生資助處 http://www.wfsfaa.gov.hk/sfo/tc/primarysecondary/tt/general/assessment.htm。

9　社會福利署 http://www.swd.gov.hk/tc/index/site_pubsvc/page_socsecu/sub_ssallowance/。

10　勞工處 http://www.labour.gov.hk/tc/public/ConciseGuide.htm。

11　社會福利署 http://www.swd.gov.hk/tc/index/site_pubsvc/page_socsecu/sub_

criminalan/。

12 社會福利署 http://www.swd.gov.hk/tc/index/site_pubsvc/page_socsecu/sub_trafficacc/。

13 社會福利署 http://www.swd.gov.hk/tc/index/site_pubsvc/page_socsecu/sub_emergencyr/。

第二章
綜援的原則與資格

　　香港的綜援作為一種目標群體為本（targeted）的社會援助制度，主要針對特定經濟水平以下的家庭，維持他們的家庭每月入息不低於某一標準。它是基於經濟需要設立的現金援助，具有兩種基本的經濟審查，包括資產及入息，可視為社會保障中的社會援助（social assistance）。由於它是非供款性的，其資金來源主要為恆常的政府稅收，故可視為一種收入的轉移支付（income transfer payment），即使政府不願承認要透過福利進行再分配，但制度上綜援亦算發揮着資源再分配的效果。以下是社會福利署多年來對綜援的定義：

> 　　綜援計劃的目的，是以入息補助方法，援助因年老、殘疾、患病、失業、低收入或其他原因引致經濟出現困難的人士，使他們能應付生活上的基本需要。這項由社會福利署負責推行的計劃，是為在經濟上無法自給的人士提供安全網。申請人無須供款，但必須接受經濟審查（社會福利署，2016a）。

一、綜援的原則與性質

目前綜援的最重要作用，就是作為安全網（safety net），亦即所謂的最低收入保障（minimum income protection）（Bahle et al., 2011），用來補助所有市民的收入，不會低於某一標準。在香港，綜援有兩個主要原則：「最後的援助」（last resort）及「最值得幫助」（deservingness）。

「最後的援助」指綜援是在市場、家庭、社區網絡都無法為其提供支援下，陷於貧窮的家庭最後的支援制度。這亦說明了政府在市民基本生活上，只維持最有限度的保障。除了綜援外，香港並無其他可維持基本生活的社會保障，因此綜援扮演了香港最重要的恆常性收入維持政策（income maintenance），亦可視為貧窮救濟的一種。不過這單一制度，卻需要協助不同社群（長者、殘疾、單親、失業及低收入家庭）面對不同生命事件（life event）的風險。基於綜援是綜合性的安全網，它可說是反映了香港所有社會經濟結構的轉變及問題，亦肩負着多種制度的部分功能，如失業援助、低薪補助、養老金等，這亦增加了其後改革的難度及複雜性。另外，綜援所提供的物質生活水平，包括其一般綜援金額，亦可被視為一種最低社會標準（social minimum），以涵蓋個人或家庭的基本需要，以確保社會上沒有成員的生活水平低於此水準，亦是以「安全網」來比喻它的保護性功能。這個特點其實沿襲了殖民地政府的福利觀，即源自於英國十九世紀出現的新濟貧法及其後的社會援助制度（Brewer & MacPherson, 1997），從殖民政府一直維持至特區政府，成為香港提供社會保障 —— 社會援助的最高原則。

其次，「最值得幫助」的原則是指在提供社會福利之前，應先區分「值得幫助的窮人」（deserving poor）與「不值得幫助的窮人」（undeserving poor），而綜援應只提供給前者而拒絕支持後者，「最值得幫助」亦可理解成「最有需要」的一群。當然，什麼是「最值得幫助」、「最有需要」並沒有絕對的標準，可隨不同的政府及主流社會作出定義。不論在英語國家還是香港，這原則一直有兩種意義：第一，是經濟需要，即前文提及的經濟審查，這是相對清晰但較機械的理解，因為只要低於該標準，即被視為有經濟需要。第二，是能力的需要。其實早期社會援助的對象，主要是針對長者及傷殘人士，亦即被認為不能在市場上謀生的群體，在證明沒有其他經濟支援後，才有資格使用社會福利。不過，在香港進入工業轉型後製造出來的結構性失業及低薪問題，亦迫使政府需要擴張社會援助的對象及功能，不能完全排斥所有具工作能力人士及其家庭。

整體來說，由於綜援是目前最主要的社會保障制度，因此「最後的援助」及「最值得幫助」的原則，就構成了香港殘補性社會福利的特徵。換言之，政府盡量要將公共服務及社會保障所維持的物質水平，壓低於市場所能提供的，以至市民需要在市場上以其個人及家庭的能力，應付在生命歷程中不同的風險，例如失業、減薪、殘病、年長、離異等。這種殘補性有三個主要目標：一、減低財政負擔及對公共服務的需求；二、防止市民對公共福利產生的所謂「依賴」；三、製造安全網（綜援家庭）與市場（低薪及低收入家庭）的差距，以維持底層工人的工作動機及勞動力的穩定供應。當然，這三個目標是建基於政府的施政哲學及詮釋，從殖民地的「積極不干預」到董建華的「儒家文化」，

及至曾蔭權的「大市場小政府」原則，再到梁振英政府的「適度有為」政策，都只是依循着殖民政府「審慎理財」的財政保守主義，並沒有在體制上作出路徑的改變，只是在個別政策上作出增補，包括引入照顧者津貼、失業保險或全民養老金。

在殘補性的社會保障體制下，除了以上較宏觀的假設與目標，亦有微觀地管理綜援使用者的行為與期望。首先，綜援的審查制度要求申請者定期會面，遞交薪金及資產證明，以及其家庭的聲明，以持續確定其個案並無詐騙或漏報的情況。其次，申請人需要承認自己的「失敗」，以及聲明其家庭成員不會作出經濟支援。這些審批程序需要福利使用者提出證據證明自己「無罪」，以及變相認同其貧窮處境及申領政府援助是一種個人責任，其實將使用社會保障變得更具懲罰性（punitive），包括過程中對使用者施加的標籤及烙印，從而出現制度的驅趕效應（expelling effect），減低合資格人士的動機，降低安全網的使用率（take-up rate）。

總的來說，綜援的制度設計及運作原則各有自身的矛盾。在制度設計上，作為不需供款的社會援助，綜援體現的一個主要爭議在於政府與公民的關係（馮可立，1999），包括如何界定公民的權利義務、政府的責任與公民身份的契約等。這可追溯至戰後香港社會援助的發展過程中，華人家庭傳統的保守主義，加之殖民地政府在勞工及社會保障推行的放任自由政策（laissez-faire），以及香港工業發展時所建構的「獅子山精神」與工作倫理等，共同設定了香港社會援助的軌跡。這亦反映了殖民及特區政府都不約而同地，以市場及家庭作為分配資源及滿足社會需要的最主要機制，社會援助只是政府對扶貧最低度的介入。這些政治、經濟

及文化觀念力量，限制了香港其他社會保障形式的發展。不過這些制度及觀念的路徑依循，是否能適應香港工業結構轉型帶來的社會經濟變化，成為了香港回歸後社會保障面對的一大難題。

其次，綜援的兩個主要運作原則：安全網及不值得幫助窮人，在邏輯上是充滿張力的。一方面，安全網的目標是要令所有「經濟出現困難人士」，可以「應付生活上的基本需要」，那意味着解決「經濟困難／需要」是作為綜援（審查型救濟）的主要功能；但另一方面，安全網卻要收緊健全人士的資格、金額，將健全及可工作人士定義為「不值得幫助」的社群，令失業、低收入及單親的處境個人化及道德化，使他們不能完整地及同等地使用安全網。因此，如果綜援引入行為條件的道德考慮，它只為值得幫助的群體提供安全網，那麼就不能只考慮經濟需要，來保障所有的社會成員，這便是具有排斥性、或有缺陷的安全網。這兩個綜援的制度性衝突及原則性矛盾，再遇上 1997 年後香港的經濟衰退、裁員減薪、政府財政危機等，促使了隨之而來綜援在不同方面的改革。

二、綜援的資格：進入與離開的機制

社會援助作為最後的安全網，它具有清晰的審查標準，以界定受助群體的資格。這決定了誰可進入安全網，並將不合資格的使用者排出網外。因此，綜援的資格可分成針對使用前（pre-consumption）的進入（entry）機制，以及持續地針對使用中（within-consumption）的離開（exit）機制。同時，綜援資格的

設計，自然就劃定其覆蓋面以及保障的人口。綜援的資格基本上可分成三部分：居港規定、經濟審查及健全成人的就業條件。再者，申請綜援需要以家庭作單位，因此其資格是以家庭作評核，所有成員的經濟狀況均需接受審查。這三個資格及申請單位構成了進入與離開社會援助的機制。一般申請者需要帶備文件證明，到居住地區所屬的社會保障部（保障部）提交申請，並等待保障部職員安排家訪，通過審查後才正式獲得綜援的身份。

（一）居港規定、離港寬限及爭議

自公援在 1971 年成立以來，它要求申請人在申請前居港不少於一年。其實早於它成立之前，實物援助的居港年期是從 1948 年的十年減至 1959 年的五年，當時殖民政府是出於要減少內地移民因福利而來港的誘因。但在 1971 年設立公援時，政府卻認為移民的情況有變，居港年期可以「安全地」減至一年（safely be reduced）。不過當時的公援制度主要針對「老弱傷殘」人士，一般人士的居港規定為一年，而在 1977 年開始設立失業綜援時，15－55 歲身體健全人士必須最少住滿兩年（社會事務司，1977）。至於為何是一年而不是半年或三年，政府並無清楚申明，它只承認就當時的「外部關係」，並不適合完全取消居港年期。或許出於政治原因，港英政府重新考慮對內地難民的態度，因此既放寬居港年期，但同時保留一年規限，以維持新來港／非新來港的身份區隔。除此以外，申請人在申請前一年需離港不超過 56 日。換言之即使是香港永久居民，如他們從香港以外的地區回來，就算是有經濟需要，亦不可立即申請。這安排近年亦影響到一些回流的香港工人及老人，但由於社會福利署的記錄只有

正式被拒的個案，因此未能充分掌握這批受影響人士的數目。基本上，除了社署署長可針對個別個案行使酌情權，其他個案均受到居港年期的規限。

及至 2003 年，在人口政策報告書中，政府的人口政策專責小組提出收緊來港不足七年的福利資格，理由為「新來港人士獲分配的資源在比例上較其他人士為大。我們必須藉着制訂香港特區的人口政策的機會，審慎考慮本港居民享用資助服務的權利」（頁 40）。特區政府面對財政赤字要減低開支，「充分考慮我們在財政資源有限之下，社會服務的長遠持續發展。」（頁 65）這行政指令改變了行之三十多年的標準，要「消除享用資格上現存的不合理現象，所有接受巨額資助的社會服務」，例如綜援及醫療服務，都應實施七年的規限，「以反映了一個居民在一段持續的時間內對我們經濟的貢獻」。因此，福利可持續性及財政壓力、作出經濟貢獻及標準化福利資格，可說是當時政府增加居港年限的主要理據。

在 2004－2013 年間，根據社署的文件，它們會根據以下的因素，個別地考慮個案的情況：

(a) 申請人或其家人是否有可向其提供援助的親友；

(b) 申請人是否因需要照顧受養家庭成員或經醫生證明因健康欠佳或殘疾而不能工作；以及

(c) 申請人擁有的資產。

不過，一般的新來港人士並不容易申請，根據筆者的經驗，只有在以下數種情況下，來港不足七年人士可獲酌情機會。一、因家庭暴力而被迫與港人配偶離異，這是本地家暴婦女團體爭取的成果。二、新來港人士來港後，因不能預計之疾病及社會因素

而未能就業或失業。三、就業收入不少於自力更生所要求的標準，亦變相以「低收入」作領取綜援的資格，這點是在眾多酌情權情況中，唯一在綜援居港年限的宣傳單張中清楚列明。[1] 但由於酌情權並非政策條文，而單張未必廣泛傳閱，因此不論是申請人或是前線職員，亦未必清楚有關安排而削弱了這酌情權的執行性。

綜援司法覆核案

到 2009 年，上訴人孔允明獲得法援入稟，向高等法院提出司法覆核，挑戰特區政府有關規定違反《基本法》及人權法。其後高院原訟庭判孔敗訴，因為市民的福利權並非不受限制，政府可根據社會經濟環境作出調整，以面對人口老化及移民增加的壓力，況且現行制度上署長亦有酌情權予特別個案。敗訴後孔允明再向高等法院上訴庭再上訴，上訴庭於 2012 年再判孔敗訴，理由與原訟庭判決接近，並指出法律面前人人平等不等同申請福利上的平等，政府容許與香港有較長時間聯繫的人士優先使用資源，是可以接受的做法。雖然之後上訴庭拒絕了孔的上訴，但在同年 12 月，終審法院卻接納了孔的上訴，在 2013 年 11 月聆訊後，在 12 月 17 日判決孔勝訴。

終審法院的判詞主要基於對三條法例的內容：

《基本法》第 36 條：「香港居民有依法享受社會福利的權利。勞工的福利待遇和退休保障受法律保護。」[2]

《基本法》第 145 條：「香港特別行政區政府在原有社會福利制度的基礎上，根據經濟條件和社會需要，自行制定其發展、改進的政策。」[3]

《香港人權法案條例》第 22 條：「人人在法律上一律平等，

且應受法律平等保護，無所歧視。在此方面，法律應禁止任何歧視，並保證人人享受平等而有效之保護，以防因種族、膚色、性別、語言、宗教、政見或其他主張、民族本源或社會階級、財產、出生或其他身分而生之歧視。」[4]

終審法院的判詞反駁了政府七年規限的主要理據。[5] 首先，終院認為所謂「節省開支」並不是一個可被認受的目標（legitimate aim），因為它不能凌駕於政府的憲政責任以促進公共利益。即使政府表示節省開支是為了確保社會保障的可持續性，但終審法院認為七年規限未能為政府節省開支，實際上政府已在1999年及2003－2004年度削減綜援金，而綜援開支急升亦是基於多種原因，不足七年受助人只佔整體人數的12%－15%。何況政府在2003年人口政策引入七年規限時，又曾表明不是基於削減綜援開支的需要。終院指出當時政府的財政赤字主要因為收入減少（經營收入及外匯基金大幅減少），社會保障開支其實相對穩定。因此，「節省開支」的措施不應損害社會保障最基本的功能。

另外，終院認為單程證計劃的原意，為協助港人與內地配偶及未成年子女家庭團聚，七年規限卻無理地排斥了部分貧窮家庭的福利需要。當人口政策鼓勵港人內地子女早日來港，18歲以下兒童亦可獲豁免於七年規限，其父母（港人配偶）卻被排斥。因此，單程證政策雖然肯定了移民的數目每天不超過150人，但並沒有為七年規限提供足夠支持，反而凸顯了七年規限與單程證政策有所矛盾，亦與福利可持續性無明顯關係。再者，所謂人口老化帶來的綜援開支壓力，這根本與七年規限並無關係，因為前者是基於本地的低出生率，設立七年規限並不會舒緩人口老化（反可能會減少青年人口的補充），何況透過單程證來港的長者的比

例很低。

最後，在人口政策報告書中，政府希望把綜援及公屋的「合資格時間」（qualifying time）一致化，但終院指出綜援的性質與公共房屋不同，後者絕對依賴房屋的供應而必然地出現輪候時間，基本上申請綜援並沒有輪候時間。換言之，不足七年的綜援申請人，並不會影響到永久居民使用綜援的時間及其優先次序。又因為綜援屬最後的安全網，它是所有市民基本的保障，因此公屋的居港規定並不能直接適用於綜援申請。而當政府要求申請人在使用社會福利時，已對香港經濟作出過貢獻，終院反駁指出大部分的受七年規限影響的單程證移民，都是港人內地妻子，她們來港後多是照顧家庭及小孩。因此，政府應體認到她們的無償勞動，亦是一種對社會的貢獻。

終審法院除了拒絕政府對七年規限的理據外，亦否定了政府就七年規限所作的三個措施的合理性及有效性：

1. 政府加強向內地移民宣傳領綜援的七年限制

這變相妨礙合資格來港的移民，因着其家庭的貧窮處境，而可能失去家庭團聚的機會，同時亦違反了人口政策中需補充年青人口的目標。

2. 社會福利署署長能行使酌情權

在實施酌情權中，有很多情況是不合理及自相矛盾的。政府不能將「返回原生地」當成是一項選擇，因為它違反了單證程政策的家庭團聚目的，因此不能成為酌情權的考慮之一。

3. 由慈善團體協助解決生活困難

一方面政府的憲政責任不能隨便推卸給慈善團體，另一方面團體的援助亦在邏輯上被視為署長行使酌情權的負面因素，因為

它證明了申請人在綜援以外有「其他」經濟支持。

因此，終審法院基本上拒斥了政府七年規限的理據，因而判定該安排違反了《基本法》及人權法案中，所規定政府在福利的憲制責任。自此以後，政府被迫回復居港規定至一年的時間，但維持申請前不能離港超過 56 日。另外，社署規定綜援人士的離港寬限，長者及傷殘受助人為 180 日，而一般受助人為 60 日。違反離港寬限的受助人有機會被扣減綜援金及失去資格。

從表 2.1 可見，在 2004 年引入七年規限後，少於七年的綜援人士急劇下降。當然，隨着經濟復甦，綜援個案本就在 2006 年開始下降，但明顯地下跌的幅度及比例遠低於新移民個案。[6] 另外，2004 年涉及來港不足七年人士的個案，以年老、單親及失業為主，全都超過 20% 的比例。直至 2013 年底（七年規限最後影響的年份），不足七年人士及個案均下跌至新低，當時的個案主要集中於單親個案，比例上升至 34.2%，其次依然是年老個案。值得一提的還有新移民的低收入個案，因為它是在健全個案中，唯一錄得持續升幅的個案，直至 2011 年開始下跌。這可能反映了在 2006－2010 年間，不少新移民是通過從事低薪工作，獲得酌情權的豁免。及至 2011 年實施最低工資後，其個案比例及數目均開始下跌。及至 2014 年司法覆核勝訴後，新來港受助人數自然上升，其主要新增來自單親及年老個案。總體來説，在綜援官司前未滿七年人士佔綜援人士比例約 3%－4%，而在官司後的人數雖有上升，但人數其實穩定地徘徊於 18,000 多人，總比例亦只是上升至 5% 左右（見表 2.2 及 2.3）。

表 2.1 2004 年底至 2014 年底居港少於七年的綜援受助人及所涉及的綜援個案

年份	居港少於七年的綜援受助人	綜援個案數目	年老	永久性殘疾	健康欠佳	單親	低收入	失業	其他	總計
2004	72 816	41 571	25.6%	3.1%	8.4%	24.4%	13.9%	21.9%	2.8%	100.0%
2005	60 178	37 454	24.1%	3.1%	8.1%	26.2%	15.1%	19.8%	3.5%	100.0%
2006	47 732	31 952	23.8%	3.1%	7.9%	26.9%	15.9%	17.5%	4.8%	100.0%
2007	35 677	24 454	20.9%	3.1%	8.3%	30.1%	16.5%	15.0%	6.0%	100.0%
2008	28 316	20 144	19.4%	3.1%	8.4%	31.7%	16.3%	13.7%	7.4%	100.0%
2009	24 925	17 921	17.1%	3.2%	8.8%	31.8%	16.7%	13.7%	8.8%	100.0%
2010	19 127	13 687	14.7%	3.4%	9.0%	32.4%	17.6%	11.6%	11.3%	100.0%
2011	17 253	12 264	15.4%	3.6%	9.3%	32.7%	16.5%	10.9%	11.6%	100.0%
2012	14 843	10 643	16.6%	3.6%	10.0%	33.3%	14.2%	10.1%	12.2%	100.0%
2013	13 105	9 540	17.4%	3.9%	10.8%	34.2%	12.6%	9.0%	12.2%	100.0%
2014	19 127	13 551	20.2%	4.0%	11.4%	39.4%	9.4%	10.8%	4.8%	100.0%

資料來源：政府統計處，2015

表 2.2 綜援官司後申請綜援的新來港人士數目

年度	居港少於七年人士綜援申請個案數目（宗）	居港少於七年人士獲批綜援個案數目（宗）
2013－14（由 2013 年 12 月 17 日起）	4007	3272
2014－15	5876	4677
2015－16（截至 2015 年 12 月 31 日）	3522	1097
總計	13405	9046

資料來源：立法會，2016

表 2.3 居港少於七年綜援受助人數目及其總人數佔綜援受助人總數的百分比

居港年期	年度				
	2011－12	2012－13	2013－14	2014－15	2015－16（截至 2015 年 12 月 31 日）
1 年以下	788	629	572	486	468
1 年至 2 年以下	1604	1421	1490	1768	1598
2 年至 3 年以下	2590	1881	2336	2540	2462
3 年至 4 年以下	2496	2738	2590	3204	3210
4 年至 5 年以下	2706	2475	3482	3346	3262
5 年至 6 年以下	3035	2599	2955	4186	3647
6 年至 7 年以下	3735	2836	2921	3396	4068
總計（佔綜援受助人總數的百分比）	16954（3.9%）	14579（3.5%）	16346（4.2%）	18926（5.0%）	18715（5.1%）

資料來源：立法會，2016

新移民的社會公民身份（social citizenship）爭議

在整個居港年限的爭議中，除了終審法院所關注的理由外，主要針對新來港移民的公民身份以及帶來的額外開支。特別在中港矛盾日益加劇下，新來港人士被看成是純粹的「外來者」，甚至被極端意見批評為輸入內地貧窮人口，具有政治及經濟目的。就一般意見來說，主要分成兩大陣營，即支持或反對新來港人士可使用綜援；不過基本上雙方都支持香港政府需要取回單程證審批權，但有不同的原因。反對的觀點部分出於實際考慮，認為需要壓抑因貧窮移民帶來對公共資源的壓力，減少移民因福利來港的誘因，因此更主張引入單程證外的經濟審查，以及減少單程證的數目，控制貧窮移民人口增長；部分觀點則認為容許新移民領取綜援等同模糊化「香港人」與「內地人」的界線，而他們亦未對香港作出貢獻，所以不應有權使用香港的福利。基於所謂「港人優先」的原則，公共資源應先投放於香港土生土長的居民身上。換言之，新移民作為新加入某一共同體的公民，他們必然地未能享有「完整公民身份」（full citizenship）。當經過一段資格時間，移民經歷歸化（naturalisation）及作出貢獻後，才可以享有社會福利的資格。這些論點在綜援官司判決前後都屢見不鮮，並且在網絡上似乎得到不少支持。

相反，支持的聲音主要基於兩個理由：安全網的獨特性及永久居民的家庭團聚權利。就安全網的特性來說，綜援屬於沒有名額限制的社會福利，它不需要透過輪候來處理求過於供的問題，例如公屋；它亦不需要劃定某百分比的人才可使用，例如大學學額。因此只要通過經濟審查便可申領，領取人數基本上與等候時間並無關係。新來港人士可以使用綜援，並不會削弱永久居民使用綜援的機

會，或延長輪候時間。當然，申領人數不斷上升會對公共財政構成一定壓力，長遠可能影響福利財政的穩定性，但後者受很多因素影響，例如就業環境及政府收入等，縮短綜援的居港年限不必然減弱福利的可持續性。[7] 所以在使用綜援的資源上，永久居民的利益並不會因縮短居港年限而受損。撇除效益的考慮，支持「港人優先」者會認為這對永久居民不公平，因為新來港人士並未對社會作出貢獻。不過，綜援的性質屬審查型的社會救濟，它一直以來都是以經濟狀況作為主要資格，並不需要申請者有供款的記錄，或取決於申請者過去的行為表現。不少土生的殘疾人士及家庭照顧者亦無參與就業，無從確定是否符合所謂「貢獻論」的定義。其實行之多年的一年規限，亦不是用來肯定申請者的貢獻，反而是一種政治決定及某程度的申請門檻，以減少移民因綜援來港的意欲（如有）。因此，綜援一直是以需要為本（need-based）的經濟援助，近年的改革亦只是針對健全成人的條件性（見下文），並非資格上的直接排斥。因此，從貢獻論綜援資格並不成立。

　　反對觀點中較有力的，可能是主張新來港人士需經歷從非完整到完整公民身份的過渡，這樣新的公民與永久公民（土生港人）在享用資源上應有差別對待，這是肯定永久公民的身份及獎勵他們長期留港的忠誠。換言之，綜援年限是作為區分香港居民與香港永久居民是必要的。這觀點貌似合理，但問題是這種區分是否有必要及可能。首先，安全網是一種最後的經濟援助，社會上不需亦不應用這種制度來肯定永久公民可享差別對待。實際上幾近全民性不需審查的傷殘津貼、長津、高齡津貼，其資格已是針對永久居民作出區分。先不論以公民地位為本的全民性福利，引入較長居住年限是否合理，目前的安全網根本無必要放棄「需要為

本」的原則，設立比一年更長的居港規限。其次，由於綜援是以家庭為申請單位，基於單程證的申請資格，透過家庭團聚申請來港者，差不多必然是香港居民的直系親屬。限制家庭中的新來港成員申請綜援或延長居港規限，變相影響了其家庭的永久居民使用綜援的資格。就單程證的背景來說，並不存在「純粹」的新移民家庭，「中港家庭」混合了新及永久的公民身份。因此，要以家庭為申請單位的綜援作為界定公民身份的工具，並不適合。

就家庭團聚權利來說，正如終審法院所講，延長居港年限其實與單程證政策有所矛盾，因為後者賦予所有港人內地直系親屬來港的權利，不分貧富。收回新移民安全網的資格，是要增加他們來港生活的潛在成本。這安排等同發放一個訊息：他們被要求來港前要「規劃」好來港的生計，即使他們在香港遇上困難，政府也不會幫助他們。但這要求其實只是針對資源較匱乏的中港家庭，變相限制他們進行跨境婚姻或來港團聚。部分聲音正正要求他們返回內地團聚，這不但違反《基本法》的原則，更明顯地是一種針對貧窮中港家庭的階級歧視，因為現行政策並無拒絕有資源的中港家庭來港。更嚴重的現實問題是，即使實行更長的居港年限，貧窮中港家庭的處境不一定得到改善，反而只是將他們的經濟困境延長至七年，之後才對其施以援助。這過程很可能增加了社會的成本，包括精神健康、家庭關係等，亦很大程度削弱了中港家庭兒童的生活水平，即使他們可被豁免於年限，但其家長只能與他們生活分享資源（俗稱「煲仔／女飯」），加劇他們面對匱乏及社會排斥的風險，令社會得不償失。

當然，亦有一種觀點認為新來港人士可以投入勞動市場，不必然需要依靠社會福利生活，這亦反映於不少新移民（婦女）都

投入本地的基層低薪工作。不過，這主張忽視了對本地的工人及勞動市場的影響。新來港人士如果在社會上缺乏保障、別無選擇，她們只有盡快從事就業市場上的空缺職位，這將削弱了整體基層工人的議價能力。因為當新移民工人沒有條件考慮工作的質素及待遇，這對低薪行業的僱主相當有利，加薪壓力及聘請成本都可減少。

總的來說，新來港人士的社會公民身份，至少指使用安全網的資格，其實與本地永久居民的公民權利掛鈎，兩者不能分割。透過削弱新移民的社會權利，來達到減少貧窮中港家庭移民的目的，不但同樣地削弱本地永久居民的社會權利，更可能危害到本地基層工人的勞動條件。

「雙非」兒童的綜援申請

在居港規定的資格上，除了上文提及的中港家庭（俗稱「單非」）外，另一更具爭議的群體為父母均為內地人士的在港出生（「雙非」）兒童的申請。根據民間團體同根社及立法會議員張超雄的說法，[8] 在 2008 年前，「雙非」兒童可以請社會福利署作監護人，通過審查後使用綜援。但在 2008 年後，政府改變了有關安排，除非有合資格的綜援人士作監護人，否則「雙非」兒童並不能直接申請綜援。此舉明顯是為了處理在開放「自由行」及中港往來日益頻繁後，「雙非」數目激增帶來的社會成本。《基本法》賦予了所有在香港出生的兒童其香港居民的身份，換言之出生地就是香港公民身份最主要的來源。不過，當大量「雙非」兒童在毫無規劃、準備的情況下來港，對本地的社會資源安排的確構成壓力。與其說增加這批兒童的社會保障門檻，減少對本地福利資

源的衝擊，不如說社署透過行政手段掩蓋相關問題。現實上，除非由人大釋法或更改《基本法》（這又帶來另一些憲政問題），否則《基本法》已經賦予了「香港人」社會保障的權利，在這意義下香港人只要符合最少一年的居港規定（18 歲以下可豁免），就有權申請社會援助進行審查。

基於平等角度出發，是否設立返回內地的機制其實不重要，因為除非能強制地剝奪在香港出生的兒童的公民身份，否則香港人還是有權申領社會援助。不過，目前社署的行政安排是增加了申請門檻，並沒有完全將「雙非」兒童擯除在申請外，因此它未必算直接地剝奪其資格。從表 2.4 可見，過去數年「雙非」兒童領取綜援的人數，維持在四百個左右。有論者會指出正因為設立了申請單位的門檻，才維持於穩定的數字。「雙非」以至中港融合的速度與規模，均非香港社會在回歸過渡期所想像到的（Lui, 2015），因此其社會成本尚未有完整的評估及規劃。但明顯地不少商業機構，包括零售商舖及私家醫院，都從中獲得巨大利潤。現在政府短視及不負責任的做法，是以行政手段壓抑福利權利來彌補人口流動規劃的失誤，只是將問題掃在地毯下，減少其能見度而已。

表 2.4 「雙非」兒童領取綜援的人數

年份（12 月底）	人數
2011	388
2012	400
2013	384
2014	386
2015	358

資料來源：立法會，2016

　　簡單來說，過去十多年香港受到日益頻繁的人口流動的影響，再加上政府在赤字期間的財政考慮，社會援助的資格就成了政府最方便的調節開支及減輕貧窮流動人口的工具。不過，人口、入境問題應訴諸人口及入境政策解決，不應輕易改變社會援助的資格，因為削弱最後安全網的保障，必然製造更多本地社會問題。歸根究底，政府能隨意地調節綜援的資格，一方面因為目前行政主導的體制，令立法及司法機關對福利政策的權力有限；另一方面亦因為受影響人士屬於社會上資源及權力最有限的一群，而其移民身份亦在中港矛盾及排外本土意識膨脹下，進一步受到邊緣化。

（二）經濟審查：入息與資產

　　綜援的第二個申請門檻為經濟審查。作為審查型的社會救濟，綜援申請者需要接受社會福利署的經濟審查，主要針對入息與資產。入息指整個家庭任何形式的固定每月收入，不論是工作薪金還是家人供養費用，都需計算在整個家庭的收入之中。綜援的資格臨界線（eligibility threshold）是建基於申請家庭的「認可需要金額」，如果家庭總入息不超過其金額，則合資格申請綜援。因此，綜援的「認可需要金額」，既定義了一個綜援家庭每月基本需要的金額，亦是調節着進入與離開綜援的標準。由於綜援是一個分類的援助（categorical assistance），不同家庭成員的組合，包括健全、殘疾及年老人士，其認可需要金額及資格線都不相同。[9] 不少香港市民誤以為有收入就不能申請綜援，但其實只要家庭收入低於資格線的金額，即可通過收入審查。不過如果在申請綜援後，家庭收入間斷地超過其資格線，例如從事零散工

作，那該月份便會失去綜援資格，或需退回多領的款項。如家庭收入持續地超過資格線，則其綜援資格會被中止。

簡單來說，綜援資產限額的水平，大概定於綜援家庭半年的生活費，當貧窮家庭的積蓄降至此水平才符合資格。而所謂「資產」，指所有可變換現金的財產，包括銀行儲蓄、保險的現金值、股票、物業等。綜援資產限額的計算方法可見表 2.5，首先區分家庭個案或單身人士，然後是區分健全人士及特別人士（長者及殘疾）的數目，前者的資產限額較後者低，將不同家庭成員的資產限額加起來，即為該家庭的總資產限額。至於自住物業，60 歲以上及有殘疾成員的家庭，可獲豁免計算；對有 15 歲以下子女的單親家庭，則需計算自住物業的淨值，是否超過十年的綜援金總和，超過則需納入資產計算，變相失去綜援資格。如果家

表 2.5 綜援資產審查（2016 年 10 月）

（單身個案）	健全成人	兒童、老人、傷殘或健康欠佳人成人	
1 人	$29,500	$45,500	
（家庭個案）人數	健全成人／兒童的成員	人數	高齡、傷殘、健康欠佳人士或沒有健全成人
1 名	$20,000	1 名	$45,500
2 名	$40,000	2 名	$68,000
3 名	$60,000	3 名	$90,500
4 名或以上	$80,000	4 名	$113,000
		5 名	$135,500
		6 名	$158,000
		6 名以上	需向社會保障辦事處查詢

資料來源：社會福利署，2016

庭內有 50 歲以下健全成人，而沒有殘疾及長者，則可享有 12 個月的寬限期，過後才需納入資產審查。申請人不論在香港、內地及海外的所有資產，均需向社署申報作審查，否則社署有權當作漏報或詐騙處理。

綜援的入息及資產審查，即安全網的經濟資格，成為了香港最低生活保障的標準。原則上只要家庭經濟狀況差於綜援標準，香港市民便合資格能使用社會援助。換句話說它代表了官方指定的最低生活底線，不應存在家庭低於此收入標準。

（三）健全人士的福利條件性（welfare conditionality）

綜援在 1999 年開始實施自力更生計劃，正式引入針對 15－59 歲健全人士的福利條件性。只有三類健全人士可以獲得豁免：（一）就讀社會福利署認可的全日制學校；（二）低收入人士，每月工作收入少於 2,100 元及工作時間不少於 120 小時（社會福利署，2016）;[10]（三）家庭照顧者（每家庭基本上最多一名），其家庭最年幼子女少於 12 歲。換言之，一般非在學、非從事全職工作的健全人士，就被歸入「失業人士」類別，包括 15 歲以上的失學青年、子女年紀超過 12 歲的單親家長等。即使失業人士參與的就業計劃內容不同，但其就業相關的行為要求，仍是構成他們申請綜援資格的一部分。亦因為那些就業相關的條件是強制的，申請人必須在申請時簽署「求職人士承諾書」，拒絕簽署將會失去資格。如果失業人士使用者在申請後未能履行相關承諾，他們會受到社署的制裁（sanctions），起先社署會扣減家庭綜援金的一部分，繼而社署有權終止向其家庭發放綜援金，最後失去

綜援資格，甚至向該申請人追回「多領」的綜援金。

由此可見，綜援在引入福利條件後，它不再完全是按經濟狀況決定資格的貧窮救濟。針對健全人士來說，綜援變成以申請人是否參與就業相關的活動，作為界定他們資格的工作福利（見本書第五章）。換言之，即使申請人通過經濟審查，只要他們不符合官方的行為期望，政府就可以收回其社會保障的資格。綜援新增的條件性，某程度上改變了其原本的經濟性原則：「向有需要的個人及家庭提供經濟援助，使他們的入息達到一定水平」，可說是政府重新定義何謂「有需要」的資格。

有論者分析這種工作福利的資格為「雙重的進入與離開機制」（double entry and exit）（Yu, 2007），一方面它構成健全人士進入綜援的門檻，另一方面它促使福利使用者進入勞動市場。當使用者能在市場上就業，特別是設立最低工資後及全民就業的情況下，他／她們的收入很容易超過綜援金水平。換言之，就業條件一方面是健全人士進入綜援的條件，但當他們完全滿足條件後，就差不多等同自動離開綜援。對香港殘補式的福利體制來說，這機制旨在減低個案數目及開支、削弱健全人士申領福利的動機，以及縮短他們停留在福利的時間。

（四）申請單位與家庭責任

申請綜援需要以同住家庭作單位，因此所有同住的家庭成員，其經濟狀況、態度及行為，皆影響到整個家庭的資格。要申請社會援助，並不單看個人的資格及意願，還視乎同住家人是否合作申請。政府有兩個假設：一、安全網作為最後的出路（last resort），必須肯定申請人已無其他財政支援，因此要證明所有同

住家庭成員都陷於經濟困難。如果有個別家庭成員或尚有經濟能力（入息或資產超過限額），甚或不願意申請（如不肯提交經濟證明），都會令其他合資格家庭成員喪失資格。這安排是假設了貧窮家庭成員之間彼此負有道德義務，在經濟上互相分享資源，並願意身體力行。二、政府假設非家庭單位申請，有機會帶來道德災難（moral hazard），因為這變相鼓勵家庭成員不需對其家庭負擔責任。雖然他們實際上未必會對其家庭成員在經濟上作出長期負擔，但政府認為家庭內的資源再分配，應優先於公共資源的再分配。只有在所有家庭成員都無能力時，政府才介入提供經濟援助。

這種福利家庭主義（welfare familialism）（Chan, 2011b），可被視為港式剩餘福利體制的特徵，要求貧窮人士先服膺於市場機制及尋求家庭的支援，最後才由政府透過資源再分配負責。家庭責任的論述及家庭申請資格，一方面可強化綜援作為最後安全網的角色，亦即鞏固了申請的門檻及增加申請的成本，包括要整個家庭面對經濟審查及其標籤性；另一方面亦可壓抑綜援個案數目及其對政府構成的財政壓力。不過，家庭申請的政策，卻同時對貧窮家庭造成不同的影響，它們反過來會削弱其原本對家庭關係及責任的目標（Law, 2008）。以下就長者、殘疾人士及青年的處境，說明家庭申請單位政策對他們的影響。

首先，綜援的申請其實一直都以同住家庭為單位。根據筆者的經驗，社署在 1999 年前是透過酌情權默許長者獨立申請綜援。因此，只要長者填妥入息申報的證明，即俗稱「衰仔紙」的不供養證明書，並要求獨立申請，基本上社署都會寬鬆地行使酌情權的。這安排直至 1998 年的綜援檢討中作出了修訂：

> 　　加強資格審核機制，嚴格規定綜援申請人，如與其他
> 有入息的家庭成員同住和共用家庭設施，便須以家庭為單
> 位提出申請。這項規定可鼓勵家庭成員互相支援，並防止
> 有人濫用綜援制度，讓沒有經濟能力的高齡或失業家人以
> 個人身分申請援助。(社會福利署，1998，75b)

　　在其後的立法會會議中，政府再解釋：

> 　　這項規定可鼓勵家庭成員互相支援，並防止有人濫用
> 綜援制度，讓沒有經濟能力的高齡或失業家人以個人身分
> 申請綜援。一般來說，家庭成員之間應關係密切，互相扶
> 持。而有收入的成員會負責維持整個家庭（包括沒有經濟
> 能力的家人）的生活 …… 對於那些有真正經濟困難供養父
> 母的兒女，他們應以家庭作為單位申請綜援。每月總收入
> 經評定為不足以應付「認可」需要的家庭，是可獲政府發
> 放綜援金以補不足，這樣的制度才是公平和合理的。(立法
> 會，1999)

　　自此以後，社署透過行政安排，嚴格收緊之前寬鬆的獨立
申請酌情權。即使長者與家人關係不融洽，或同住家人不一同申
請綜援或不合資格，長者都不能以個人身份獨立申請綜援。這轉
變意味着長者完全失去了獨立申領綜援的權利。這對不少有經濟
需要的長者來說，需要得到家庭成員的同意，以及確保他們都能
通過經濟審查。即使子女合乎經濟資格，但亦可能不想申請；更

何況不少基層子女雖然未能負擔長者的生活費，但仍未能合乎偏低的社會援助資格。出於經濟壓力的緣故，不少個人合資格的長者，唯有搬離子女才能成功申請。因此，綜援的家庭申請單位政策，原意是要維持家庭責任及鼓勵子女與長者同住，卻刺激了長者獨居或入住院舍的機會。除了家庭申請外，一般長者申請綜援時，亦需填寫「衰仔紙」，以確認其子女並沒有任何持續的經濟支持。若子女不肯簽或任何原因未能取得證明書，除非長者能給予社署合理理由，否則亦可能失去申請資格。即使社署聲稱在長者申請中，仍存在酌情權以考慮特別個案，但從表 2.6 可見，近年可獲得社署酌情、能獨立申請綜援的長者個案，每年只有極少數。

表 2.6　與家人同住但獲酌情獨立申領綜援的年老綜援申請個案數目

年度	個案數目
2012－13	17
2013－14	25
2014－15	13
2015－16（截至 12 月底）	9

資料來源：立法會，2016

　　其次，綜援的家庭單位政策，特別處理就讀中學後課程（post-secondary）的全日制學生。雖然社署並不資助這些課程的學費及學生的生活費，不過對一般高級文憑、副學位及學位學生，綜援政策是可以容許他們短暫地脫離綜援，但仍然可與其家人同住，因為社署假設他們使用學生資助以應付學費及生活費。問題是綜援政策針對非在學的青年人，包括大專畢業生及離校青年，將其身份由學生變成「失業人士」。這帶來兩個主要影響：

一、他們需要參加自力更生計劃，並要符合求職要求，甚至參加工作體驗；二、他們如成功就業，不論全職或兼職，都需要向社署申報，並要相應地扣除家庭的綜援金。因此，即使這群綜援青年願意參加自力更生，不想影響家庭的綜援資格，但就要立即面對養家的壓力，因為他們一般都要向家庭補償因其就業收入而被扣減的綜援金。這對不少貧窮青年構成兩難局面，既不能不給予家用，但以其有限薪金又難以儲蓄。再者，對曾就讀自資副學士的畢業生、或其他曾申請學生資助的青年來說，其償還學債的壓力更大。部分綜援青年唯有搬離家庭，但又難以獨立申請資助房屋，只能租住劏房降低生活質素。更糟的狀況是如他們要進行分戶，部分可能被要求在公屋除名以作證明。這種安排被批評為減弱了綜援家庭的脫貧機會，並加劇了他們搬離家庭的誘因。

最後一群受影響的對象為殘疾人士及家庭。在現行的綜援政策中，除了每月基本生活費外，亦可以透過使用「醫療豁免紙」，免費享用一些醫療服務及設施。對不少殘疾人士、長期病患者及康復者來說，這些長期護理開支並沒有現行其他政策支援。因此，綜援在醫療開支上近乎「全包式」的資助，對殘疾人士極其重要。但根據目前的綜援安排，除非殘疾申請者家庭成員通過經濟審查，否則他們並沒有資格申請。對那些具經濟壓力，但家庭財政狀況較綜援好的殘疾家庭，唯有透過搬離原住家庭，甚至被迫與配偶離異，才能獲得穩定及長期的醫療援助。不少復康團體亦曾發起「我要回家運動」，以爭取殘疾人士可以獨立申請綜援及與家人同住的權利。

以筆者的經驗，社署目前是嚴厲地執行家庭申請單位政策的，只有很特殊的情況下，例如有醫療證明或家庭服務的推介，

才可有機會獨立申請。相對來説，社署較容易以「同住不同食」的理由，讓部分不再合資格的成員留在家中。可以説在家庭申請單位上，「離開」的機制較「進入」困難。

三、小結

本章探討了綜援資格的改變如何重構福利權利的內容及界線。1998 年起政府檢討綜援資格的進入與離開機制，透過收緊居港資格及家庭申請單位控制進入綜援的人數；同時引入工作條件，促使有工作能力的受助人離開綜援。政府在財政危機時使用這些策略限制及重新配給資源，但卻對香港社會援助權利構成衝擊：首先它重新定義目標群體（re-targeting），透過在資格上更大的差別對待，進一步劃分「最有需要／最值得」及「非有需要／非值得」群體。從此，健全人士被建構成社會援助的「不值得幫助」社群，包括失業、單親及低收入人士。政府對他／她們附加的行為條件性（behavioural conditionality），超出了過往安全網建基於經濟需要的資格，不僅視乎申請人是否處於經濟臨界線以下，更同時取決於申請人的公民地位（居港年期）以及其就業表現。表 2.7 總結了目前綜援的進入及離開機制，其中居港規定及經濟審查均是針對所有申請人的資格門檻，透過申請時的審批及申請後的定期覆檢（即所謂「續期」），扮演進入及離開的「旋轉門」角色。而健全人士工作條件，則是針對失業、低收入及單親受助人的機制。一般受助人在經濟困難時別無選擇，他／她們只有參與就業計劃作為獲取資格的條件。因此，就業條件對控制

綜援資格最大的作用，反而是其驅趕效應，對健全使用者傳達其短暫援助的訊息，加速他／她們盡早進入市場離開福利（Yu，2007）；透過增加申請的成本，削弱非綜援貧窮家庭使用的動機。

表 2.7　綜援資格的進入與離開機制

	針對群體	進入	離開
居港規定	所有申請人	一申請前離港日數（56 日）一居港年期（2014 年起由七年回復一年）	申請後離港寬限
經濟審查		首次收入及資產審查	定期收入及資產申報及覆檢
工作條件性	健全人士	參與自力更生計劃	一不參與及不遵守要求一滿足就業要求後

政府在改革的過程中，不單藉着集中化的行政權力收緊綜援資格，民間社會及議會並未能阻止有關決定；更訴諸道德力量來建構個人責任的福利論述，將貧窮、就業的結構性問題，簡化為福利使用者的個人選擇，把政府在社援資格上的改革合理化（見本書第五章）。除此以外，由於綜援的入息限額是捆綁於綜援金，因此它的覆蓋面與其慷慨程度直接相關。

註釋：

1　「如新來港人士出外工作以維持自己及家人的生活，社署通常會行使酌情權，視他／她為符合資格領取綜援的家庭成員，以認同新來港人士為達致自力更生所付出的努力。」

2　http://www.basiclaw.gov.hk/tc/basiclawtext/chapter_3.html。

3　http://www.basiclaw.gov.hk/tc/basiclawtext/chapter_6.html。

4　http://www.legislation.gov.hk/blis_pdf.nsf/6799165D2FEE3FA94825755E0033E532/AE5E078A7CF8E845482575EE007916D8/$FILE/CAP_383_e_b5.pdf。

5　終審法院判詞 http://legalref.judiciary.gov.hk/lrs/common/ju/ju_frame.jsp?DIS=90670&currpage=T。

6　不過由於統計數字只有涉及新移民的個案數目，並沒有受助人的年齡分佈，故只能從個案推論受助人的背景。

7　前文提及終審法院的論點，更認為福利可持續性不能作為政府延長居港年限的合理原因，因為政府可以透過不同方法解決財政問題，不能因此推卻其憲制責任。

8　〈【專訪】張超雄回應「助雙非童申綜緩」，強調應一視同仁〉，852 郵報，2015年 3 月 19 日。

9　見社會福利署定期更新的「綜合社會保障援助指引」http://www.swd.gov.hk/tc/index/site_pubsvc/page_socsecu/sub_comprehens/。

10　社會福利署每年 2 月調整綜援金時，一般會相應調整自力更生計劃的每月收入要求，但工時不變。

第三章
綜援的覆蓋面及群體構成

一、整體個案類別及趨勢

　　一般綜援的個案大致可分成六種類別，這亦構成了香港安全網的六種形式：年老、傷殘、健康欠佳、失業、低收入、其他。針對這六種生命事件，綜援作為安全網，其目標群體（targeted populations）定於受影響的貧窮家庭。在行政上，申請綜援的家庭不是所有申請人都屬於同一處境，例如同時有長者及兒童，但其個案類別主要基於申請人的狀況。因此綜援在統計上是將個案及受助人分別計算的，個案以家庭為單位，受助人則以個人計算。從表 3.1 及表 3.2 可見，在過去二十多年，年老個案的比例呈現了「U」型的趨勢，即在 1994 年年老個案比例達到高峰，佔超過 66% 的。但踏入九十年代中期後，年老個案數目仍不斷增加，平均每年亦有 8.6% 增長；但其比例卻開始下跌至 2000 年代中期約 50%，直至 2015 年比例又回升至接近 60%。從個案數字來説，年老個案在 2005 年後一直維持在 15 多萬，平均每年變動率很低。至於永久性殘疾及健康欠佳個案，則與年老個案的軌跡相似，例如其在九十年代有明顯增長及 2000 年代的低增長率，而個案比例同樣在 2005 年起回升。基本上，這三個特別群體在個案比例上的轉變，主要受到其他健全個案的影響。

表 3.1 1993 年底－2003 年底綜援個案總體的分類數目及比例

個案類別	1993	1994	1995	1996	1997	1998	1999	2000	2001	2002	2003	平均每年變動率 (1994－2003)
年老	58 250 (63.8%)	69 927 (66.7%)	80 882 (62.6%)	95 104 (59.5%)	109 150 (58.4%)	121 778 (53.5%)	133 613 (57.9%)	134 230 (58.9%)	138 232 (57.2%)	142 762 (53.6%)	147 032 (50.7%)	8.6%
永久性殘疾	9 468 (10.4%)	7 990 (7.6%)	9 679 (7.5%)	11 407 (7.1%)	12 801 (6.8%)	14 932 (6.6%)	11 732 (5.1%)	12 243 (5.4%)	13 522 (5.6%)	14 717 (5.5%)	15 697 (5.4%)	7.8%
健康欠佳	9 780 (10.7%)	10 886 (10.4%)	13 767 (10.7%)	17 217 (10.8%)	20 438 (10.9%)	25 089 (11.0%)	19 946 (8.6%)	19 800 (8.7%)	19 705 (8.2%)	20 874 (7.8%)	22 198 (7.6%)	8.2%
單親	5 809 (6.4%)	6 048 (5.8%)	8 268 (6.4%)	12 340 (7.7%)	15 849 (8.5%)	24 595 (10.8%)	25 476 (11.0%)	25 902 (11.4%)	28 504 (11.8%)	33 156 (12.4%)	37 301 (12.9%)	22.4%
低收入	1 393 (1.5%)	947 (0.9%)	1 656 (1.3%)	2 871 (1.8%)	4 148 (2.2%)	7 348 (3.2%)	8 008 (3.5%)	8 432 (3.7%)	9 008 (3.7%)	10 607 (4.0%)	13 534 (4.7%)	34.4%
失業	3 675 (4.0%)	4 866 (4.6%)	8 816 (6.8%)	14 185 (8.9%)	16 976 (9.1%)	30 290 (13.3%)	28 085 (12.2%)	23 573 (10.3%)	28 886 (12.0%)	40 513 (15.2%)	50 118 (17.3%)	29.6%
其他	2 987 (3.3%)	4 143 (4.0%)	6 177 (4.8%)	6 713 (4.2%)	7 570 (4.0%)	3 422 (1.5%)	3 821 (1.7%)	3 880 (1.7%)	3 816 (1.6%)	3 942 (1.5%)	4 326 (1.5%)	0.5%
總計	91 362 (100.0%)	104 807 (100.0%)	129 245 (100.0%)	159 837 (100.0%)	186 932 (100.0%)	227 454 (100.0%)	230 681 (100.0%)	228 060 (100.0%)	241 673 (100.0%)	266 571 (100.0%)	290 206 (100.0%)	12.0%

資料來源：政府統計處，2004

註釋：
1. 表中數字指有關年度年底的數字。
2. 括號內數字代表佔總計的百分率。

表 3.2 2004 年底－2015 年底綜援個案總體的分類數目及比例

個案類別	2004	2005	2006	2007	2008	2009	2010	2011	2012	2013	2014	2015	平均每年變動率 (04－14)
年老	149 821 (50.7%)	151 934 (51.0%)	152 507 (51.6%)	152 515 (52.9%)	151 954 (53.4%)	153 448 (53.1%)	153 754 (54.3%)	153 950 (55.6%)	153 302 (56.9%)	151 259 (58.0%)	149 149 (58.9%)	146 083 (59.8)	§
永久性殘疾	16 764 (5.7%)	17 482 (5.9%)	17 989 (6.1%)	17 924 (6.2%)	17 796 (6.3%)	18 146 (6.3%)	18 381 (6.5%)	18 449 (6.7%)	18 384 (6.8%)	18 391 (7.1%)	18 225 (7.2%)	17 914 (7.3%)	0.8%
健康欠佳	23 201 (7.8%)	23 962 (8.0%)	24 301 (8.2%)	24 436 (8.5%)	24 440 (8.6%)	25 294 (8.7%)	25 190 (8.9%)	25 168 (9.1%)	25 319 (9.4%)	25 157 (9.6%)	24 973 (9.9%)	24 458 (10.0%)	0.7%
單親	39 536 (13.4%)	39 755 (13.3%)	38 449 (13.0%)	37 036 (12.9%)	36 192 (12.7%)	36 233 (12.5%)	34 372 (12.1%)	32 860 (11.9%)	30 903 (11.5%)	29 193 (11.2%)	29 529 (11.7%)	28 403 (11.6%)	-2.9%
低收入	16 176 (5.5%)	18 089 (6.1%)	18 257 (6.2%)	17 221 (6.0%)	16 080 (5.7%)	15 633 (5.4%)	14 407 (5.1%)	12 319 (4.5%)	10 339 (3.8%)	8 891 (3.4%)	7 584 (3.0%)	6 335 (2.6%)	-7.3%
失業	45 231 (15.3%)	41 436 (13.9%)	37 819 (12.8%)	32 893 (11.4%)	31 772 (11.2%)	33 279 (11.5%)	29 813 (10.5%)	26 859 (9.7%)	23 980 (8.9%)	21 149 (8.1%)	18 650 (7.4%)	16 332 (6.7%)	-8.5%
其他	4 965 (1.7%)	5 353 (1.8%)	6 011 (2.0%)	6 120 (2.1%)	6 335 (2.2%)	7 106 (2.5%)	7 259 (2.6%)	7 105 (2.6%)	7 012 (2.6%)	6 734 (2.6%)	4 944 (2.0%)	4 570 (1.9%)	§
總計	295 694 (100.0%)	298 011 (100.0%)	295 333 (100.0%)	288 145 (100.0%)	284 569 (100.0%)	289 139 (100.0%)	283 176 (100.0%)	276 710 (100.0%)	269 239 (100.0%)	260 774 (100.0%)	253 054 (100.0%)	244 095 (100.0%)	-1.5%

資料來源：政府統計處，2015；立法會，2016

註釋：

1. 括號內數字代表佔總計的百分比。

2. § 變動在 ±0.05% 之內。

至於健全人士個案趨勢，在整個九十年代低收入及失業個案的平均每年增長率，分別為 34.4% 及 29.6%，可說是非常驚人及高速的增長；即使是單親個案亦錄得 22.4% 的增長。雖然他們的個案數目，與年老及殘疾個案仍有一段距離，但有理由相信這段期間低收入及失業個案的激增，與八十年代末至九十年代初開始的去工業化相關。另外，離婚率上升及家庭結構的改變，可見於單親家庭數目的增加，亦折射出女性在面對照顧家庭及工作的不利處境，因此單親家庭陷入貧窮的風險較高，自然增加對綜援的需要。較有趣的是，踏入 2000 年代初期，香港仍處於經濟衰退及失業高企的時間，失業個案在 2003 年底達至高峰 50,118 宗，低收入個案在 2006 年底達到 18,257 宗。但在其後失業及低收入個案不斷穩定地下跌，即使在金融海嘯翌年，失業個案只是輕微上升不足 2,000 個案，低收入個案更似乎不受影響，跌勢持續。自 2010 年起，兩種個案都以更快速度下跌。截止 2015 年底，低收入個案回落至 6,335 宗，只佔 2.6%；失業綜援下降至 16,332 宗，只佔 6.7%。可以說，兩類個案都差不多回落至 1997 年的水平。這反映了兩類個案對經濟環境非常敏感，估計其大幅下降與香港失業率持續處於低位，以及在 2011 年引入最低工資，應有非常密切關係。

至於單親個案，在 2004－2014 年的平均變動率約為 －2.9%，下跌速度明顯地低於失業及低收入個案，亦即單親個案對經濟復甦的敏感度，低於其他健全個案：個案數目雖持續下跌，但其幅度相對來說較小。自 2006 年後，它是年老個案以外，第二高比例的個案；在 2015 年底，單親個案仍佔 11.6%，屬健全個案中最高的。

綜合綜援個案及受助人數字（表 3.3 及表 3.4），在 2015 年底年老個案的平均受助人數目為 1.2 人，永久性殘疾為 1.3 人，健康欠佳是 1.6 人，以及失業個案為 1.7 人，他們的平均家庭受助人數都少於 2 人。而單親個案則是 2.4 人，低收入個案屬最高的 3.3 人，可見後者的家庭人數明顯較高。

表 3.3　按個案類別綜援受助人的數目

個案類別	2011－12	2012－13	2013－14	2014－15	2015－16 （截至 12 月底）
年老	195 886	192 221	187 141	183 017	180 459
永久性殘疾	25 853	25 335	24 973	24 622	24 045
健康欠佳	41 944	40 319	39 756	38 641	37 922
單親	79 462	73 154	71 062	70 009	67 937
低收入	39 059	32 264	27 808	23 849	20 637
失業	46 132	40 214	34 084	30 327	27 283
其他	10 880	10 641	8 529	6 995	6 563
總計	439 216	414 148	393 353	377 460	364 846

資源來源：立法會，2016

表 3.4　2015 年不同類別的個案平均受助人數

	年老	永久性殘疾	健康欠佳	單親	低收入	失業	其他
平均個案 受助人	1.2	1.3	1.6	2.4	3.3	1.7	1.4

資源來源：立法會，2016

另外，就 2004－2014 年的綜援受助人年齡分層（表 3.5），綜援受助人的數目不斷下降，佔總人口比例從 8% 下跌至 5% 左右。雖然 60 歲以上人士數目亦有輕微下跌，佔 60 歲以上人口的

表 3.5 2004 年底－2014 年底按年齡組別劃分的綜援受助人數目

年齡組別	2004	2005	2006	2007	2008	2009	2010	2011	2012	2013	2014
15 歲以下	121 762 (22.5%) [12%]	116 777 (21.6%) [12%]	107 970 (20.7%) [12%]	97 426 (19.6%) [11%]	89 482 (18.8%) [10%]	88 422 (18.3%) [10%]	82 516 (17.7%) [10%]	75 281 (17.0%) [9%]	69 219 (16.5%) [9%]	63 890 (16.2%) [8%]	60 119 (15.8%) [7%]
15 至 59 歲	235 447 (43.4%) [5%]	235 494 (43.6%) [5%]	225 865 (43.3%) [5%]	212 201 (42.7%) [4%]	201 100 (42.3%) [4%]	205 704 (42.7%) [4%]	195 207 (41.9%) [4%]	180 942 (40.8%) [4%]	164 684 (39.3%) [3%]	151 014 (38.2%) [3%]	144 635 (37.9%) [3%]
60 歲或以上	184 808 (34.1%) [17%]	187 692 (34.8%) [17%]	187 776 (36.0%) [17%]	187 295 (37.7%) [16%]	185 043 (38.9%) [15%]	187 875 (39.0%) [15%]	188 283 (40.4%) [14%]	187 099 (42.2%) [14%]	184 865 (44.1%) [13%]	180 003 (45.6%) [12%]	176 553 (46.3%) [11%]
總計	542 017 (100.0%) [8%]	539 963 (100.0%) [8%]	521 611 (100.0%) [8%]	496 922 (100.0%) [7%]	475 625 (100.0%) [7%]	482 001 (100.0%) [7%]	466 006 (100.0%) [7%]	443 322 (100.0%) [6%]	418 768 (100.0%) [6%]	394 907 (100.0%) [5%]	381 307 (100.0%) [5%]

資料來源：政府統計處，2015

註釋：
數字包括所有綜援個案中接受援助的人數。
圓括號內數字代表佔總計的百分比。
方括號內數字代表佔同一年齡組別總人口的比率。

比例從 17% 下降至 11%。但他們佔綜援人士比例，則從 34.1%
急升至 46.3%，這亦反映了長者個案急增的比例。相反，15 歲以
下人士在十年間減少了約 6 萬人，佔同齡人口降至 7%。15－59
歲人士更下跌了約 9 萬人，佔同齡人口降至 3%。由此可見，近
十年整體綜援人口減少了 16 萬，約 15 萬來自 60 歲以下人士，
長者人士約下降了 1 萬人。

從表 3.6 可見整體個案的性別比例，在過去十五年間總受助
人都是以女性較多，但比例大約維持在 52%－54% 之間。其中以
單親的性別差距最明顯，並且有增加的跡象。不過健康欠佳及失
業類別則是以男性居多，但其差距有持續下降的趨勢。

表 3.6　按個案劃分的綜援受助人性別分佈

個案	性別	1996	2001	2006	2011	2013	2014	2015
年老	女	50 573	91 151	106 022	102 349	97 997	96 807	94 843
	男	46 405	81 493	95 881	94 310	90 076	87 682	85 616
永久性殘疾	女	7 068	8 828	12 677	12 188	11 798	11 785	11 510
	男	8 794	11 122	14 657	13 757	13 124	12 830	12 535
健康欠佳	女	11 116	17734	21 527	19 723	18 718	18 780	18 398
	男	17 612	21 051	24 937	22 239	20 909	20 186	19 524
單親	女	21 758	44 986	60 923	50 320	43 671	44 756	43 426
	男	14 847	28 778	36 740	29 664	25 465	25 567	24 511
低收入	女	6 769	17 264	33 064	20 455	14 231	12 603	10 558
	男	6 272	16 012	31 516	20 097	13 971	11 905	10 079
失業	女	6 716	23 666	34 082	20 941	15 406	14 524	12 760
	男	13 008	29 523	40 516	26 427	19 434	16 730	14 523

其他	女	6 244	3 162	4 704	5 641	5 148	3 782	3 426
	男	6 202	2 698	4 365	5 211	4 959	3 370	3 137
總計	女	110 244	206 791	272 999	231 617	206 969	203 037	194 921
	男	113 140	190 677	248 612	211 705	187 938	178 270	169 925
	總計	223 384	397 468	521 611	443 322	394 907	381 307	364 846

資料來源：政府統計處，2016c

從表 3.7 可見不同綜援個案的地理分佈。首先，以具體綜援個案數目來說，觀塘區、葵青區及元朗區分別是數量最高的，這與三區原來有較高貧窮人口相關。就個案類別而言，唯獨失業個案最高數字來自深水埗區。

表 3.7　按區議會分區劃分的綜援個案（2015 年 12 月底）

分區	年老	永久性殘疾	健康欠佳	單親	低收入	失業	其他	總計
中西區	2 044	233	294	191	64	182	40	3 048
東區	7 709	1 140	902	1 171	280	577	209	11 988
離島	1 676	187	373	627	233	384	146	3 626
九龍城	8 123	1 009	1 219	1 688	299	906	137	13 381
葵青	14 584	2 310	2 048	2 461	813	1 413	333	23 962
觀塘	20 873	1 450	2 971	3 939	950	1 916	438	32 537
北區	7 391	1 032	1 235	1 695	279	722	318	12 672
西貢	4 235	757	910	826	262	470	277	7 737
沙田	8 941	1 379	1 943	2 109	380	692	365	15 809
深水埗	13 454	1 167	2 523	2 720	526	2 146	327	22 863

南區	4 664	1 117	722	559	171	256	184	7 673
大埔	5 180	490	937	917	121	379	209	8 233
荃灣	4 505	492	536	857	200	347	108	7 045
屯門	11 092	2 048	2 083	1 798	349	1 117	354	18 841
灣仔	989	61	113	92	12	202	93	1 562
黃大仙	11 738	1 045	1 783	2 091	532	1 089	281	18 559
油尖旺	5 067	410	1 025	1 188	178	1 462	172	9 502
元朗	12 111	1 579	2 789	3 469	685	2 064	519	23 216
總計	144 376	17 906	24 406	28 398	6 334	16 324	4 510	242 254

資源來源：立法會，2016

　　在 2015 年 12 月底就綜援個案的使用時間（表 3.8），以年老及永久性殘疾個案為最高，分別達到 10.5 年及 10.8 年，並有持續上升的趨勢。其次是低收入個案的 9.2 年，更高於健康欠佳個案。最低為單親個案約 5.8 年，低於 6.4 年的失業個案。未來不少長者或會因提取強積金後，資產超越綜援限額而失去資格。但在預期壽命持續上升下，這可能只押後了長者申請綜援的年齡。另外，低收入個案的年期中位數偏高，部分地因為其他個案的受助人，由於覓得工作而轉為低收入個案，其中包括較長期的使用者，例如年老及失業人士；部分原因為這些個案的家庭人數較多，就業不能協助他們解決在職貧窮，仍長期地需要使用綜援。至於失業個案，他們的流動性很高、但年期中位數亦高，這顯示了失業個案的兩極化，一端為短期失業，另一端為長期失業者及領取期較長的單親人士。

表 3.8 按綜援個案類別的領取年期中位數

個案分類	2013-14	2014-15	2015-16（截至 12 月底）
年老	9.8	10.2	10.5
永久性殘疾	10.0	10.5	10.8
健康欠佳	6.6	6.7	6.8
單親	6.2	5.9	5.8
低收入	8.7	9.0	9.2
失業	5.5	6.0	6.4
其他	3.6	3.9	3.8
所有個案領取年期中位數	8.6	8.8	9.0

資源來源：立法會，2016

　　就近年的新增個案來說（表 3.9），自 13 / 14 年度以來，年老個案及健康欠佳個案是特別人士中最多的；而失業個案則是健全人士中最高，單親其次。至於結束個案（表 3.10），年老個案亦是眾多個案中最高的，並且超過新申領個案；餘下的年老個案增長，則來自其他個案的受助人年滿 60 歲而轉入。永久性殘疾個案則明顯地新申領多於結束，其總個案一直維持在接近水平，亦因為有其他個案轉入。新增的健康欠佳個案，更明顯高於結束個案。至於健全個案，低收入個案是唯一結束數目高於新申領。單親個案在 13 / 14 年度仍是結束稍多於新申領，但在 14 / 15 年度則是相反，這可能是因為回復一年居港規限後，新來港單親個案增加。從整體來說，長者及失業個案的流動性較高，永久性殘疾及健康欠佳個案的流動性較低。

未完成的香港社會保障：批判的導論

表 3.9 按綜援個案類別劃分的新申領綜援個案數目

個案類別	2011－12	2012－13	2013－14	2014－15	2015－16（截至 12 月底）
年老	14 146	14 125	13 178	13 451	9 852
永久性殘疾	1 566	1 574	1 601	1 655	1 174
健康欠佳	6 563	6 476	6 423	6 501	4 791
單親	3 314	3 435	3 657	4 345	3 209
低收入	2 186	1 985	1 742	1 641	1 150
失業	8 619	7 790	6 996	6 726	4 752
其他	5 432	5 593	5 917	5 304	3 904
總計	41 826	40 978	39 514	39 623	28 832

資源來源：立法會，2016

表 3.10 按綜援個案類別劃分的結束綜援個案數目

個案類別	2011－12	2012－13	2013－14	2014－15	2015－16（截至 12 月底）
年老	14 019	14 455	15 049	15 484	12 082
永久性殘疾	1 238	1 262	1 199	1 212	992
健康欠佳	2 538	2 423	2 397	2 458	1 950
單親	3 773	4 095	3 806	3 666	2 605
低收入	3 127	2 627	2 296	2 083	1 302
失業	6 086	5 244	4 669	4 321	2 960
其他	1 442	1 508	1 490	1 260	873
總計	32 223	31 614	30 906	30 484	22 764

資源來源：立法會，2016

二、不同個案類別的定義及人口特徵

年老受助人的定義為 60 歲或以上，可免除工作條件及享有較高援助金額。傷殘受助人其實大約分為三種級別：需經常護理、100% 殘疾及 50% 殘疾／健康欠佳，一般來説「健康欠佳」屬於較短期性或可恢復性的疾病，會影響受助人的工作能力，但未必屬永久性；50%、100% 殘疾及需經常護理則指較永久性的身心障礙。不同類別的殘疾程度，由公立醫院的醫生作出評估，主要影響受助人的援助金額，但普遍「殘疾」受助人都免於工作條件的規限。年老及傷殘的受助人，都被視為特別人士，有別於健全（able-bodied）成人及兒童。

健全個案及人士，主要以失業、低收入及單親為主。失業綜援被界定為 15－59 歲身體健全人士，並沒有就讀社會福利署認可的全日制課程，亦沒有就業或每月工作時數低於 120 小時，或每月收入少於 2160 元[1] 的工人。社署的工時要求是假設每個人都需要從事「全職工作」，而薪金要求大約是基於二人家庭健全成人的標準金額。因此，撇除失學及完全失業人士，失業綜援人士亦包括了就讀非認可全日制課程的學生，例如就讀一些外國函授課程、私立學校營運的課程等。另外，就業不足及就業不穩定人士，例如建築工人或零散保安等，因為他們並非從事全職工作，因而被社署定義為等同於「失業人士」。根據筆者的經驗，亦有部分身體勞損者因失去醫生的健康欠佳證明，因而跌進「失業人士」類別。

根據單親補助金對單親家長的定義，一般喪偶、離婚、分居以及未婚的家長都屬此群組。另外，如配偶持續六個月或以上在

醫院接受治療、正在監獄或任何懲教院服刑不少於九個月，或被法例禁止進入本港，該家長都可被視為單親受助人。單親受助人及家庭照顧者，當其家庭最年幼子女年齡達 12 歲時，社署便會要求她們參與自力更生計劃中的「欣曉計劃服務」（見本書第五章），但仍可保留其照顧者或單親家長的身份。但當其最年幼子女達 15 歲時，社署便會正式將她們的身份轉變成「失業人士」，除了援助金額進一步下跌外，她們需要參與正式的「自力更生計劃」。

至於其他不屬於上述類別的個案，均被定義為「其他」類別，例如孤兒、正在接受住院治療及康復服務的健全成人等（立法會，2016）。

（一）年老個案及受助人

如前文所述，年老個案佔綜援整體近 60%，其中約 77% 屬單身個案；按他們的住屋類型分析，59.5% 的受助人住在公屋，28% 居於各種院舍，而其他則居於私人樓宇及其他房屋（包括租住及自置）（政府統計處，2015）。就 65 歲以上受助人的年齡及類別分佈（見表 3.13），以 75 歲以上的受助人佔最大比例，其餘的年齡組別維持在 17%－20% 左右。至於身體狀況方面，超過 60% 年老受助人為健康或 50% 殘疾，完全殘疾及需經常護理者穩定地維持在 34%－36%。可以見到 75 歲以上及健全／50% 殘疾是兩種長者使用者的主要背景。

從表 3.11 及表 3.12 可見，一人長者個案超過 10 萬宗，即使他們部分在計算上歸於傷殘個案，但亦反映了長者個案中仍是以 1 人為主，2 人個案約只有 2 萬宗。其中綜援長者與最少一名非長者同住的個案，一直維持在 2 萬多個案左右。1 人申請比例較

高，除了因為不少申請者為居於院舍的長者外，亦很可能反映了前章提及過的長者申請單位問題。除非長者獨立申請，否則與家人同住很可能令他們失去資格。

表 3.11 年老受助人與最少 1 名非年老受助人同住的個案數目

年度	綜援個案數目
2012－13	23 628
2013－14	21 940
2014－15	20 916
2015－16（截至 12 月底）	20 105

資料來源：立法會，2016

表 3.12 受助人均為 60 歲以上的個案數目

年度	1 人個案	2 人或以上個案
2012－13	112 296	21 871
2013－14	110 880	21 114
2014－15	109 630	20 483
2015－16（截至 12 月底）	109 080	20 096

資料來源：立法會，2016

（二）失業受助人

　　失業綜援個案以 1 人家庭為大多數，表 3.14 顯示了 1 人合資格的失業個案，佔整體個案接近六成。這表示了失業個案大部分都是單身個案，或家庭中只有 1 名合資格成員，例如子女就讀大專的失業單親家長。這與大眾對失業綜援的印象有所不同，在比例上失業家庭 3 人或以上的個案，只佔整體約三成。

表 3.13　65 歲或以上綜援受助人（包括廣東及福建省養老計劃）按年齡及健康狀況劃分的數目

類別	2012–13				2013–14				2014–15				2015–16（截止 12 月底）			
	65–69 歲	70–74 歲	75 歲或以上	總計	65–69 歲	70–74 歲	75 歲或以上	總計	65–69 歲	70–74 歲	75 歲或以上	總計	65–69 歲	70–74 歲	75 歲或以上	總計
健全／殘疾程度達 50%	22155 (18.2%)	23491 (19.1%)	56842	102488 (66.0%)	21606	21569	55266	98441 (65.2%)	21474	20483	53823	95780 (64.7%)	21578	19385	52699	93622 (63.9%)
殘疾程度達 100%	5073	4719	27146	36938 (23.8%)	5383	4411	26638	36432 (24.1%)	5938	4296	25656	35890 (24.2%)	6394	4267	25248	35909 (24.5%)
需要經常護理	996	1495	13267	15758 (10.2%)	1088	1365	13682	16135 (10.7%)	1168	1408	13860	16436 (11.1%)	1256	1474	14153	16883 (11.5%)
總計	28224 (18.2%)	29705 (19.1%)	97255 (62.7%)	155184	28077 (18.6%)	27345 (18.1%)	95586 (63.3%)	151008	28580 (19.3%)	26187 (17.7%)	93339 (63.0%)	148106	29228 (20%)	25126 (17.2%)	92100 (62.9%)	146454

資料來源：立法會，2016

註：綜援年老受助人以 60 歲或以上為標準，但暫只有 65 歲或以上受助人資料

() 括號內為該組別佔總個案百分比

表 3.14 2014 年底按合資格家庭成員人數劃分的失業綜援個案百分比分佈

合資格家庭成員人數	失業綜援個案的百分比
1	57.1%
2	11.4%
3	12.1%
4	11.5%
5	5.2%
6 或以上	2.7%
總計	100.0%

資料來源：政府統計處，2015

在 2014 年底，失業綜援人士的年齡中位數維持在 49 歲左右，50－59 歲人士約佔一半。綜觀 2011－2015 年間，失業綜援男受助人的數目仍高於女受助人，但其差距明顯地逐漸縮小，這是由於男失業綜援人士下降的速度較女性快。在年齡組別方面，在過去五年間 40－59 歲受助人穩佔總人數約 80%。至於教育程度方面，小學程度的受助人比例在 2011－2015 年間，從僅超過一半輕微下降至約 49%；而中學程度受助人則微升至 50%。有趣的是大專或以上學歷的比例，從約 1% 升至 1.9% 左右，是唯一錄得升幅及數目相對不穩定的個案，不過其受助人的基數只有 300 人左右。

表 3.15 2014 年底按性別劃分的失業綜援受助人年齡中位數

年齡組別	男性	女性	總計
年齡中位數（歲）	51	48	49

資料來源：政府統計處，2015

表 3.16 按性別劃分的失業綜援受助人數目

性別	2011−12	2012−13	2013−14	2014−15	2015−16 （截至 2015 年 12 月底）
男	16 142	14 416	11 622	9 505	8 542
女	11 340	10 585	9 384	8 111	7 765
總計	27 482	25 001	21 006	17 616	16 307

資料來源：立法會，2016

表 3.17 按年齡組別劃分的失業綜援受助人數目

年齡組別	2011−12	2012−13	2013−14	2014−15	2015−16(截至 2015 年 12 月底)
15−19	1 054	977	794	596	592
20−29	1 827	1 585	1 306	1 104	1 064
30−39	3 146	2 749	2 233	1 776	1 603
40−49	8 166	7 367	6 019	5 184	4 846
50−59	13 289	12 323	10 654	8 956	8 202
總計	27 482	25 001	21 006	17 616	16 307

資料來源：立法會，2016

表 3.18 按教育程度劃分的失業綜援受助人數目

教育程度	2011−12	2012−13	2013−14	2014−15	2015−16(截至 2015 年 12 月底)
小學或以下	15 020	13 232	10 938	8 689	7 714
中學	12 179	11 471	9 780	8 651	8 283
大專或以上	283	298	288	276	310
總計	27 482	25 001	21 006	17 616	16 307

資料來源：立法會，2016

另外，如前文所述，部分失業綜援受助人其實有非全職就業。以職業區分（表 3.19），最多失業綜援人士從事普通工人、雜工及其他。換言之，這批就業不足及就業不穩定的工人並非集中某一特定行業，而是散佈於就業市場的不同行業及職位中。以經濟條件來説，他們可説是處於就業市場的底層；就職位的性質，可説是處於就業市場的邊緣位置。最能辨識的職業是清潔工，但亦只佔有就業的「失業」受助人約一成。再者，從表 3.20可見每年亦有數百名失業綜援個案，轉變成「新」的低收入個案，但其數目只佔每年下跌的失業綜援個案約兩成多。由此可見，失業綜援的下降，並不是由於其變成低收入個案，反而可能是變成其他個案、或因覓得工作而脱離綜援等原因（社署並無詳細記錄離開綜援的個案資料）。

表 3.19 按職業劃分的失業綜援受助人數目

職業	2011－12	2012－13	2013－14	2014－15	2015－16(截至 2015 年 12 月底)
清潔工人	308	281	285	216	232
文員	31	24	27	14	15
建築工人／雜工／裝修工人	65	65	47	37	32
送貨員	226	220	188	204	150
家務助理／保姆	189	225	176	141	138
司機	83	67	38	52	47
普通工人／雜工（建築雜工除外）	700	605	602	540	463
售貨員	121	107	116	96	78

侍應生	129	133	111	96	95
看更／守衞	30	31	32	21	25
其他	599	562	551	498	484
無業	25 001	22 681	18 833	15 701	14 548
總計	27 482	25 001	21 006	17 616	16 307

資料來源：立法會，2016

表 3.20　由 2011－12 至 2015－16 年度，一年前原屬失業類別的綜援低收入個案數目

年度	由一年前原屬失業類別個案轉為低收入個案的數目
截至 2011 年 12 月底	899
截至 2012 年 12 月底	705
截至 2013 年 12 月底	628
截至 2014 年 12 月底	626
截至 2015 年 12 月底	512

資料來源：立法會，2016

　　最後，失業綜援一方面作為失業救濟扮演了安全網的角色，另一方面亦是全港唯一的失業保障（不計遣散費及長期服務金相關的功能）。如果將失業綜援個案數目對比整體失業人數，就可以計算出「失業綜援率」，既反映了失業人士使用綜援的比率，亦變相反映了香港失業保障的覆蓋率。從表 3.21 可見，失業綜援率在過去二十年中，大抵徘徊於 13%－23% 之間。失業人數及失業綜援個案波動的幅度尚算接近，只是失業綜援變化的時間稍有滯後。這可能源於申請綜援的標籤效應及資產審查，令許多

申請者到最後關頭才作申請（黃洪，2015）。例如不少失業人士差不多耗盡儲蓄，以及不能再向親友借貸後，才願意申請綜援。不過，在統計數字上失業人數對經濟環境相當敏感，一般地它的增減速度較快；而失業綜援個案基於上述原因，它涉及綜援使用者如何評估經濟狀況，才決定進入與離開綜援，因此它的增減一般較慢。這形成了失業綜援率在 2005 年及 2011 年達到 22.8% 及 23.2% 的高峰，主要是因為在經濟復甦後，失業人數的下降較失業綜援快，反而推高了失業綜援率。相反在經濟急劇衰退的時間，失業人口急速上升，例如 2001 年及 2009 年，失業綜援率反而較低。在 2011 年後失業人口先跌後升，雖然幅度較少，但失業綜援卻穩定地下降，因此在 2015 年差不多回到 13% 的低位。

在 2013 年初，有政黨倡議應為失業綜援設立年限，以及強化社區工作的要求，理由有二：一是自 2004 年後失業綜援佔整體綜援個案下降的速度，低於同期失業率的減少；其二是失業綜援兩年以上的個案佔失業個案約 80%。這就是對失業綜援趨勢錯誤的解讀。首先，失業綜援佔綜援整體個案的百分比，並不是一個有效反映失業個案變化的工具，它只反映了不同綜援個案的此消彼長。從表 3.21 可見，失業綜援在 2004－2014 年間的平均年變動率為 −8.5%，是為減幅最大的個案；直接比較 2004 跟 2015 年底的失業個案數目，更是下跌了約 63.9%，絕對是明顯及巨大的跌幅。實際上，2015 年底失業佔整體個案的比例，已下降至 1995 年經濟泡沫爆破前的水平。不過，在後工業及勞動市場彈性化的趨勢下，就業市場吸收非技術工人的空間，始終較工業時期為少（Esping-Andersen, 1999），因此雖然在 2011－2015 年間失業綜援穩步下降，但其跌幅仍是有限度的。

表 3.21 失業綜援率

年份	第四季失業人數 （不經季節性調整）	12 月底失業綜援個案[2]	失業綜援率（%）
1996	81 200	14 185	17.5
1997	76 800	16 976	22.1
1998	201 200	30 290	15.1
1999	210 700	28 085	13.3
2000	149 600	23 573	15.8
2001	209 800	28 886	13.8
2002	252 600	40 513	16.0
2003	253 200	50 118	19.8
2004	226 900	45 231	19.9
2005	182 000	41 436	22.8
2006	170 900	37 819	22.1
2007	145 600	32 893	22.6
2008	141 300	31 772	22.5
2009	172 800	33 279	19.3
2010	136 300	29 813	21.9
2011	116 000	26 859	23.2
2012	117 000	23 980	20.5
2013	118 400	21 149	17.9
2014	122 100	18 650	15.3
2015	121 600	16 332	13.4

資料來源：作者自行計算，參考政府統計處不同年份《綜合住戶統計調查》及《綜合社會保障援助統計數字》。

其實在 2011 年後，香港總體就業機會增加，以及各種社會及勞工保障有所改善，例如設立最低工資、家庭申請的交通津貼及關愛基金等，都增加了非綜援基層家庭的收入保障，作為部分失業者離開綜援的原因。整體上，我們可總結香港的失業保障制度，在過去二十年平均約覆蓋 18.7% 的失業人士。因此，超過 80% 的失業人士沒有得到任何穩定的公共失業保障，只有不足 20% 收入及資產最低的貧窮失業人士，才有資格並選擇使用失業綜援。

　　其次，從表 3.22 可見失業綜援領取年期，如以領取年度作為一個同年代（cohort）計算，2011－2012 年度首次領取失業綜援的個案，在首年起均是按年遞減，領取年期愈短減幅愈大。換言之，失業綜援個案的減幅，跟領取年期有關，這現象亦反映在不同的領取年代（cohort）之間。由此可推論，一般周期性失業者領取綜援後，在首年較容易離開，其機會再按年遞減。根據筆者

表 3.22　持續領取失業綜援年期劃分的失業受助人數目

持續領取綜援年期	2011－12	2012－13	2013－14	2014－15	2015－16(截至 2015 年 12 月底)
1 年或以下	3 320	3 013	2 585	2 318	2 019
1 年以上至 2 年	2 612	2 008	1 568	1 420	1 467
2 年以上至 3 年	2 670	1 978	1 399	1 105	1 029
3 年以上至 4 年	2 197	2 138	1 439	1 045	933
4 年以上至 5 年	1 478	1 772	1 531	1 092	876
5 年以上	15 205	14 092	12 484	10 636	9 983
總計	27 482	25 001	21 006	17 616	16 307

資料來源：立法會，2016

的接觸經驗，一些長期失業的綜援者，例如有職業勞損、藥癮賭癮，或身體有病但未被醫生判定為損害工作能力等，以及原屬其他個案的長期領取者，例如單親人士及綜援家庭的青年等，他們這些社會經濟背景，再加上年齡、學歷等因素，都可能影響到他們離開綜援的機會。因此要理解失業綜援的變化，必須將個案數字放回經濟表現、失業人數、勞工政策及使用者背景等脈絡中，否則會出現誤讀。

（三）低收入綜援受助人

　　相對失業綜援個案，低收入綜援個案的性別比例稍為平均（表 3.23），女受助人數目更在 2011－2013 年度多於男性，其後女受助人的下降速度高於男受助人。在年齡方面（表 3.24），低收入綜援平均較失業受助人年輕，最高為 40－49 歲組別；而低收入受助人 40 歲以下的比例亦稍高於失業綜援。教育程度方面（表 3.25），低收入受助人具中學學歷的比例稍高於小學，這與失業綜援有所不同；至於具大專或以上學歷則約為 2%，與失業綜援相當接近。

表 3.23　按性別劃分的低收入綜援受助人數目

性別	2011－12	2012－13	2013－14	2014－15	2015－16（截至 2015 年 12 月底）
男	8 406	6 885	6 270	5 756	5 049
女	8 708	7 237	6 175	5 373	4 508
總計	17 114	14 122	12 445	11 129	9 557

資料來源：立法會，2016

表 3.24　按年齡組別劃分的低收入綜援受助人數目

年齡組別	2011－12	2012－13	2013－14	2014－15	2015－16 （截至 2015 年 12 月底）
15－19	701	516	477	415	331
20－29	2 473	2 012	1 719	1 477	1 285
30－39	2 823	2 356	2 031	1 833	1 575
40－49	6 981	5 669	4 938	4 359	3 729
50－59	4 136	3 569	3 280	3 045	2 637
總計	17 114	14 122	12 445	11 129	9 557

資料來源：立法會，2016

表 3.25　按教育程度劃分的低收入綜援受助人數目

教育程度	2011－12	2012－13	2013－14	2014－15	2015－16 （截至 2015 年 12 月底）
小學或以下	8 630	6 899	5 836	5 016	4 136
中學	8 237	7 008	6 393	5 898	5 215
大專或以上	247	215	216	215	206
總計	17 114	14 122	12 445	11 129	9 557

資料來源：立法會，2016

　　就職業分類來說（表 3.26），低收入綜援受助人最多從事普通工人／雜工及其他類別，這情況與失業綜援人士相似。低收入綜援工人並無集中於特定行業或職位，相對地他們的分佈更平均，遍佈於不同行業的低薪職位。就其每月工作入息而言（表 3.27），在 2011－2013 年度最多低收入受助人月入 4,000 元以下。自 2013 年起，低收入綜援工人入息有所提升，月入 4,000－6,000 元佔較大比例。這變化相信與實施及調整最低工資、本地

就業市場需求相對緊張有關,從 2011 年低收入綜援人士最低月入 3,360 元(120 小時 x 28 元)升至 2013 年的 3,600 元(120 小時 x 30 元),及至 2015 年的 3,900 元(120 小時 x 32.5 元)。雖然未有證據顯示設立最低工資對協助受助人脫離綜援有直接幫助,但它明顯地增加勞動市場最底層及最邊緣的工人的薪金(他們最後在綜援被扣減是另一問題)。

表 3.26 按職業劃分的低收入綜援受助人數目

職業	2011–12	2012–13	2013–14	2014–15	2015–16 (截至 2015 年 12 月底)
清潔工人	2 273	1 803	1 421	1 247	1 024
文員	718	574	464	409	354
建築工人 / 雜工 / 裝修工人	639	524	405	374	309
送貨員	905	745	695	619	573
家務助理 / 保姆	424	363	331	305	232
司機	766	668	609	516	464
普通工人 / 雜工(建築雜工除外)	3 951	3 224	2 945	2 695	2 311
售貨員	1 257	1 005	904	794	671
侍應生	1 084	922	839	780	687
看更 / 守衞	1 215	978	773	632	502
其他	3 882	3 316	3 059	2 758	2 430
總計	17 114	14 122	12 445	11 129	9 557

資料來源:立法會,2016

表 3.27　按工作入息劃分的低收入綜援受助人數目

每月工作入息	2011－12	2012－13	2013－14	2014－15	2015－16(截至 2015 年 12 月底)
4,000 元以下	5 584	4 321	3 660	3 252	2 226
4,000 元至 6,000 元以下	4 744	4 087	3 842	3 661	3 603
6,000 元至 8,000 元以下	4 282	3 272	2 585	1 961	1 663
8,000 元或以上	2 504	2 442	2 358	2 255	2 065
總計	17 114	14 122	12 445	11 129	9 557

資料來源：立法會，2016

　　至於領取年期方面（表 3.28），低收入綜援明顯地集中於長期領取的個案，持續領取五年以上佔整體個案約 70%。這反映了最低工資雖然增加了他們的工資，但在豁免入息計算下，他們並未能因此離開綜援。另一原因可能是由於低收入綜援的家庭人數較多，即使他們的薪金有所增加，但只要家中未有更多成員就業，就只能一直使用低收入綜援，作整個家庭的入息補貼。這類家庭有較多的受供養人口，例如兒童、長者、殘疾人士、照顧者等。再者，近年由於低薪職位的增加，部分綜援人士可覓得工作而轉成低收入個案，但數量只佔整體約 10%。這些個案約有一半屬於失業類別，估計它們多為家庭個案，而非單身失業個案，因為他們的單身綜援金水平很低，一旦從事接近最低工資薪金的工作，便很可能超過綜援金的水平而失去資格。換句話説，低收入綜援是家庭個案為主，其長期領取原因與兩種就業市場政策有關：一是家庭入息相對低，即使最低工資仍未達家庭工資（family wage）及生活工資（living wage）的水平，不足以養家；二是就

業政策未能為家庭照顧者（主要是女性）提供選擇及保障，可以
在照顧與就業中作平衡的選擇，最後她們只能放棄或部分地就
業。由於缺乏公共照顧服務，照顧者唯有退出勞動市場，或等待
家中兒童畢業後工作，所以需要長期使用低收入綜援。因此，低
收入綜援的領取年期偏高，可說是政策失誤的結果造成。

表 3.28　按持續領取綜援年期劃分的低收入綜援受助人數目

持續領取綜援年期	2011－12	2012－13	2013－14	2014－15	2015－16(截至 2015 年 12 月底)
1 年或以下	1 033	806	664	668	493
1 年以上至 2 年	1 176	877	772	707	711
2 年以上至 3 年	1 325	874	727	662	543
3 年以上至 4 年	1 196	1 082	760	635	567
4 年以上至 5 年	921	971	926	666	566
5 年以上	11 463	9 512	8 596	7 791	6 677
總計	17 114	14 122	12 445	11 129	9 557

資料來源：立法會，2016

表 3.29　在一年前原屬其他個案類別轉變成低收入個案數目

年份（該年 12 月底）	年老	永久性殘疾	健康欠佳	單親	失業	其他	總計
2011 年	347	54	213	283	899	91	1 887
2012 年	292	54	139	275	705	75	1 540
2013 年	225	54	124	244	628	70	1 345
2014 年	178	38	107	223	566	57	1 169
2015 年	160	41	89	187	526	22	1 025

資料來源：立法會，2016

（四）單親受助人

　　至於單親個案方面，整體個案及受助人數目都呈下降趨勢，其跌幅卻較失業及低收入輕微。成人的受助人明顯地以女性為多數（表 3.30），從 2012－2015 年度輕微上升至約 85%，以 40－49 年齡組別為最高但在 2012－2015 年間呈下降趨勢，反而 30－39 歲則只在 2015－2016 年度輕微下跌，估計經濟復甦對較年輕的女性單親家長並未有很大的影響，可能由於其子女年齡相對較低，更難以外出就業。男性單親受助人中，則以 50－59 歲為最高。至於婚姻狀況（表 3.31），接近 65% 的受助人為離婚及分居，沒有官方的婚姻關係或非與配偶長期同住的，稍多於 20%。教育程度方面（表 3.32），2015 年底最多單親受助人的學歷為小學，佔總體約 37%。不過初中及高中其實亦分別佔 33.2% 及 23.8%；又擁有高中及大專學歷的比例，則從 2012 年度的 21.6% 輕微上升至 2015 年底的 25%。

表 3.32　單親綜援受助人的教育程度狀況

教育程度	2012－13	2013－14	2014－15	2015－16（截至 12 月底）
從未接受教育／幼稚園	1871	1671	1460	1254
小學	11 346	10 838	10 320	9 613
初中	8677	8559	8673	8616
高中	5815	5857	6101	6193
大專	222	233	271	297
總計	27 931	27 158	26 825	25 973

資料來源：立法會，2016

表 3.30 按性別及年齡劃分的單親綜援受助人數目

年齡組別	2012－13			2013－14			2014－15			2015－16(12 月底)		
	性別		總計	性別		總計	性別		總計	性別		總計
	男	女		男	女		男	女		男	女	
18－24 歲	8	355	363	8	340	348	11	393	404	10	401	411
25－29 歲	54	1058	1112	47	1108	1155	38	1144	1182	36	1123	1159
30－39 歲	513	7369	7882	437	7466	7903	424	7564	7988	394	7499	7893
40－49 歲	1307	11466	12773	1176	10997	12173	1057	10825	11882	993	10526	11519
50－59 歲	1824	2993	4817	1645	2932	4577	1520	2811	4331	1381	2612	3993
60 歲或以上	818	166	984	837	165	1002	860	178	1038	826	172	998
總計	4524	23407	27931	4150	23008	27158	3910	22915	26825	3640	22333	25973

資料來源：立法會，2016

表 3.31 單親綜援受助人按性別的婚姻狀況

婚姻狀況	2012－13			2013－14			2014－15			2015－16(12 月底)		
	性別		總計	性別		總計	性別		總計	性別		總計
	男	女		男	女		男	女		男	女	
未婚	143	2118	2261	150	2156	2306	138	2208	2346	128	2304	2432
已婚／同居	1201	2155	3356	1039	2416	3455	930	2690	3620	858	2873	3731
分居	820	3904	4724	731	3749	4480	703	3668	4371	663	3518	4181
離婚	2078	11406	13484	1969	11154	13123	1890	11093	12983	1783	10732	12515
喪偶	282	3824	4106	261	3533	3794	249	3256	3505	208	2906	3114
總計	4524	23407	27931	4150	23008	27158	3910	22915	26825	3640	22333	25973

資料來源：立法會，2016

最後，約 60% 的單親個案只有 1 名子女，30% 的受助人有 2 名子女。而在 2012－2013 年度，15－21 歲子女佔年齡組最高的比例，但到了 2013 年以後，則以 5－9 歲年齡組為最高。如以人數來看，5－9 歲組別在 2013 年後有所上升，而 15－21 歲組別則急速下降；相對地其他年齡組別的人數變化較少，因此形成了這兩組比例的互轉。連同 0－4 歲組別所錄得的輕微上升，可說近

表 3.33　單親綜援受助人的子女數目狀況

子女數目	2012－13	2013－14	2014－15	2015－16 （截至 12 月底）
1 名	16 649	15 937	15 739	15 244
2 名	9153	9059	8905	8635
3 名	1773	1797	1788	1736
4 名	297	296	316	284
5 名或以上	59	69	77	74
總計	27931	27158	26825	25973

資料來源：立法會，2016

表 3.34　單親綜援受助人的子女年齡狀況

子女年齡	2012－13	2013－14	2014－15	2015－16 （截至 12 月底）
4 歲或以下	5 072	5435	5921	6017
5－9 歲	9 321	9610	9934	10006
10－11 歲	5 030	5030	5100	5033
12－14 歲	9 561	9004	8497	8081
15－21 歲	13056	9017	8288	7942
總計	42040	38096	37740	37079

資料來源：立法會，2016

年綜援單親家長擁有年幼子女的比例有所上升。由於前文曾提及單親個案對經濟復甦較不敏感，可以預計領取年期較長的單親個案比例將會上升。

（五）原居地及族群

除了上述以個案為分類外，亦可以從原居地了解綜援受助人的背景，特別是非本地出生的移民。從表 3.35 可見，目前絕大多數綜援受助人的出生地來自香港及中國內地，約佔 96%。至於其他出生地，則以亞洲移民為主，其中以巴基斯坦為多數。

表 3.35　2015 年底按原居地劃分的綜援受助人數目及其佔綜援受助人總數的百分比

原居地	受助人數目	佔綜援受助人總數的百分比
中國	351 118	96%
巴基斯坦	6 490	4%
泰國	1 199	
印尼	1 170	
菲律賓	1 130	
印度	958	
越南	728	
尼泊爾	559	
馬來西亞	267	
歐洲	46	
其他	1 181	
原居地非中國人士小計	13 728	
總計	364 846	100%

資料來源：立法會，2016

三、小結

　　總的來説，綜援作為針對貧窮家庭的社會援助，它目前保障着 36 萬左右的人口、24 萬個家庭。2015 年香港的貧窮人口（介入前）約為 138 萬（政府統計處，2016b），亦即綜援大概覆蓋了四分之一的本地貧窮人口。當然，由於綜援的經濟審查標準低於貧窮線的相應家庭入息（家庭月入中位數的一半），這有兩個啟示：一、香港社會援助的對象，並不是所有被界定為貧窮的人口，有四分之三的貧窮人口沒有選擇進入及沒有資格申請綜援。二、由於不同群體之間的金額有所不同，亦代表不同群體的資格線及覆蓋面都有所不同；從上文的數字可見，綜援對貧窮長者、殘疾人士及單親人士的覆蓋，高於在職貧窮及失業家庭。再者，當收入不平等趨向嚴重，即高收入家庭的入息增長速度高於基層家庭，這時期的住戶入息中位數上升較快，跌入相對貧窮的人口會增加。由於綜援的調整速度較緩慢保守（見本書第四章），因此這會進一步減低其覆蓋的貧窮人口比例。換句話説，綜援的覆蓋面在很大程度上受其金額水平影響。

　　從表 3.36 可見，從綜援的覆蓋面及貧窮人口，可分成三組群體。第一組是貧窮線下，但不符合綜援資格的人士及家庭。這群組可再分成三個小組：一、受居港年限及同住單位排斥的社群，例如來港不足一年的新移民、外地回流香港的失業工人、與非綜援家庭成員同住的長者或殘疾人士等。目前政府並無第二個現金經濟援助支援他們，一般只以短期的食物銀行及社會服務支援他們的生活，因此他們唯有求助於家庭及社區團體等，或再考慮投入市場工作。二、由於貧窮線只計算收入，因此部分無收入但有

資產的人士會成為這組群體,主要為有資產及退休金的長者,而政府聲稱以高齡津貼及長者生活津貼已能滿足這些非綜援長者的需要。三、收入低於貧窮線的在職貧窮家庭,但高於綜援健全家庭的金額水平。這批家庭不合資格使用低收入綜援,但目前政府對資助他們的意欲最高,因此先後推出了鼓勵就業交通津貼及低收入在職家庭津貼。

表 3.36 綜援的覆蓋面及貧窮人口

貧窮線下的不同群體	原因及處境	綜援以外的經濟支援
收入在貧窮線下,但不符合綜援資格	(一)因居港年期、同住單位而被排斥的貧窮家庭	短期食物銀行;社會服務
	(二)無收入但有資產的人士及家庭,主要為退休長者	高齡津貼;長者生活津貼
	(三)收入超過綜援水平,但仍在貧窮線下的在職貧窮家庭及人士	低收入在職家庭津貼;鼓勵就業交通津貼
收入在貧窮線下,符合綜援資格,但沒有申請	基於資訊不足及標籤效應,沒有申請綜援	低收入在職家庭津貼;高齡津貼;長者生活津貼
收入在貧窮線下,合資格的綜援使用者	滿足居港規定,及通過收入與資產審查的家庭	鼓勵就業交通津貼;一般社會服務

第二組是指身處貧窮線下,合乎綜援資格,但沒有使用綜援的家庭。這可能出於資訊不足或當事人覺得無需要,甚或對於綜援附帶的社會烙印,即使收入及資產都符合資格亦不申請。該群體的多寡構成了綜援的非使用率(non take-up rate),即合資格但無進入系統的貧窮家庭,佔整體合資格的貧窮家庭比例,這很大程度受制於社會援助的驅趕效應,以及反映了社會對使用社會援助的觀感。

最後一組屬於符合綜援資格的使用者，他們能通過居港規定及經濟審查。由於要避免「雙重福利」，因此綜援使用者合資格使用的其他經濟支援，基本上只有鼓勵就業交通津貼、一般社會服務及慈善式的實物捐助等。

政府可以透過兩個關於資格的策略，管理及限制社會援助的覆蓋面（Figari et al., 2013）：一、排斥特定群體或只容許某些群體申請；二、壓抑入息審查的臨界線，以嚴控安全網的門檻，只保障最底層的貧窮人口。由於綜援金額水平直接與入息審查的臨界線掛鈎，換言之當政府要限制綜援的入息臨界線，必然地會限制了綜援金額的增長。這種設計確定了綜援覆蓋面與足夠性的正面關係，但卻將它們緊鎖在一起。當民間社會要求檢討綜援的水平時，政府就宣稱不但會增加吸引力，更等同放寬綜援的門檻，將大幅增加綜援的人數。因此，綜援的資格設計及覆蓋面都影響着其援助的水平。

註釋：

1　2017 年 2 月的要求。

2　少部分失業綜援個案中有多於一位失業受助人，但為方便及標準化統計數字，以該年年底的失業綜援個案計算。這可能低估失業綜援率，誤差約在 ±1.5%。

第四章
綜援金額的足夠性及慷慨度

社會安全網的援助水平既反映了福利體制的取向，亦受國家的價值理念、利益角力及歷史發展所影響（Kvist et al., 2013）。香港的社會保障體系較接近歐美國家的自由主義福利體制，即以社會援助為主要的制度，按經濟需要及審查設定援助的標準。政府經常宣稱綜援是不需供款、全由公共稅收支持的安全網，援助水平的設計不僅影響財政可持續性，更可能削弱市民的工作動機。自殖民政府時期以來，這種對社會福利的懷疑態度，以及要維持低稅的公共財政結構，雖然限制了社會援助的總體發展，但亦曾出現幾次偶然的改善及檢討。

評估社會保障的金額水平可以從兩大概念着手，第一個是足夠性（adequacy），第二個是慷慨度（generosity）。一般來説，足夠性關注社會安全網的消費面，指援助金的購買力，是否能提供予使用者基本生活需要。部分論者指出安全網的援助基準點，應設於能維持最低生活的標準（Nelson, 2013），以應對貧窮及物質匱乏。這亦定義了社會可接受的基本 / 最低生活水平，涉及較為規範性的原則。至於慷慨度則從社會安全網的收入面出發，指社會保障的相對水平，透過較為量化的標準，計算援助水平與工資收入、領取人數的關係。部分以受惠人數佔總社會保障開支的比例，以人均保障金額反映「絕對慷慨度」（absolute generosity）；

及以人均保障金額乘以人均本地生產總值，計算出「相對慷慨度」（relative generosity）（Saunders, 2017）。亦有以個人不同的生命歷程作比較，例如社會保險每月提供的金額，則可用入息替代率（replacement ratio）來顯示領取者獲得從前收入的百分比。如以整體社會作比較，可比較整體就業入息中位數的某百分比，例如歐洲議會曾規定社會安全網不應低於收入中位數的 60%（Van Mechelen & Marchal, 2013），不過並非所有成員國可以做到。

事實上，社會援助的水平與貧窮線的界定十分相關。在貧窮線的兩種主要的定義中：絕對貧窮（absolute poverty）及相對貧窮（relative poverty）（詳參黃洪，2015），都涉及安全網的水平足夠度與慷慨度。絕對貧窮以「生存條件」作為釐訂貧窮的標準，指向衣食溫飽等維持生命的要素；不少傳統的社會援助都以此界定其目標，問題只是用什麼方法訂定生存標準。相對貧窮將貧窮的標準放置在特定的社會脈絡中，透過引入不平等的概念比較最底層的社群與其他階層的生活水平，作為判斷貧窮的原則。因此它容許較主觀或規範性的看法，將貧窮的狀況視為社會發展不均的結果。由此發展出來的「相對匱乏」（relative deprivation）概念（Townsend, 2010），更超越以收入作界定貧窮的工具，提出部分社群因收入不足而未能參與及享用一般大眾可接觸的物品及服務，就算是貧窮。在制定社會援助標準及界定貧窮線的歷史中，部分政府就嘗試結合絕對貧窮及相對貧窮的原則（黃洪，2015）。因此，社會安全網在多大程度上針對絕對及相對貧窮，這種制度選取就反映該國福利的足夠度與慷慨度，例如社會援助水平與貧窮線的差距。

香港的社會援助制度，自公援至綜援以來，一直存在足夠性

的辯論及相關檢討；而自九十年代末的福利改革後，不少反對聲音批評綜援的金額太過慷慨，遠超出基層工人家庭的收入，削弱工作動機、造成不公平。本章先探討綜援作為最低生活保障，它的滿足基本需要的能力、金額計算及調整機制，再比較綜援與基層工人的收入水平，以回應綜援是否過於慷慨及造成依賴之説。

一、制定綜援標準金及基本需要

從官方的定義來説，香港政府是肯定綜援對保障「生活上的基本需要」之功能（社會福利署，2016a），但什麼是「生活上的基本需要」卻眾説紛紜。根據歐洲的社會保障經驗，主要以參考預算的方法（Reference Budget Methodology），來訂立最低或基本生活的標準（Deeming, 2017），依此大致可以分成三種形式：

1. **規範性模式**：由權威專家以專門知識界定預算，包括一些較普及性的人類需要，例如身心理健康、足夠的營養、水、住屋等；

2. **統計模式**：藉大型的民意調查，了解大眾對基本需要及物質匱乏的看法，較具穩定性及代表性，但可能較易忽略較少數群體的需要；

3. **共識模式**：邀請不同社會經濟背景的人士組成焦點小組，例如單身人士、單親家長、退休人士、雙職家庭、城鄉居民等，進行互動性的對話，以尋求小組對基本需要的共識；亦可部分地吸納專家意見，例如營養度及用電量等。

現實上這三種方法各有長短，因此不少地方都會混合地進

行三種研究，以制定一籃子的物品與服務，再以特定的數量及質量換算價格，就能訂立一個普遍的預算標準。近年的研究重點，是如何更有效地吸納更多基層市民的聲音，以增加他／她們在政策制定上的參與，更有效地處理定義「基本需要」的爭議。這反映了品味及需要可能具有階級或性別等社會身份的傾向，不同背景的市民的「需要」可能有所差異。預算方法需要貼近一般基層市民的日常生活，但同時要體認不同群體的獨特需要，例如學生與長者在消費上的不同。因此，這種方式既有客觀的趨勢模式，亦不能脫離主觀認知及經驗。例如部分貧窮戶有可能花費於非貧窮戶認為的「非必需品」，例如新年的紅包、社交的交通費等；但對貧窮戶來說這是他們參與社會的成本，否則會被社會進一步排斥。因此，在訂定基本需要的過程中，着眼於「貧窮」、「匱乏」與「排斥」的界線絕非清晰，亦受到社會的文化價值所形塑。因此，以消費模式決定福利水平的臨界線，最終仍是基於權力的政治決定，就像界定貧窮線及一般社會福利的資格線。較肯定的是社會保障的足夠度與物質匱乏存在明顯的負關係（Nelson, 2012），當然政治現實上政府不一定願意透過社會援助來消除相對貧窮，這受制於政府的福利哲學、財政能力、勞資關係等因素。

　　除了文化習慣因素外，基本需要亦受到不同社會脈絡中的制度差異性影響，例如對香港貧窮家庭來說，住屋需要及其開支的差異性很大，關鍵在於能否使用公營房屋。因此，要了解基層家庭的一般消費及開支模式，部分研究集中處理「可動用的收入」（disposable income）。例如香港基層的開支差異很大，計算「可動用的收入」時應要撇除房屋開支（after-housing）。因此，目前的綜援金額分成標準金、補助金及特別津貼；以標準金處理一般

的衣食行基本需要，再以補助金及特別津貼滿足特殊需要，例如住屋及學習等。

要了解香港的綜援金如何制定，先要回溯至七十年代的公援設計，以及其後政府及民間社會相關的舉措。首先，在 1971 年設立的公共援助，可說是為貧窮人士提供最基本的「生存條件」。不過那時的援助金計算比率，並未能兼顧食物以外的開支，其後政府在 1972 年再作修訂，將非食物開支計算在內，大約令援助金的實際金額增加約 50%，並以之維持多年（周永新，1988）。殖民地時期的財政司夏鼎基曾表示，公援是不需供款的稅收支付，不能限制使用亦充滿不可預計性（周永新，1988），故把社會援助訂至最低水平。殖民政府沒有公開公援金額的制定方法，自然沒有以「足夠性」作為檢討援助水平的準則。從七十年代起，社會援助的金額已是家庭人數愈多，則人均金額愈低；因為政府認為「大家庭」的平均開支較低，例如電燈的費用對人數多的家庭來說，平均成本較低（社會事務司，1977）。不過，由於訂定公援基本金的基點過低，並且缺乏對「基本生活」標準的共識，即使後來按通脹調整亦顯得不足；而調整金額的時間往往滯後，特別津貼、補助金等一直是隨意釐訂的（楊森，1982；周永新，1988）。因此，在整個安全網出台的七十年代，並未針對金額水平有較大幅的修改。即使八十年代社會上有更多要求檢討公援水平的聲音，但政府基本上都只是依據社援物價指數調整。曾有論者建議綜援基本金的制定，應與香港工資中位數掛鈎，既令綜援人士可以分享經濟發展的成果或放緩的影響，亦可省卻行政開支（莫泰基，1998）。以 2016 年底的標準金及工資中位數計算（政府統計處，2017），單身健全成人標準金（2,355 元）

約佔工資中位數（15,000 元）15.7%，單身長者標準金（3,340 元）約佔 22.3%，比例均低於七十年代的 26%（莫泰基，1998），反映綜援人士的生活相對普遍市民的水平，其實還低於七十年代。

三次與綜援相關的基本需要檢討

1. 麥法新教授（1994）

踏入九十年代，隨着公民社會的發展及貧窮問題逐漸呈現，再加上回歸的政治因素等，都為調整綜援金額打開了缺口。首先，香港社會服務聯會於 1993 年委託城市大學學者麥法新，對綜援的標準金如何能滿足「最低可接受生活水平」進行研究。麥法新進行分層抽樣，抽取 683 個來自不同家庭組合的樣本，先檢視他們的實際生活水平（MacPherson, 1994）。他發現綜援家庭的金額水平相當不足，特別是對有小朋友的家庭，他們的標準金超過 70% 用於食物，遠高於其他已發展國家約為 30% 的比例。為要應付食物開支，這些家庭需要削減衣服、交通、社交活動等支出；更甚的是他們擁有的家庭必需品很有限，例如傢具等，生活質素遠低於香港社會大眾。綜援不足的社會影響很廣泛，例如小朋友的學習及心理健康等。由此可見，麥法新對「最低可接受生活水平」，已經超出了僅能維持「生存」的標準，而將平等、參與等規範性原則，融入於綜援的「生活」定義中。接着麥法新採用標準預算法（Budget Standards Method），根據香港當時的文化習慣及常見的生活方式，列出成年男女、兒童的必須食物、衣服、日常用品等，並以當時的市場價格計算最低生活的開支。這種以專家的意見及數據所得，提供了較透明及可預計的方式計

算綜援金額，並可依照當時的援助水平與「最低生活水平」的差距，作出調整金額的建議。麥法新指出兒童的綜援標準金應該依照三個年齡層分成三個級別：0-5歲、6-12歲及13-16歲，因為不同發展期的兒童有不同的基本需要。當時單身及有家庭成員的成人標準金，距離「最低水平」相差約30%至100%不等，即使長者亦相差超過20%。因此，當時的綜援金可說是嚴重地落後於整體社會的生活水平。麥法新的標準預算雖然有缺乏基層參與的限制，但卻奠定了後來與安全網相關的調查基礎。

2. 社會福利署（1996）

殖民政府其後以兩大理由拒絕麥法新的建議（黃洪，2015）：一是有關建議需要大幅提升綜援金額，對政府的公共財政造成龐大的負擔；二是由於麥法新將綜援從維持生存所需，提升至生活所需，並不符合政府持之以久的安全網精神。不過在否定建議後基於社會的壓力，港督仍在1994年度的施政報告中，提及需要檢討綜援水平（社會福利署，1996）。政府首先在1995年4月1日起，上調了單親補助金、19-21歲全日制學生的兒童標準金等。同時，政府宣佈成立專責的督導小組，全面檢討綜援的金額及其他安排。這次檢討採用了住戶開支統計調查（Household Expenditure Survey）及基本需要（Basic Needs）開支預算的混合方式，主要檢視各項金額的足夠度，以重新釐訂綜援金額的基數。社會福利署以全港非綜援住戶最低5%收入的組別作標準，參考他們的消費模式作為比較綜援家庭開支的基準，變相將綜援的生活水平維持於全港非綜援最低5%收入的住戶。至於選擇5%而不是10%或15%的原因，社署只表示這是適當的

比較對象，並無清楚理據（社會福利署，1996）。這反映社署即使願意檢討綜援水平，但不願意超出早年財政司定下的框架，要將社會援助水平壓至最低的宗旨。這樣非綜援戶最低 5% 收入的住戶開支，就等於為部分項目的開支「封頂」。

不過，社署在這原則下還是承認綜援需要考慮「足夠性」：「足夠的社會保障金額，可界定為給予受助人作為經濟資助的金額，足以讓其滿足個人基本需要的生活水平。」（1996，頁 7）這是政府首次清楚地表明綜援金額不能低於某基本生活的臨界線，可說是建立了消除絕對貧窮的道德底線（黃洪，2015），社會上不應有群體的生活低於此生存線。其次，基本生活需要是個人化的，即肯定了不同群體的差異性，例如年齡與身心障礙程度等。為此政府根據不同類別的綜援個案，區分了他們食物與非食物家庭開支的「清單」。在食物方面，社署按政府營養師的建議，評估不同年齡組別食物需要的質量，再使用統計處一直以來商品報價最低 50% 的平均零售價（類近甲類消費物價指數），以推算那些食物的開支。至於非食物的商品及服務，則由督導小組自行估計數量及使用時間，再同樣參照他們在統計處最低 50% 的平均零售價，計算出其現金值。而燃料費、電費和交通費等項目的數量，則參考非綜援最低 5% 收入組別開支模式。督導小組其後於綜援人士中抽樣，調查他們對基本需要的看法，再與推算的基本需要開支預算作比較。

社署從綜援及非綜援的住戶開支統計調查發現，除了健全成人外，綜援標準金其實高於所有類別受助人的實際開支；而除了與家人同住的健全成人外，標準金高於最低 5% 入息組別的實際開支。檢討報告更指出，除了健全成人及與家人同住的老人外，

標準金甚至高於最低 15% 入息組別的實際開支。而在基本需要開支預算中，只有健全與 50% 傷殘成人的標準金，低於基本需要開支。社署認為撇除健全成人外，標準金大致可以滿足受助人的基本需要。雖然有足夠理由提高健全成人的標準金，但社署仍假設提高他們的標準金，會削弱其工作意欲。因此，政府將單親成人、家庭照顧者及健康欠佳成人的標準金，提高至不低於基本需要開支的水平；但一般失業及低收入的成人，加幅只有前者金額的一半，並未滿足到基本生活需要，單身成人的加幅最低。至於與家人同住的長者，則稍為增加至超過基本需要的標準。

　　總的來說，社署的檢討方法隱含三個重要的事實：首先，社署認為除健全人士外，綜援標準金大都高於基本需要預算，甚至高於最低 15% 收入組別的開支。有趣的是政府並無因此下調綜援，一方面出於政治的考慮，另一方面可能是在制定基本需要調查中，採納了最低 5% 生活的部分開支模式作比較；所以在討論基本需要的項目時，剔除很多被認為基本需要的項目，例如電話、報紙、兒童活動費等。這將基本需要壓低至絕對貧窮的水平，才得出大部分綜援人士的金額較預算高的結果。更甚的是政府堅信福利水平會削弱工作動機，因此在檢討後仍容許健全成人的標準金，繼續低於基本需要預算，只是把差距拉近。其次，部分非綜援低收入戶的開支水平，可能低於綜援及基本需要預算。雖然綜援水平象徵社會的可接受最低收入水平，但政府似乎無意處理或解釋這批收入低於綜援的貧窮戶，例如什麼原因令他們的開支比基本生活水平更低。這影響了數年後政府再檢討綜援時，指綜援金高於基層工人收入的論述。第三是政府使用綜援住戶開支來考慮調整的金額，以及合理化綜援金的足夠度，有倒果為因

的可能。因為基於華人社會的文化及現實情況，一般綜援家庭不太可能持續出現入不敷出的情況；正如麥法新的研究，較大可能是他們嚴重地削減生活的質素，甚至希望能有些微儲蓄以備不時之需，這不代表綜援金足夠使用。若過於倚重實際開支與金額的比較，由於貧窮家庭的實際開支很可能低於一般家庭的基本需要，可能會產生綜援金高於基本需要的錯覺。

3. 香港社會服務聯會（2006）

及至 2005 年，新的社會經濟需要改變了不少貧窮家庭的消費模式，例如更多基層家庭將資源放在兒童的學習及活動上；在經濟衰退及就業市場重構的期間，失業及低收入個案反映了新的就業需要，例如交通費、電話費的增加；人口老化致令長者的需要趨向更多元化。再加上 1999 年和 2003 年兩次削減綜援，令社會福利界懷疑綜援的安全網功能已被削弱。因此不少基層團體開始向社署施壓，要求重新制定 1996 年的基本生活需要預算，以確保綜援的足夠性。不過，礙於財政及福利觀的考慮，社署一直拒絕再進行新的預算檢討。因此，香港社會服務聯會委託黃洪進行《香港基本生活需要研究》（2006），為檢討綜援金引入更科學、一致的方法，倡議更合理的機制訂定金額及調整水平。黃洪結合了規範性及共識取向，基於「共識與參與」及「基本但可以參與常規社會生活」兩個原則，透過焦點小組等方法，收集了專家、中產人士、綜援與非綜援基層的意見；並參考 1996 年社署的模式，根據不同生命歷程、健康條件及就業狀況，訂立不同的每月基本需要預算，以此倡議新的綜援標準金額。研究發現，在學兒童及青年、健全成人的標準金，距離基本生活需要預算最

大。但考慮到提高標準金的財政壓力，研究最後建議一個溫和的增幅，主要提升在學人士的標準金，以及讓健全成人可通過工作保留更多收入，取代直接增加其標準金。不過，由於社署並無意圖檢討綜援的基本需要，即使政府在 2007 年減赤後，依然未有接納社聯及基層團體的建議。

直至目前，社署仍沿用 1996 年檢討後的一籃子貨物與服務，作為標準金的基礎。明顯地綜援未能滿足新的需要，其足夠性不斷被削弱。除了一直以來奉行的理財及福利哲學外，特區政府不願意進行新的綜援檢討，很可能是它深知綜援金滯後於社會發展，檢討後必然帶來上調的壓力，這引申出兩個問題：首先是政府宣稱的綜援財政可持續性。雖然近年綜援個案有所遞減，而健全個案更急速下降，檢討綜援卻意味增加經常開支，但人口高齡化、金融市場下的經濟不穩定，加上特區政府拒絕改革稅制及公共財政的結構，主動地放棄其應有的財政能力及責任，導致綜援的足夠性水平仍停滯於 1996 年。其次，改善綜援水平對市場工資構成壓力。在 2000 年後基層工資普遍下跌，「福利依賴」的指控更日益增加。同時，重訂綜援的基本生活需要線，將官方地反映基層工資未能滿足基本需要，增加政府及商界的壓力。即使最低工資在 2011 年設立，政府亦只為防止工資過低，並沒有考慮基本生活需要。重訂基本生活預算及提升綜援的足夠度，可能增加社會要求檢討最低工資的聲音，威脅勞動力密集僱主的利益。這些經濟及財政的因素，都阻礙了改善綜援金的可能。

二、綜援金額的構成

　　殖民政府在 1993 年整合公援制度及其他補助金，將新的「綜援金」分成三類援助金：標準金、補助金及特別津貼。1996 年的綜援檢討報告，除了建議增加健全成人及與家人同住長者的標準金外，亦提出簡化長期補助金、設立劃一的特別津貼及新增老人特別津貼。但在 1998 年的綜援檢討後，政府剝奪了健全人士使用補助金及特別津貼的資格，但就新增一些補助金予特別人士。整體來說，綜援金的結構從 1993 年起沿用至今，撤除個別的項目，綜援金的分類基本上沒有太大的變化。

（一）標準金

　　標準金為每月定額發放的援助金，主要滿足衣、食、行等基本生活需要。它的計算類似於綜援的資產審查（表 4.1），首先區分家庭中的特別人士，包括長者、健康欠佳及傷殘人士，然後再根據他們的家庭類別（即單身或有家庭成員）及健康程度，決定他們個人的標準金額。一般來說，身體狀況分成三級：殘疾 50%、100% 及需經常護理，殘疾程度與金額成正比；單身人士因為沒有經濟規模效益（economies of scale），家庭成員的平均生活成本則較低，例如使用電燈及購買食物時，數量較少的使用相對昂貴，故單身個案的人均金額較有家庭成員者高；傷殘兒童的金額較傷殘成人高，而傷殘成人的金額則與長者金額一樣。健全人士的計算則較複雜，首先要掌握撤除特別人士後，家庭健全成員的數目，家庭成員愈多人均金額愈低。確定人數後，按不同成員的身份決定金額：兒童最高、家庭照顧者次之、其他成人最

低。兒童的定義為 0－15 歲，以及 15－21 歲就讀於中學或以下學歷的全日制學生；每家庭只有一位家庭照顧者，其他成人指就業、輟學、失業的 15 歲以上成人，他們需要參加自力更生計劃。

表 4.1　綜援標準金額計算

	單身人士（元）	有家庭成員（元）
60 歲以上的長者		
健全／殘疾程度達 50%	3,340	3,150
殘疾程度達 100%	4,040	3,575
需要經常護理	5,690	5,220
60 歲以下健康欠佳／殘疾的成人		
健康欠佳／殘疾程度達 50%	3,340	3,150
殘疾程度達 100%	4,040	3,575
需要經常護理	5,690	5,220
殘疾兒童		
殘疾程度達 50%	3,760	3,280
殘疾程度達 100%	4,460	3,990
需要經常護理	6,095	5,630

	單身人士	有不超過 2 名健全成人／兒童的家庭	有 3 名健全成人／兒童的家庭	有 4 名或以上健全成人／兒童的家庭
60 歲以下的健全成人				
單親人士／須照顧家庭人士	-	2,560	2,310	2,050
其他健全成人	2,355	2,100	1,895	1,690
健全兒童	2,830	2,345	2,105	1,880

資料來源：社會福利署 2016 年 10 月 [1]

（二）補助金

補助金主要是定期定額的援助金，它主要分成五類：長期個案補助金、單親補助金、社區生活補助金、交通補助金、院舍照顧補助金。1998 年後除單親補助金外，補助金的主要對象為健康欠佳、殘疾及年老使用者（表 4.2）。

表 4.2　補助金的種類

補助金	對象	用途	金額及發放方式
長期個案補助金	健康欠佳、殘疾人士及年老使用者	更換家居用品及耐用品之用	連續領綜援 12 個月以上，按合資格成員數目，每年發放一次： 1 名合資格成員—2,090 元 2 名或以上—4,185 元
單親補助金	單親家庭	減輕單親人士獨力照顧家庭的困難	每月 330 元
社區生活補助金	非居於院舍的健康欠佳、殘疾及年老使用者	增加留在社區生活的有利條件	每月 315 元
交通補助金	12－64 歲 100% 殘疾人士及需經常護理者	鼓勵更多社交參與，促進社會融入	每月 265 元
院舍照顧補助金	居於院舍的健康欠佳、殘疾及年老使用者	減輕院費負擔	每月 315 元

資料來源：同上，社署綜援指引，2016 年 10 月

　　長期個案補助金在 1978 年引入，為給予綜援家庭每年一次更換折舊的家居及耐用品，例如較昂貴的雪櫃、洗衣機等，本應是無分個案類別的；但 1998 年的綜援檢討為要壓低健全家庭的綜援金，強行將健全家庭排除於補助金外。至於社區生活補助金，則是在 2004 年一名四肢癱瘓的受助人要求安樂死後，引起了廣泛關注社區內殘疾人士的生活需要，政府因而增設的。其後政府先後把不同的生活補助金看齊，於 2012 年起整合及擴闊補助金的對象至長者、50% 殘疾及院舍人士。交通補助金則於 2008 年引入，當時正值社會爭取殘疾交通半費（後來成功爭取，但仍獲保留）。

（三）特別津貼

　　特別津貼的目的在於補助不包括於標準金在內的特定開支，

自 1993 年易名行政整合為「綜援」後，特別津貼在行政上以三種方式發放：全數實報實銷、具上限的實報實銷或劃一金額發放；時間上可分成定期或一次性發放。在 1996 年的綜援檢討，政府提高了租金津貼及訂定調整的方式，同時增設長者的「康樂及社交活動津貼」與「農曆新年津貼」，每年發放一次，其後於 1998 年納入長者的標準金；同時社署設立劃一化的定額就學津貼，讓絕大部分的使用者都可領不少於實報實銷的金額，免卻不必要的行政手續。不過，部分特別津貼在 1998 年綜援檢討後，拒絕了健全人士使用，迫使他們需要在標準金中支付那些開支。表 4.3 是目前特別津貼的分類。

表 4.3 特別津貼的構成

名稱	對象	用途	金額及發放方式
租金津貼	所有綜援家庭	租住公屋或私人單位、劏房等合法住所，公屋戶由社署直接過賬予房署。居於自住物業的特別人士，可以租金津貼支付管理費。	每月具實報實銷，上限按合資格人數而定： 1 人—1,735 元 2 人—3,490 元 3 人—4,560 元 4 人—4,850 元 5 人—4,865 元 6 人或以上—6,080 元
水費及排污費津貼	所有綜援家庭	支付水費	按共用水錶的人數，乘以每人可獲金額 1 人—無 2 人—8.7 元 3 人—12 元 4 人—14 元 5 人—16.2 元 6 人—18.2 元 7 人—20.2 元 8 人—21.8 元 9 人—22.9 元 10 人或以上—23.9 元

名稱	對象	用途	金額及發放方式
照顧幼兒津貼	所有綜援家庭	給予有特殊理由需要支付照顧兒童的費用，例如就業、患病或其他原因 1. 幼兒中心費用津貼	0－2 歲—每月最高 6,985 元 2－3 歲—每月最高 5,426 元
		2. 暫託幼兒服務	實報實銷
就學開支津貼	所有綜援家庭	1. 學費津貼 一般學費實報實銷，幼稚園學費津貼上限按上學時間。除非家長有特殊理由，如疾病、就業等，基本上以半日制為多。	全日制幼稚園—每年 48,600 元 半日制幼稚園—每年 31,400 元
		2. 學生膳食津貼 津貼全日制學生在外用膳。一般每月以 22 個上學天計算，暑假不會發放。	每月定額 275 元
		3. 往返學校交通費	實報實銷，以最廉宜的路線及交通工具計算
		4. 中學文憑試考試費	實報實銷
		5. 大學聯招報名費	實報實銷
		6. 與就學有關的定額津貼 每學年開始前發放定額的津貼，以應付如課本、文具、校服、雜項及一筆過小額開支。	按就學階段，如實際開支超過定額，社署可酌情額外發放： 幼兒中心— 1,650 元 幼稚園— 3,770 元 小學— 5,090 元 初中— 6,775 元 高中、工業及商科學院 — 6,000 元
殮葬費津貼	所有綜援家庭	如題	實報實銷，上限為 14,500 元
租金按金津貼	健康欠佳、傷殘及年老使用者	如題	實報實銷，上限為租金津貼的兩倍，即兩個月租金的等值
水、電、媒氣／石油氣按金	居於公屋的健康欠佳、傷殘及年老使用者	如題	實報實銷

名稱	對象	用途	金額及發放方式
搬遷津貼	健康欠佳、傷殘及年老使用者	包括基本搬遷費、裝修費及家居費	視乎合資格成員數目及入住的房屋類型： 公屋或中轉屋 4,862－18,659 元 私人房屋 1,616－4,439 元 長者屋 單身—4,862 元 夫婦—11,229 元 安老院及殘疾院舍 808 元
電話安裝費津貼	健康欠佳、傷殘及年老使用者	由於綜援標準金不包括電話費，故津貼發放給需要獨立電話的申請人	實報實銷
電話費津貼	健康欠佳、傷殘及年老使用者	租用住宅固網電話或手提電話基本月費，申請者需有充分理由	實報實銷
平安鐘津貼	長者	如題	一次性安裝—2,500 元 每月費用—每月最高 100 元
更換家居電線費用津貼	健康欠佳、傷殘及年老使用者	如題	實報實銷
往返醫院／診所交通費津貼	健康欠佳、傷殘及年老使用者	如題	實報實銷，以最廉宜的路線及交通工具計算
特別膳食津貼	由公立醫院醫生推薦	高額： 用以津貼患貧血、惡性腫瘤、糖尿病、結核病（在治療中）的病人，或需要進食流質食物、處於手術後休養期及造口病人。 低額： 用以津貼患肝病、腎病、播散紅斑狼瘡或需進食適合潰瘍食物的病人。	每月定額 1,050 元 每月定額 555 元

名稱	對象	用途	金額及發放方式
醫療及康復等用品津貼	由醫療人員推薦	支付如輪椅、助聽器、造口袋、紙尿片等費用	實報實銷
眼鏡費	健康欠佳、傷殘及年老使用者；1999年檢討綜援後，學童被排除在外。經不停爭取後，學童亦可獲酌情審批。	如題	實報實銷，上限500元，特殊個案可得較高金額；一般24個月內只發放一次
牙科治療津貼	健康欠佳、傷殘及年老使用者	支付脫牙、假牙、牙冠、牙橋、刮除牙石、鑲補及根管治療費用	具上限實報實銷，需要先向社署申請及報價
特別護理費津貼	一般為需經常護理者，需有醫療證明及社工推薦	支付聘請照顧服務的費用	實報實銷
入住院舍的相關費用	居於院舍的使用者	支持入院前身體檢查費及每年檢查費	具上限實報實銷
居於社區的生活費用	健康欠佳、傷殘及年老使用者	支付以下費用 1. 家務助理／家居照顧服務費 2. 指定康復中心及殘疾地區中心的物理／職業治療服務 3. 社區支援服務及改善家居及社區照顧服務	實報實銷

資料來源：同上，社署綜援指引，2016年10月

　　除了標準金、補助金及特別津貼外，社署會發放「綜援受助人醫療費用豁免證明書」，以令綜援人士可以免費使用公立醫療

服務。由於標準金只是應付衣食行的基本開支，故綜援家庭每月的支出，必須依靠補助金及特別津貼才能維持生活。整體的綜援金雖自 1996 年有所增長，但 1999 年的綜援檢討卻收縮了補助金及特別津貼的覆蓋面。

　　總括而言，從以上三類的援助金可見，不同狀況的家庭組合，其每月的綜援金額差異性很高。明顯地健全家庭的金額，遠低於有特別人士的家庭。這主要是因為長者及殘疾人士的較高標準金，變相吸收了高齡津貼及傷殘津貼，因此綜援人士並不能同時使用其他公共福利金，即所謂的「雙重福利」。反觀健全成人的金額自 1996 年起，已經落後於基本生活需要，因而綜援能否滿足所有類別個案的新需要，這仍是很大的疑問。從表 4.4，可見自 2006－2015 年每年的家庭平均綜援金額。由於這是估算數字，包含了綜援家庭平均最高可以領取的金額，即其「認可需要」，例如租金津貼就以最高上限計算。以「認可需要」估算平均金額，在統計上很大機會高估了綜援戶實際領取的金額，更不能反映健全家庭的平均綜援金。每當社署公佈有關數字時，總會令人產生錯覺，凡是綜援家庭皆可享有此水平的生活。其實一般健全家庭的每月實質金額，都低於這平均金額；況且只有標準金才是可動用收入（disposable income），健全人士的綜援金經常被高估，加深社會對綜援人士的偏見。其實綜援金額在過去二十年中，曾經歷數次大幅的削減、年度的調整，社署調整金額的原則及方式，都影響着綜援的足夠性。

表 4.4　2006－2015 年按家庭人數劃分的每月平均認可綜援金額（非實際平均金額）

合資格家庭成員人數	2006	2007	2008	2009	2010	2011	2012	2013	2014	2015
1	3,468	3,539	3,706	3,874	3,947	4,163	4,531	4,848	5,045	5,399
2	5,786	5,897	6,065	6,357	6,343	6,618	7,257	7,645	7,984	8,560
3	7,753	7,914	8,048	8,409	8,373	8,772	9,488	9,975	10,450	11,307
4	9,118	9,344	9,480	9,920	9,878	10,371	11,242	11,817	12,438	13,401
5	10,825	11,092	11,165	11,660	11,588	12,172	13,143	13,772	14,453	15,521
6 或以上	13,534	13,883	13,900	14,501	14,400	15,127	16,282	16,943	17,681	19,101

資料來源：政府統計處，2015

三、社會援助物價指數、調整機制及增減綜援

在訂定綜援金的「基數」後，社會福利署是依據另一獨立的系統按年調整金額的。綜援標準金、高齡津貼及傷殘津貼，一般都在每年 2 月按照社會援助物價指數（社援指數）調整。社援指數是調整綜援金最重要的機制，它最主要的目標是維持綜援的實質購買力。社援指數是每月計算的，它主要由三部分構成：（一）指數涵蓋的一籃子貨品服務；（二）權數系統；（三）個別貨品服務的平均每月價格。綜援標準金主要按指數變動每年調整一次，而權數系統則每五年修訂一次，這又分成兩個步驟：住戶開支調查及重訂權數。首先，社援指數於 1972 年引入，當時只是參照一般低開支住戶的消費物價指數編訂，以此調整公援的基本金。

直至 1974/75 年度，統計處聯合社署制定住戶開支統計調查，開始將公援住戶納入調查中，設立計算指數的權數系統（政府統計處，2016a），並以當時既定的金額作為基數調整援助金。這是因為一般的消費物價指數（如綜合、甲類等），將最低及最高 10% 收入的群體與綜援戶排除，並不能反映綜援住戶的消費習慣。自此政府每五年進行一次住戶開支調查，有助於令援助金更能貼近綜援住戶的開支模式，令調整機制更準確地維持購買力。每當完成新一次的開支調查後，政府就會重訂權數（rebasing）（Social Welfare Department, 2016），即根據調查顯示各種商品服務的相對比重，為社援指數中的一籃子貨品重新加權（weighting）。這使綜援戶主要消費品的價格變動，可以更有效地投射到社援指數中。目前由於缺乏新的「基本需要預算調查」，綜援的調整只受按年通脹或通縮的影響，金額的變化只是反映基層消費價格變動，並無任何檢討或改善綜援的成分。

（一）社援指數的構成、綜援戶開支模式及權數系統

目前社援指數主要覆蓋綜援戶消費的各項貨品服務，但由於部分項目從特別津貼實報實銷，或由政府免費提供，所以它們被排除在指數外（表 4.5）。政府每年根據社援指數調整標準金，而特別津貼等則參考其他計算方式，例如甲類消費物價指數。其中童裝毛衫冷衫、鞋襪，只有約一半的比重計算在社援指數之內。社署認為在實際上難以分辨綜援兒童的衣物，是否僅僅屬於上學需要，又因為就學的開支已納入特別津貼的計算中，所以指數只包含一半的童裝鞋襪。

表 4.5 不包括在社援指數內的貨品與服務

類別	項目
住屋	房屋及所有有關費用（包括租金、差餉、地租、管理費、保養及維修費用）
電力、燃氣及水	水費及排污費
衣履	—夏季及冬季校服 —其他校服配件 —童裝毛衫、冷衫 —童裝鞋襪
耐用品	—書包 —計算機
雜項物品	—醫療用品及設備 —參考書及字典（包括電子書） —教科書（包括幼兒園至中學、毅進文憑課程、工藝程度及技術員程度）及電子教科書 —與就學用途有關的文具
交通	—交通接送服務
雜項服務	—學費（包括幼兒園至中學、毅進文憑課程、工藝程度及技術員程度） —考試費（有學術性）及其他教育服務費 —醫管局及衛生署的醫療服務費 —相當於長者醫療券支付的醫療服務費用 —幼兒照顧服務及護老服務（例如綜合家居照顧服務及陪診服務） —殮葬服務費 —學生相及影印費用 —平安鐘服務費

資料來源：政府統計處，2016a

在撤除以上項目後，社援指數就反映着標準金所給付的一籃子貨品、權重及價格變動。前文提及社署每五年重訂權數系統時，必須進行綜援住戶開支調查，其目的在於了解綜援家庭實際的開支模式，嘗試增強調整機制對綜援人士生活的敏感度。從表 4.6 可見，綜援單身人士與非單身的家庭住戶的開支模式有所分別，主要體現於三方面的開支：外出膳食、住屋、雜項物品及服

務。單身個案主要由長者構成，由於未能享受經濟規模，購買食物的相對成本較高，因此他們的外出膳食比例較高；反而家庭住戶外出用膳相對成本非常高，因此他們留家用膳的比例較高。整體上單身人士在食物的開支比例稍高於家庭住戶。同樣，單身人士住屋的開支比例，亦明顯高於家庭住戶。雖然單身與家庭個案的雜項物品開支比例接近，但單身人士主要用於藥物，而家庭住戶則用於書籍。由於單身及家庭個案的開支比例有所不同，社署需要使用所有綜援人士的平均開支比例，作進一步的加權統計。

表 4.6 按綜援單身及家庭成員每月商品服務的平均開支及比重

主要商品／服務	平均每月開支（2014 年 10 月－2015 年 9 月價格）								
	單身人士			家庭成員			所有綜援人士		
	元	%	%	元	%	%	元	%	%
食物	2,062	100	(47)	1,502	100	(43)	1,670	100	(45)
外出膳食	*1,043*	*51*	*(34)*	*592*	*39*	*(17)*	*727*	*44*	*(19)*
港式茶餐廳	368	18		172	11		231	14	
快餐店	309	15		163	11		207	12	
中式酒樓	220	11		100	7		136	8	
學校供餐	1	#		46	3		32	2	
其他	144	7		110	7		120	7	
食品（非外出用膳）	*1,018*	*49*	*(23)*	*911*	*61*	*(26)*	*943*	*56*	*(25)*
蔬菜	160	8		134	9		142	9	
魚類	168	8		133	9		143	9	
豬肉	133	6		136	9		135	8	
水果	79	4		57	4		64	4	
其他	480	23		450	30		459	27	
住屋	1,224	100	(28)	751	100	(22)	893	100	(24)
租金（連差餉地租）	1,212	99		740	98		881	99	
其他	12	1		12	2		12	1	
電、媒氣及水費	230	100	(5)	205	100	(6)	212	100	(6)
電力	142	62		121	59		127	60	
媒氣	40	18		49	24		47	22	
水費及排污費	18	8		22	11		21	10	
石油氣及其他燃料	30	13		13	6		18	9	

主要商品／服務	平均每月開支（2014 年 10 月－2015 年 9 月價格）								
	單身人士			家庭成員			所有綜援人士		
	元	%	%	元	%	%	元	%	%
煙酒	68	100	(2)	23	100	(1)	36	100	(1)
香煙	63	92		16	72		30	83	
啤酒	3	5		4	16		3	10	
其他	2	3		3	12		3	7	
衣履	74	100	(2)	107	100	(3)	97	100	(3)
男／女外衣	43	58		31	29		35	36	
男／女裝鞋	21	28		20	19		21	21	
童裝外衣	1	2		22	21		16	16	
童裝及嬰兒鞋	#	#		15	15		11	11	
其他	9	12		18	17		15	16	
耐用品	51	100	(1)	67	100	(2)	62	100	(2)
家庭電器	25	49		29	44		28	45	
資訊科技與通訊設備	11	21		12	18		12	19	
手提與智能電話	8	16		6	8		6	10	
個人電腦	#	1		5	8		4	6	
其他	2	4		2	2		2	3	
家具	3	5		7	11		6	10	
影音器材	5	10		5	7		5	8	
鐘錶、相機及光學用品	2	4		2	3		2	3	
其他	6	12		12	17		10	16	
雜項物品	287	100	(7)	305	100	(9)	300	100	(8)
藥物	147	51		85	28		103	34	
化妝及個人護理用品	64	22		71	23		68	23	
書籍	2	1		76	25		54	18	
家居清潔用具及用品	24	8		16	5		18	6	
報紙	23	8		11	4		15	5	
文具	1	#		19	6		13	4	
檯布、窗簾、床單、被褥等	3	1		9	3		7	2	
其他	24	8		20	6		21	7	
交通	111	100	(3)	150	100	(4)	138	100	(4)
地下鐵路車費	40	36		51	34		47	34	
巴士車費	29	26		37	24		34	25	
小巴車費	15	13		27	18		24	17	
校巴／保姆車	1	#		17	11		12	9	
的士車費	18	16		5	3		9	7	
進出境交通費	5	4		8	6		7	5	
其他	4	3		5	3		4	3	

主要商品／服務	平均每月開支（2014 年 10 月－2015 年 9 月價格）								
	單身人士			家庭成員			所有綜援人士		
	元	%	%	元	%	%	元	%	%
雜項服務	303	100	(7)	353	100	(10)	338	100	(9)
資訊及通訊服務	156	51		127	36		136	40	
電話服務	*102*	*34*		*77*	*22*		*84*	*25*	
網絡服務	*14*	*5*		*28*	*8*		*24*	*7*	
其他	*40*	*13*		*22*	*6*		*28*	*8*	
學費／其他教育費用	10	3		137	39		99	29	
醫療服務	79	26		69	20		72	21	
中醫	*54*	*18*		*24*	*7*		*33*	*10*	
門診／住院服務	*20*	*7*		*33*	*9*		*29*	*9*	
牙科服務	*3*	*1*		*11*	*3*		*8*	*2*	
其他	*2*	*1*		*3*	*1*		*2*	*1*	
理髮	13	4		7	2		8	3	
其他	45	15		14	4		23	7	
所有項目	4,411	(100)		3,463	(100)		3,747	(100)	

資料來源：Social Welfare Department, 2016

註（1）：括號內數字為各項商品或服務在總開支佔的比重

註（2）：# 代表低於 0.5

從表 4.7 看到不同年度社援指數的權數系統，在 2014/15 年度的指數中，超過六成的比重為食物開支，其次是雜項服務及物品，以及水電媒的費用。整體來説，二十多年間社援指數最大的變化為食品的比例，從 1989/90 年度佔 72% 到 2014/15 年佔 63.3%，這主要由於非外出用膳的比例下降；反而水電媒的比重則一直上升。兩類開支的比例明顯呈相反的趨勢：食品開支先跌後升；衣履、耐用品、雜項服務及物品、交通等，則先升後跌。根據恩格爾曲線的假設，家庭住戶食物開支比例愈高，則其貧窮程度愈高（黃洪，2015）。由於一般食物需要是有限度的，當他們對食物的邊際消費仍有增加的空間（即每增加一定收入隨之帶動食物開支的增加），那代表他們仍身處於貧窮的狀態；這情況

表 4.7 1989/90 − 2014/15 年度的社援指數開支權數

商品或服務類別	1989/90 (%)	1994/95 (%)	1999/2000 (%)	2004/05 (%)	2009/10 (%)	2014/15 (%)
食品	72.0 (56.8)	69.1 (47.5)	56.12 (39.15)	55.26 (36.78)	61.05 (42.04)	63.43 (44.56)
外出用膳	不適用	25.6 (17.6)	20.31 (14.17)	19.11 (12.72)	22.26 (15.33)	27.61 (19.40)
食品 (不包括外出用膳)	不適用	43.5 (29.9)	35.81 (24.98)	36.15 (24.06)	38.79 (26.71)	35.82 (25.17)
住屋	─ (─)	─ (─)	─ (─)	─ (─)	─ (─)	─ (─)
電力、燃氣及水	5.1 (4.0)	7.5 (5.1)	6.05 (4.22)	8.07 (5.37)	7.89 (5.43)	7.29 (5.12)
煙酒	4.1 (3.2)	3.6 (2.5)	3.09 (2.16)	2.59 (1.72)	1.86 (1.28)	1.38 (0.97)
衣履	3.3 (2.6)	3.5 (2.4)	4.83 (3.37)	4.50 (3.00)	3.98 (2.74)	3.31 (2.33)
耐用物品	1.5 (1.2)	1.9 (1.3)	3.54 (2.46)	3.03 (2.02)	2.69 (1.85)	2.28 (1.60)
雜項物品	7.1 (5.6)	7.0 (4.8)	9.05 (6.32)	9.12 (6.07)	7.24 (4.99)	8.02 (5.63)
交通	3.1 (2.4)	3.9 (2.6)	5.69 (3.97)	6.55 (4.36)	5.43 (3.74)	4.78 (3.36)
雜項服務	3.8 (3.0)	3.5 (2.4)	11.63 (8.11)	10.88 (7.24)	9.86 (6.79)	9.51 (6.67)
所有社援指數內的商品或服務項目	100.00 (78.8)	100.00 (68.6)	100.00 (69.76)	100.00 (66.57)	100.00 (68.87)	100.00 (70.24)
所有不包括在社援指數內的商品或服務項目	(21.2)	(31.4)	(30.24)	(33.43)	(31.13)	(29.76)
所有商品或服務類別	(100.00)	(100.00)	(100.00)	(100.00)	(100.00)	(100.00)

資料來源：統計處不同年份的社會保障助物價指數

註 (1)：四捨五入，數字未必符合總和

註 (2)：括號內數字為各項商品或服務在總開支佔的比重

直至其食物的邊際消費開始下降，才象徵貧窮家庭的生活質素有所改善，能投放更多金錢在其他項目上。因此，綜援家庭食物開支比重的變化，可作為評估其生活質素的參考。

政府在 1993 年起，將公援跟其他補助金合併為綜援，並陸續增加一些援助金額，因此社援指數的食品比重在 1994/95 年度較 1989/90 輕微下降。及至 1996 年完成基本需要預算等後，綜援金有實質性的提高；同時食物比例在 1999/00 年度大幅下跌至 56%。不過在兩次削減綜援後，社援指數的食物比重仍輕微下降，這可能是因為當時通縮的影響仍在，而食物價格並未急速上漲；再加上當時綜援群體中有較多的健全及兒童家庭，因此他們有較多非食物的支出，例如交通、學習等。但 2009/10 年度後，隨着食物價格暴升，再加上健全個案不斷減少，這令綜援戶的開支模式再次改變。雖然目前的食品開支相比九十年代仍有一段距離，但它佔社援物價指數項目的比重已超過 60%；有論者指出綜援受助人的恩格爾系數，不應超過 60%，以確保綜援人士的全人發展（莫泰基，1998）。

（二）預估與追補、制度性調整及一次性紓困

政府每年按社援指數調整標準金，自 1989 年起根據下一年度指數的升幅（通脹率）作預測。社署透過預估機制，在 1997/98 及 1998/99 年度分別上調綜援金 6.5% 及 4.8%；但由於不能預測的經濟衰退，這兩個年度出現通縮，因而令社援指數分別錄得＋5% 及－0.2% 的變動，最後預估機制的調整較實際社援指數共高出 6.5%。自 1999/00 年度起，社署首先凍結了綜援金的增幅，並轉而根據上年實際物價變化作追補。當時政府承諾訂定內部程序

以監察社援指數，以及每半年覆檢指數的移動。之後政府於 2005 年引入每年調整周期，其後於每年 10 月底結算，因應過去十二個月社援指數的變動制定新的金額，再交予立法會財務委員會於 12 月通過，新的金額一般於翌年 2 月實施。在通縮時期，追補的方法或可以減少高估指數帶來的誤差，以及免除追減綜援的需要。雖說預估與追補兩種方式各有長短，但由於通脹的時間一般較通縮長，所以後者形成標準金長期滯後於物價變動。

其實社署除了根據指數追補標準金外，在 1996 年後曾進行多次非常規化的增減，對近年綜援金的發展有更深遠的影響。簡單來說，這些增減可分成兩種方式：制度性增減及一次性紓困。

制度性增減包括三次的金額調整，均是政府根據現行制度而作出，或對綜援金產生長期的影響。第一次是 1998/99 年度的「針對性削減」。在 1999 年的綜援檢討中，社署將 3 人、4 人或以上健全家庭的標準金，分別削減 10% 及 20%，理由是當時的工資增長較綜援金調整慢，例如 4 人家庭的綜援金較基層工人的薪金高，所以減低了窮人的工作動機而構成所謂的福利依賴。除了單親補助金外，健全家庭失去所有補助金及很多特別津貼，例如眼鏡、搬遷及牙科津貼等。因此，健全個案在 1999 年後只能運用標準金應付不同的特別需要，唯有壓縮衣食行的基本需要，這進一步脫離了 1996 年時訂立的基本需要預算標準。這次「針對性削減」，並不是一次性或短暫性的檢討，而是作為整個福利改革的政策工具（見本書第五章），永久性地壓低健全綜援家庭的生活水平，以配合整個勞動市場的改革，更進一步拉闊特別與健全人士的基本生活差距，削弱了安全網的功能。

第二次制度性削減是 2003 及 2004 年的「按指數累減」。在

1999/00 年度政府凍結綜援金調整後，社援指數以 1999/00 年為基數，直至 2003 年 2 月錄得 11.1% 的累積跌幅。社署在 2003 年 2 月發表「社會保障制度的未來路向」，宣佈行政會議已通過削減綜援，於 2003 年 6 月劃一削減健全個人 11.1%，長者及傷殘個案則分兩年分別削減 6% 及 5.4%。至於特別津貼，其中租金津貼及就學津貼分別削減 15.8% 及 7.7%。雖然社署聲稱根據社援指數下調綜援，目的是維持綜援實質購買力，但考慮到調整機制滯後於物價的變動，以及健全成人及兒童在 1999 年已經歷大幅度的削減，按指數累減對他們的生活帶來全面的威脅。

　　第三次制度性調整，卻是「選擇性的增加」。政府在毫無預兆下，財政司突然於 2011/12 年度的財政預算案中宣佈，加強支援綜援長者、殘疾和健康欠佳人士，包括提高 60 歲以下傷殘成人的標準金約 10%－20%，與長者看齊；增加超過一倍的社區生活補助金，並擴展資格至長者及一般傷殘人士。是次標準金及補助金的上調充滿偶然性，並不像先前的調整設有諮詢檢討或研究調查等，只是在財政預算案中輕輕帶過，亦沒有提出充分的理據。這當然是因為增加殘疾及長者的綜援金額，在政治上相對是受歡迎的舉措。這同時反映政府在金融海嘯的經濟復甦後，其實有能力負擔提高標準金的社會開支。政府拒絕新一輪的基本需要調查，選擇性地「寬待」特別人士，從制度上提高他們的實質購買力，卻容許健全成人及兒童的綜援金持續未能滿足基本需要。

　　撇開制度性調整，政府自 2007 年起不斷使用一次性的策略，「紓解」在經濟復甦後出於不同原因的急劇通脹，以及回應日益嚴重及備受關注的貧窮問題。在 2007/08 年度的財政預算案中，財政司首次提出向所有綜援、高齡及傷殘津貼使用者，分

別發放額外一個月的標準金及公共福利金。面對不受控的通脹，政府在 2008 年更先後在 6 月及 9 月兩次發放額外標準金，以及絕無僅有地在 8 月再次按社援指數上調標準金 4.4%。2009 年的財政預算案雖然並沒有提及紓困措施，但財政司出於社會壓力，最後仍在 5 月宣佈額外發放援助金，以減輕金融海嘯對基層的衝擊。社援指數曾在 2010 年出現短暫的回落，政府則凍結了標準金的調整。在其後的數個財政年度，財政司都以同樣的方式發放額外援助金。政府亦在 2015 年的財政預算案中，再次建議發放兩個月的標準金及公共福利金。

表 4.8 非恆常調整綜援的政策及措施

方式		年份	對象	內容
制度性調整	針對性削減	1999	健全家庭	綜援檢討：工作福利改革削減 3 人或以上標準金；取消補助金及多項特別津貼資格
	按指數累減	2003－04	所有住戶	社援物價指數累積跌幅 11.1%，以及削減特別津貼
	選擇性增加	2011	綜援長者及傷殘成人	財政預算案提高傷殘成人標準金 10%－20% 及放寬補助金予長者及 50% 傷殘人士
一次性紓困	發放額外款項	一個月標準金：2007，2009－2014，2016 兩個月標準金：2008，2015	所有住戶	財政預算案及財政司決定，紓緩通脹及經濟不穩定的影響
	一年雙增	2008	所有住戶	政府在 2008 年 8 月，破例再次按指數上調 4.4%

表 4.8 總結了近年非恆常化、沒有依據社援指數的調整，政府在削減時傾向以制度性的方式，而增加則以一次性的策略執

行。除了社援指數的年度變更，近年較大規模的綜援金調整及發放，似乎是受特定的政治經濟條件及社會壓力影響，並非基於新的研究結果而作出的決定，亦沒有經過廣泛社會諮詢。這帶來兩大問題：第一，調整機制充滿偶然性及隨意性。一次性紓困措施的條件是該年政府的財政狀況，並非根據政策規劃而選擇介入，不能確保援助金的足夠性。當然這或可理解成政府在拒絕檢討綜援金及進行基本預算調查後的補償，但因為沒有研究調查指導調整，難以評估政策的工具多大程度可以改善綜援人士的生活，令整個制度愈益脫離維持基本生活的目標。第二，由於缺乏充分的公共參與及討論諮詢，財政官僚的政治經濟考慮凌駕於其他社會價值，貧窮及綜援人士的聲音易受忽略。而非制度化的額外金額發放，更被認為等同胡亂「派錢」，容易強化既有的標籤，例如「綜援出雙糧」的污名，更催生因資源分配不均造成的社會分化。

（三）租金津貼與超租差距

　　租金佔綜援戶開支平均 25%，但租金津貼（「租津」）的釐訂及調整機制，有別於標準金的社援指數。「租津」是給予綜援住戶的特別津貼，以支付住屋的費用；金額為實際支付的租金或特定的最高上限，以較低者為準。目前綜援公屋租戶的租金，由社署透過轉賬方式，直接向房署繳付；私樓的租金主要根據租約所定的租金，每月以現金方式給付。

　　在 1996 年前，政府將「租津」的上限定於公屋租金最高限額的 150% 水平，當時雖仍能為大部分私樓租戶支付實際租金，綜援檢討報告認為這安排只是出於行政方便，並無任何理據及邏輯（社會福利署，1996）。況且當時已預視到當私樓租金上升速度遠

高於公屋，「租津」將未能支付租金的升幅。因此，社署就「租津」的覆蓋率進行分析，發現「租津」可以全數支付近乎所有公屋租戶的租金；至於不同家庭人數的私樓租戶，約90%家庭的租金水平相對接近，只有最高約10%住戶的租金明顯地超出「租津」上限，他們可能是新領綜援戶，並未搬到更便宜的住所。社署繼而針對私樓「租津」，訂立了較清晰及合理的原則：「九成綜援家庭實際繳交的租金，可作為釐訂租金津貼最高額的合理基準。」（頁50）調查報告認為政府需要每年檢討「租津」的最高上限，以評估「租津」是否可為90%的綜援私樓租戶支付租金。其後社署依此提升了不同住戶人數的「租津」上限，再按年調整以維持「租津」的購買力。目前「租津」上限的調整，主要是參考甲類消費物價指數中，私人房屋租金指數的變動。租金指數由統計處按月編製，覆蓋了全港家庭總數50%開支較低的非綜援家庭，以量度私營房屋租金走勢。社署自2003年下調租金津貼後，一直以指數為理由，凍結租金津貼至2012年，才開始提高「租津」上限。

從表4.9可見近年綜援住戶的住屋類別，以公屋及私樓為多，剩下的為院舍或其他合法住宅。由於部分公屋或私樓的住戶為業主（特別人士可有自住物業），要了解「租津」的趨勢，必須將租戶分辨出來。表4.10顯示了目前約有210,099個案有申請「租津」，公屋戶為130,324宗（佔62%），私樓戶為29,469宗（佔14%），其餘為50,306宗居於院舍（佔24%）。

近年綜援整體的超租戶（指實際租金超過租津上限）維持在10%以下（表4.11），乍看來說超租問題並不嚴重。不過當檢視超租戶的構成（表4.12），就可以見到私樓的超租戶竟然佔所有綜援私樓租戶約53.3%，換句話說「租津」只能協助46%的私

表 4.9 按住屋類別劃分的綜援個案數目

年度	總個案數目	公共屋邨	私人樓宇
2012－13	267 623	160 064 (59.8%)	44 845 (16.8%)
2013－14	259 422	155 017 (59.8%)	41 381 (16.0%)
2014－15	251 099	149 243 (59.4%)	39 902 (15.9%)
2015－16（截至 12 月底）	244 095	144 752 (59.3%)	38 654 (15.8%)

資源來源：立法會，2016

表 4.10 2016 年 9 月按住屋類別劃分有申請「租津」的綜援個案

所有申請租津個案	公屋	私樓	院舍
210099	130324 (63%)	29469(14%)	50306(24%)

資料來源：社會福利署，2016b

樓租戶全數支付租金，而這比例在 2013/14 年度後持續回升。在超租戶中，以年老及單親的比例最高，亦即大批長者、兒童及婦女，均需要壓低其他生活支出，以標準金來應付租金。表 4.13 顯示了不同地區的綜援私樓戶的租金中位數，除了 3 人家庭外，其他人數的整體租金中位數都高於「租津」上限，人數愈多差距愈大。東區、大埔及油尖旺，是所有家庭人數的租金中位數都超過「租津」上限的地區。過往社署曾有一種說法，[2] 如果市區的租金太貴，綜援租戶應考慮搬到較偏遠的地區，即使那些區域的交通成本較高。綜觀不同地區，只有離島區除 1 人住戶外，其他人數的租金中位數較「租津」低；所以目前並沒有某些偏遠地區的租金特別低，可以解決「租津」滯後於租金的問題。

表 4.11 超租個案佔所有申領租津個案的數目及百分比

年度	領取綜援租津個案	超租個案	超租個案百分比
2013－14	224 992	17 553	7.8%
2014－15	219 292	19 585	8.9%
2015－16 （截至 2015 年 12 月底）	214 942	21 880	10.2%

資源來源：立法會，2016

表 4.12 按個案類別劃分，居於私人樓宇的超租個案數目及百分比

個案類別	2011－12	2012－13	2013－14	2014－15	2015－16 （截至 2015 年 12 月底）
年老	5 816	5 293	4 077	4 055	4 725
永久性殘疾	926	913	836	882	965
健康欠佳	2 349	2 243	2 021	2 089	2 320
單親	3 919	3 436	3 342	3 730	4 673
低收入	1 064	869	814	703	725
失業	3 754	3 157	2 386	2 173	2 362
其他	1 323	1 285	773	501	476
總計	19 151 (51.4%)	17 196 (49.1%)	14 249 (44.9%)	14 133 (45.4%)	16 246 (53.3%)

資料來源：立法會，2015a

　　進一步分析綜援超租戶的處境（表 4.14），在目前 16,246 個案中，接近 10,000 個案的每月超租額不少於 500 元，其中更超過一半在 1,000 元以上，亦差不多遍及所有家庭人數的住戶。自 2012/13 年度起（表 4.15），超租僅少於 100 元的個案比例持續下降，相反 1,000 元以上的持續上升。由此可見，雖然近年整體

表 4.13　2015 年 12 月按合資格人數及分區劃分，居於私樓個案的租金中位數

分區	1	2	3	4	5	6 人或以上
中西區	1,700	3,300	4,585	5,300	6,200	12,500
東區	1,800	3,500	4,500	5,000	6,000	7,050
離島	1,700	3,200	4,016	4,500	4,500	5,692
九龍城	1,800	3,400	4,300	4,800	5,180	6,150
葵青	1,700	3,250	4,400	4,568	5,650	6,700
觀塘	1,800	3,400	4,380	4,700	5,000	5,500
北區	1,800	3,400	4,025	4,500	4,800	5,600
西貢	1,278	1,251	3,697	4,600	5,000	4,804
沙田	1,300	1,388	4,500	4,850	6,500	7,250
深水埗	1,750	3,500	4,200	4,500	4,800	5,500
南區	1,748	3,400	4,300	5,300	5,150	8,300
大埔	2,000	3,500	4,500	5,000	5,150	7,000
荃灣	1,800	3,500	4,200	4,800	4,500	5,500
屯門	1,600	3,000	4,200	5,100	6,300	6,300
灣仔	1,700	3,100	4,600	5,775	5,745	6,250
黃大仙	1,588	3,400	4,300	4,800	4,800	6,501
油尖旺	1,700	3,500	4,340	4,800	5,900	7,000
元朗	1,800	3,200	4,000	4,500	5,500	6,000
整體數字	1,700	3,400	4,300	4,690	5,200	6,200
同期租津上限	1,640	3,300	4,310	4,585	4,600	5,745

資料來源：立法會，2016

的綜援超租戶並無飆升，這可能出於健全家庭及私樓租戶個案急跌，但超租戶的超租程度（超租差距）卻愈來愈嚴重。

表 4.14 2015 年 12 月底實際租金超出租津上限（租津差距）的數目及個案

合資格家庭成員人數	實際租金低於或相等於租金津貼最高金額	少於 100 元	100 元至少於 500 元	500 元至少於 1,000 元	1,000 元或以上	超租戶總計
1	6 165	951	2 779	1 912	2 398	8 040
2	4 152	12	1 227	1 379	1 618	4 236
3	2 621	83	843	546	829	2 301
4	960	54	264	193	557	1 068
5	238	-	92	51	289	432
6 人及以上	124	5	21	28	115	169
總計	14 260	1 105	5 226	4 109	5 806	16 246

資料來源：立法會，2016

表 4.15 不同年度租津差距的個案分佈

年度	少於 100 元	100 元至少於 500 元	500 元至少於 1,000 元	1,000 元或以上	私樓超租戶個案總計
2011－12	2 151 (11.2%)	8 098 (42.3%)	4 387 (22.9%)	4 515 (23.6%)	19 151
2012－13	3 530 (20.5%)	4 950 (28.8%)	4 053 (23.6%)	4 663 (27.1%)	17 196
2013－14	1 324 (9.3%)	5 048 (35.4%)	3 484 (24.5%)	4 393 (30.8%)	14 249
2014－15	917 (6.5%)	4 828 (34.2%)	3 564 (25.2%)	4 824 (34.1%)	14 133
2015－16	1 105 (6.8%)	5 226 (32.2%)	4 109 (25.3%)	5 806 (35.7%)	16 246

資料來源：立法會，2016

　　就超租差距問題，社署並未從制度上改革租金津貼的基數，但某程度上它亦體認到超租戶的壓力，因此，政府自 2011 年起透過關愛基金，提供多輪的「為租住私人樓宇的綜援住戶提供津貼」，為綜援超租戶提供一次性資助，以紓緩他們面對「周期性租金上升」的財政壓力。基金 1 人住戶的津貼額為 2,000 元，2 人或以上住戶的津貼額為 4,000 元。除此以外，近年社署就租金津貼亦有一些行政改動：將就讀專上課程的學生，重新納入綜援「租津」的計算之內；向成為租者置其屋計劃自住業主超過五年的綜援戶提供租金津貼，目前約有一千多個案。

　　「租津」的上限與標準金一樣，自 1996 年綜援檢討及提升後，就無再進行新的檢討，只透過甲類物價指數的租金指數，按年調整「租津」以維持同樣的購買力。如前文提及，當年綜援檢討訂下的原則，讓私樓「九成綜援家庭實際繳交的租金，可作為釐訂租金津貼最高額的合理基準」。以目前的狀況來說，「租津」只覆蓋不足 50% 私樓租戶的實際租金，遠低於先前所訂 90% 的標準。對這批超租戶來說，他們的影響主要是要壓縮其他生活開支、或進一步降低住屋質素，甚至搬到更遠的地區居住。不過，這些方法並未解決根本性的問題，未能確保「租津」上限足以支付絕大部分私樓租戶的市場租金。1996 年前超租的受助人，或可以向社署提出「體恤安置」的申請，以縮短輪候時間。但依照目前整體公屋輪候人數及時間，讓綜援超租戶加快上樓並不現實，亦引起公平性問題。「超租差距」折射了公營房屋不足，以及住屋市場欠缺規管，例如租金管制等措施。當年訂立的原則及調整機制，是要肯定「租津」可以覆蓋大部分的租戶，以及一個穩定及反映實況的指數。

社區組織協會為此在 2012 年進行司法覆核,但最終在 2014年敗訴。法官在判詞指出,[3] 由於 1996 年的綜援檢討由專責小組領導,包括當時負責政策制定的衛生福利司(衛福司)及庫務司,所有政策建議最終應得到兩個政策司的同意。不過在政府內部的文件中發現,當時的庫務司一直反對 90% 的原則,認為會受到綜援住戶改善住屋的期望所主導。另外,檢討報告並無記錄當時庫務司提出的另一建議,即後來採用的按物價調整的機制。因此法庭認為 90% 原則只是衛福司及社署署長所提議,並未取得庫務司的同意,不能說這是政府正式的政策。庫務司更提出如要以 90% 原則訂定「租津」上限,衛福司必須要循一般政策司向財政司競投款項(RAE bidding),[4] 否則只能根據消費物價指數調整。其後在 1998 年綜援檢討間,庫務局局長更明言在當時檢討綜援的環境下,根本沒有可能向財政司申請提高「租津」上限。不過當時採納甲類消費物價指數的租金指數作調整機制,其中一個理據是因為 1997/98 年按指數調整後的「租津」上限,仍可覆蓋約 90% 私樓租戶。

雖然從法律的角度,覆蓋 90% 租戶的政策原則並未得到所有相關官員的同意,但這精神最能符合綜援維持基本生活的目標。事實上當年庫務司的觀點亦不一定成立,保障 90% 私樓租戶不會自然增加他們尋找更佳住房的動機,或將「租津」變成他們不斷提高住屋質素的工具。因為這假設了綜援租戶像投資者般,具有充分的市場資訊及能對「租津」調整作預測,並隨時準備在市場上轉換租約搬屋。其實大部分綜援戶租住的行為,主要基於當時的「租津」上限,是一種很短期的考慮,不會計算長遠的「租津」調整幅度。只要每數年進行 90% 原則的檢視,租戶

根本不可能在租約期滿時，藉估計「租津」的調整而提高租屋期望，更不可能集體地提高租金開支，迫使政府提高「租津」上限。現實是大部分私樓租戶都是公屋輪候者，他們最大的期望是盡快上樓，並非不斷在私人市場尋找更好的租盤。更何況 90%原則其實可以與物價指數調整並存，前者是定期檢視的基數，後者是逐年調整的百分比。目前這只是一個政治決定，絕非公共財政能力不容許。

另外，社署近年亦懷疑大幅增加「租津」會誘使業主加租，最終只對業主有利，因此拒絕直接提高「租津」上限。這種推測在《長遠房屋策略諮詢文件》亦可見到，但其實未有研究能證明兩者必然存在因果關係。反之租金的設定非常複雜，同時受制於業主與租客的關係、租盤的供應、「租津」的資訊與發放形式等，提高「租津」不必然會推高租金。即使未有足夠證據支持「租津」對本地租金的影響，政府仍然不願檢討「租津」，可以預計除非私樓租金大幅回落，否則綜援私樓租戶仍要面對日趨嚴重的超租問題。總言之，不論政府用什麼理由拒絕檢討「租津」，房屋政策失利的結果，部分就是由綜援租戶承擔着，特別是長者、兒童及照顧者。

四、綜援的足夠度、慷慨度與「福利依賴」之說

前文概括地分析了基本生活需要的制定、金額構成及調整機制，顯示綜援自 1996 年藉基本需要預算訂定標準金的基數後，

至今仍不願意更新相關的調查，減弱了綜援金保障基本需要的功能。而其金額構成及調整機制，經歷了 1999、2003/04 年兩次削減綜援、剝奪健全家庭補助金及特別津貼、指數從預估變成追補，以及違反原先定立保障 90% 私樓租戶的原則，均嚴重地削弱綜援金在急劇通脹時期的購買力，致使綜援人士食物開支的比例回升，對其生活質素構成壓力。政府常稱根據社援指數調整可以維持綜援金的購買力，並無需要再進行基本需要調查。一般來說以指數化（indexation）作為增減綜援的機制，或可以使援助金調整幅度不致落後於物價變動，確保制度的穩定性（Van Mechelen & Marchal, 2013）。但如果整體經濟及收入的增長高於物價增長，那就變相削弱了福利的相對水平。因此一些國家將社會援助的水平與工資發展掛鈎，讓福利使用者除了足夠應付生活成本的上升，亦可適度地及相應地提高生活水平。

雖然政府在 2011 年從制度上提升殘疾成人的標準金及長者的補助金，但在缺乏正式的制度檢討下，隨意決定綜援金的水平，未能解釋為何殘疾人士與長者的金額突然趨同。政府亦在 2008 年後多次透過紓困措施及關愛基金，嘗試緩減安全網的漏洞及滯後於經濟發展的影響，但這些措施並不能取代全面及制度性的綜援檢討。政府在九十年代末至目前，都顯示出綜援金調整的考慮及決定，基本上是配合政制上的行政主導，不論是兩次削減還是選擇性增加，過程中並無進行廣泛的社會諮詢。立法會更無權否決或改變政府的政策，而民間社會亦難以影響綜援金額的制定及調整。當然，2011 年引入的關愛基金以及 2012 年重生的扶貧委員會，都給予民間社會一個平台，表達對貧窮相關的政策的意見，以及提出社會保障的問題（見本書第六章）。其後部分綜

援金更得到改善，例如確認了租置戶的「租津」。不過，整體地對綜援標準金及特別津貼的檢討，並無帶來實質的變化。而在綜援制度內更明顯的是，健全及非健全人士的金額差距日益擴大，折射出政府對檢討綜援金以保障安全網足夠性的強硬態度。如前文提及，一方面基本需要調查對最低工資構成壓力，除非出現重大的政治或社會危機，否則政府很可能一直拒絕從基本需要檢討綜援。更重要的原因是基本預算的對象是普及性的（universal），不能只針對特別人士（targeted），即政府無可避免要提高健全家庭的援助金。社署自 1999 年引入工作福利的政策後，大幅下降健全成人及兒童的綜援金，直接降低他們的生活、甚至生存的水平（關注綜援檢討聯盟，2000）。政府在滅赤後仍堅持凍結健全家庭的綜援金，不單是出於財政的考慮，更是要繼續奉行其工作福利的政策，保持基層工人與健全綜援的差距。

社署在 1998 年的《投入社會，自力更生》檢討中，指出 4 人或以上家庭的援助金較低薪工人的每月平均薪金高出很多，例如清潔、飲食、理髮美容及雜工等非技術工人。再者，4 人家庭的每月平均綜援金在十年間增加了 120%，而所有行業的工資中位數同期只是實質增加了 41%，因此當時 4 人家庭每月平均綜援金，高於全港最低收入組別住戶的平均收入。社署認為綜援金增加的速度高於增長，製造不公平及減低工作意欲；再加上當時的個案數目急劇上升，令不少市民覺得濫用情況日益嚴重。因此，要防止福利依賴，就要防止綜援金與工作入息看齊，這種論點得到不少大眾的支持。是次檢討最能引起大眾情緒的，就是比較平均綜援金與工人薪金，成功將綜援家庭塑造成懶惰及比基層勞工過得更好，凸顯綜援的慷慨度過高。這種策略將社會最低支出的

非綜援家庭，比較平均綜援金的水平（社會福利署，1999；社會福利署，2016c）（表4.16），在計算及邏輯上有幾個主要缺陷。首先，如上文提及，平均綜援金只是一個綜援家庭的「認可需要」金額，大約等同最高可領金額，當然不同家庭成員組合有所不同，但一般健全公屋家庭不可能領取到「平均金額」。因此以平均綜援金額作比較，自然高估了健全家庭的綜援金。其次，概念上應將不同群體的收入與開支分開比較。「開支」反映足夠性多於慷慨性，因為它是指向社會保障的消費面，即不同家庭選擇的生活成本。原則上要探討綜援的慷慨度，應比較綜援金與其他的收入標準的差距。第三，綜援金是以家庭為單位，不能將之直接與工資中位數比較，後者是個人薪金的指標。第四，要更清楚地掌握綜援與基層勞工的生活差距，不應單與全港非綜援最低收入的某百分比作比較，更具指標性的做法是與貧窮線比較。

表4.16顯示了四種金額的比較，包括社署使用的平均綜援金及最低25%非綜援家庭平均支出，以及健全家庭一般金額與不同住戶數目的貧窮線。健全一般金額較平均金額，更能反映工作福利針對及社會最關注的個案（雖然近年比例急速下降）；比較貧窮線的好處是它在一定程度上已達成社會共識，並更能從整體社會的角度，了解綜援、基層家庭與貧窮線的距離。從中可見，以非公屋健全家庭為例（佔少部分個案），除3人單親家庭外，其餘健全家庭模式都低於平均金額。如比較最低25%非綜援家庭，則2人及3人單親家庭的援助金高於其開支；但4人及5人雙親家庭的援助金，皆低於平均金額及非綜援家庭開支。若以貧窮線作標準，明顯地2人及3人單親家庭差距較少，4人及5人雙親家庭差距較大。使用「租津」上限計算，經已高估了佔大部

表 4.16 綜援金與低收入家庭及貧窮線比較

家庭人數	所有個案平均每月綜援金額（2015年2月1日）（元）	健全非公屋家庭一般每月綜援金額（2015年2月1日）（元）	最低 25% 的非綜援家庭平均支出（2014年12月）（元）	2015 年第一季貧窮線（住戶月入中位數的一半）（元）
1 人	5,399	標準金 2,255 + 租津上限 1,640 = 3,895	4,602	4,000
2 人	8,560	單親家庭 標準金 2,450+2,245+ 租津上限 3,300+ 單親補助金 315+ 水費 16.8+ 學童膳食津貼[5] 220.8=8,547.6	7,776	9,000
3 人	11,307	單親家庭 標準金 2,215+2,015+2,015+ 單親補助金 315+ 租津上限 4,310+ 水費 34.8+ 學童膳食津貼 441.6=11,346.4	10,658	14,050
4 人	13,401	雙親家庭 標準金 1,965+1,620+1,800+ 1,800+ 租津上限 4,585+ 水費 54+ 學童膳食津貼 441.6=12,265.6	13,180	17,650
5 人	15,521	雙親家庭 標準金 1,965+1,620+1,800+ 1,800+1,800 + 租津上限 4,600+ 水費 78.5+ 學童膳食津貼 662.4=14,325.9	15,431	22,200

資訊來源：作者計算，政府統計處，2015；社會福利署，2016c

分的公屋綜援戶的金額。這説明除非是單親私樓租戶，否則健全家庭的實際金額都低於最低 25% 非綜援家庭支出，更不用説是收入。更清楚的訊息是，不論是公屋還是租私樓、綜援或非綜援最低 25%，其家庭收入都低於貧窮線。

社署一向的標準是比較貧窮線下綜援與收入更差的家庭，可説是一種「競低」（race to bottom）的邏輯。1998 年起香港的

勞工市場在企業重組、外判化之下嚴重失衡及失業率高企，工人面對僱主的議價能力不斷下降，「綜援金比基層收入更豐厚」的刻板印象，模糊了經濟衰退時工資大幅下滑的事實（黃洪，2015），亦成功轉移了公眾的視線。即使在經濟復甦及引入最低工資後，基層工資仍不能滿足基本需要，特別是家中只有一名在職人士的貧窮家庭，其收入的確可能低於綜援家庭。但這只反映了香港的最低工資未能協助工人養家，而照顧政策亦未能支援婦女就業，才造成綜援水平高於一人養家在職貧窮家庭收入。其實兩者的收入都低於貧窮線，反映了香港工資及就業政策的失效，以及社會援助的足夠性不足，更遑論綜援水平已很慷慨。這呼應了引入工作福利後的國際經驗，不少社會援助的足夠性被削弱，並不能為貧窮戶提供公正及公平的保障（Nelson, 2013）。

如果以人均金額定義綜援的「絕對慷慨度」（Saunders, 2017），近年綜援的「絕對慷慨度」有所提高（表 4.17）。這是由於綜援金每年上調，但整體領取人口不斷下降。不過標準金的上升幅度，其實少於人均綜援金額的上升幅度。這代表近年人均綜援金的增加，除了 2011/12 年度外，很大程度上由於特別津貼及補助金的增加。近年綜援長者及傷殘個案比例持續上升，他們的補助金及醫療等津貼，再加上一般家庭的租金及就學津貼等增加，都受到本地的醫療、住屋及學習成本急升所影響。

根據《2015 年香港貧窮情況報告》，在 2015 年恆常現金政策介入後，成功令 177,400 戶（373,500 人）在數字上脫貧，其中綜援是扶貧效果最高的恆常現金政策，協助 108,100 戶（197,000 人）脫貧，貧窮率減幅約為 2.8%。無可否認，部分傷殘及長者綜援水平的確徘徊於貧窮線上下。這是基於部分個案（例如需長期護理）

表 4.17　不同年度的綜援人均每月援助額

	04/05	05/06	06/07	07/08	08/09	09/10	10/11	11/12	12/13	13/14	14/15
綜援經常開支（億元）	176	178	176	170	166	179	174	185	187	184	195
綜援受助人數	542,017	539,963	521,611	496,922	475,625	482,001	466,006	443,322	418,768	394,907	381,307
綜援人均每月金額（元）（年變動率）	2705.9	2747.1 (+1.5%)	2811.8 (+2.4%)	2850.9 (+1.4%)	2908.5 (+2.0%)	3094.7 (+6.4%)	3111.5 (+0.5%)	3477.5 (+11.8%)	3721.2 (+7.0%)	3882.8 (+4.3%)	4261.7 (+9.8%)
標準金按年調整	—	—	+0.4%	+1.2%	+7.2%	+4.7%	+0%	+3.4%	+5.2%	+4%	+4.1%

資料來源：政府統計處，2015

註1：變動在 ±0.05% 之內

因得到醫生推薦，合資格使用與長期病患有關的特別津貼，或申請康復有關的醫療用品津貼。但這並不代表這些特殊綜援個案的金額已很寬裕，這些津貼是以實報實銷應付額外的必要開支，援助金中屬可動用（disposable）的金額不算多。進一步說，2015年綜援個案中，只有 44.3% 的個案及 54% 受助人可以脫貧。健全及兒童綜援、公屋戶的減貧率較低，因為他們的實際援助金較低。當貧窮線上升速度高於綜援金的升幅，該批仍處於貧窮線下的綜援家庭，其貧窮差距[6]（poverty gap）將會不斷擴大。

　　簡單來說，綜援金額在 2007 年基於社援指數不斷調高，但整體綜援個案及人數卻不斷下降，「金額太高製造福利依賴」的觀點亦不攻自破。所謂要防止增加綜援的吸引力，因而要壓抑健全家庭金額，這自然不成立。從本章可見，不少援助金由於缺乏整體的檢討機制，單靠年度的調整維持購買力，再加上失業、單親及低收入個案經歷嚴重削減，並不足以滿足基本需要的轉變。政府的工作福利政策旨在維持綜援與基層工資的距離，但沒有清楚指出應維持在多少的比例，更沒有作出合理解釋。社署一直容讓單親、失業及低收入家庭的援助金，嚴重落後於基本需要及社會發展，不但製造更次等的社會公民身份，更直接剝奪綜援兒童的基本生活權利。當然，福利依賴的指控不單止於綜援金額的足夠度及慷慨度，即吸引更多低收入戶放棄工作申請綜援，更是針對綜援內的健全戶長期缺乏動機離開福利。有觀點認為綜援是「全包式」的安全網，當要使用者離開時，就面對「全有或全無」（all or nothing）的兩難。相比不穩定的就業市場，綜援金尚算是穩定收入的來源，而特別津貼及醫療豁免更為貧窮戶帶來保障及便利。這令綜援變成「難入難出」的制度。這都涉及綜援的制度

設計、就業取向及勞動市場的狀況,以至在職福利的提供。不過這些考慮應與綜援的目標分開處理:為有需要的貧窮住戶,透過入息補助的方法滿足基本需要。

註釋:

1　綜援金額定期更新,見社會福利署網頁「綜合社會保障援助指引」http://www.swd.gov.hk/tc/index/site_pubsvc/page_socsecu/sub_comprehens/。

2　筆者與社署官員接觸時聽到。

3　http://legalref.judiciary.gov.hk/lrs/common/search/search_result_detail_frame.jsp?DIS=93483&QS=%2B&TP=JU。

4　Resource Allocation Exercise。

5　每月 265 元乘以每年 10 個月(全年上學時間)除以 12 個月。

6　收入 / 援助金與貧窮線的距離。

第五章
「自力更生」：盡快工作、量先於質的港式工作福利

　　「綜援養懶人」的論述，自 1998 年以來不斷在媒體、社區、工作場所等空間，由各式各樣的人物建構着。這當然要追溯至政府當年在檢討時，反覆批評綜援金過於慷慨，對此上一章已經提出證據反駁。除了金額備受注目，本章要回答更為複雜的問題：究竟綜援有多大程度令使用者放棄及重投工作？政府以什麼方式推動他們就業及其影響？什麼模式的社會保障及就業政策可達致更大的公平、保障與自主？

　　簡單來說，工作福利（workfare）是指具條件性（conditionality）的福利制度，主要針對安全網中可工作的健全人士，將失業及無工作（worklessness）理解成個人責任，而使用福利則是個人選擇。在西方福利國家的發展脈絡中，它強調公民的責任多於權利，主張使用福利的資格，應從公民的身份地位，改變為政府與公民之間的契約（Handler, 2004）。在工作福利的觀念下，履行公民責任以實現契約關係的方法，便是在市場就業；社會福利獲得合法性對公民的行為作出更大的控制，增加就業為本的社會融合。從制度來說，工作福利自上世紀八九十年代首先在英美國家引入（Bonoli, 2010），透過不同激勵方式和強制措施，例如壓抑

健全人士援助金、要求受助人參與就業及相關的活動、施行更強的懲罰等（Raffass, 2016），以收緊他們的福利資格，增加非就業者的工作動機及可僱性（employability）（Chan, 2011c）。

近年不少文獻將「工作福利」與「積極化」（activation）相互使用，不過後者源自於北歐國家的積極勞動市場政策（Active Labour Market Policy），其原意更接近社會民主主義對就業的承諾。相對於傳統的「被動的收入支援」（Passive Income Support），例如失業保險及社會援助，積極勞動市場政策更強調政府在促進就業上的制度性角色，例如推行工有其酬（Make Work Pay）、彈性保障（Flexicurity）、社會投資（Social Investment）、託兒所服務等（Bonoli, 2013），提倡的措施從增加個人的動機及技術，遍及強化市場的彈性與就業的配套等。部分論者將英語國家的「工作福利」模式，歸入更闊的「積極化」概念之下作出比較，即使它們遠離後者所強調的政府的角色（Moreira, 2008; Aurich, 2011; Berthet & Bourgeois, 2014）。概括而言，這種以就業為本的福利改革波及所有的福利體制，以不同的面貌及程度融入國家的政治經濟制度中，部分由中間偏左政黨提出，部分由右翼政黨強化配合緊縮政策等。香港勞工市場及社會保障改革的觀念與制度，很大程度上受到新自由主義所形塑，而工作福利則在 1998 年後全面實施。這裏仍使用「工作福利」一詞來描述港式的「積極化」措施、「從福利到工作」的扶貧策略，反映自由福利體制特色（Dingeldey, 2007; Dostal, 2008; Brodkin & Larsen, 2013）。

本章首先探討綜援的工作福利措施的發展 ——「自力更生」計劃，再分析目前制度的特點及影響；繼而探討專為單親家長及

家庭照顧者而設的欣曉計劃，從性別的角度回應有關的安排；最後解釋綜援制度中，時常被詬病的「豁免計算入息制度」，以至整個工作福利造成的社會經濟影響。

一、失業綜援與自力更生計劃

在健全綜援個案中，近年波動最大的群體就是失業類別。從第三章可見，失業個案的增減很大程度與失業率的變化相關。有趣的是即使近年失業綜援急速下降，但社會普遍仍彌漫着針對他們的氣氛，談及綜援彷彿就等於失業個案。這些對福利的異常關注，折射出香港長久以來的工作倫理，特別是對福利的恐懼和對自力更生的迷思。不過更重要的是失業福利於資本主義市場的矛盾性，一方面可在經濟衰退時維持總體消費，另一方面卻讓失業者不需依賴市場出賣勞力。它對經濟的正面作用往往能見度較低，但其「負面影響」卻被政府及僱主無限放大。過去殖民政府基於政治經濟的考量，並無設立社會保險。設立公援的原意並不是為保障有工作能力人士，加上工作職位空缺在工業化時期穩定發展，只有少數及短暫的經濟危機才會引起失業。失業綜援個案在九十年代後期明顯增加，既是本地金融泡沫突然爆破的結果，亦是經濟去工業化的必然結果。

要全面地理解失業綜援，必須將它放置在經濟結構及勞動市場轉變的脈絡下。全球化資本重置及工業北移在九十年代中期曾令失業率飆升，但金融市場的暢旺帶動服務業，掩蓋了本地經濟的脆弱性。及至金融風暴引發股市及樓市價格下陷，終於在經濟

衰退下私人企業以裁員瘦身重組，政府亦開始帶頭外判以減輕勞動成本。香港一直引以為傲的彈性化勞動市場，進一步二元化成「核心—邊緣」的就業模式（Lee & Wong, 2004）。失業率高企無可避免地催生對失業福利的需求，同時市場工資卻因工人議價能力下滑而不斷受到蠶食，甚至低於綜援金額，難以應付家庭的開支。由於特區政府當時選擇性地堅持小政府原則，[1] 拒絕為最低工資立法及容許企業大幅度裁員，形成綜援水平高於基層工資中位數及住戶收入的假象。面對低收入住戶與綜援的差距，加之不斷上升的個案數目，政府以最簡單及粗暴的方式回應：削減金額以及增加更苛刻條件，嘗試減少貧窮家庭申請的意欲，驅使綜援個案盡快離開福利。政府就失業綜援的改革有不同的階段及重點，不單受一貫對福利及失業的態度影響（Chan, 2004），更受當時的財政條件及政策行動者的互動制約（Lee, 2005）。總的來說，社會福利署檢討失業綜援的目標，同時要針對金額水平及就業措施（社會福利署，1998，頁 10）：

> I. 推行一套措施，協助失業的健全受助人自力更生；
>
> II. 改善現有安排以維持社會公平，並確保綜援受助人的生活條件，不會比自食其力的就業人士為佳；以及
>
> III. 加強監管措施，防止欺詐和濫用公帑。

這些收緊綜援的目標，一方面限制了後來香港失業福利的發展，另一方面開始捆綁福利與工作的政策。從此「自力更生」的原則，凌駕於安全網的其他社會目標，將社會保障與就業政策關係個人化，貶抑失業福利為製造「不自力更生」及「社會不公平」

的元兇。綜援的再就業政策及服務，便是在這種極端質疑失業福
利的態度下產生的。

綜援自力更生計劃：就業服務與社區工作的轉變

　　社會福利署在 1999 年 6 月起落實最重要的福利改革 ——
「自力更生支援計劃」（「自力更生」），這分為「積極就業援
助」、「社區工作」及「豁免計算入息」三大範疇。起始的「自
力更生」只針對完全無工作的失業人士、非在學及非照顧家
庭的 15－59 歲健全成人。及至 2001 年初，社署要求月入少
於 1610 元 [2] 或每月工作少於 120 [3] 小時的綜援人士亦需參加。
從此，失業與低收入綜援人士的分野，在於是否能同時滿足薪
金及工時的要求，但在最低工資立法後，每月 120 小時工作
的收入一般都已超過該薪金要求。因此「自力更生」目前最
重要的規限，在於有否全職工作的工時，即使從事兼職、零
散工作及開工不足者，均要繼續參與及簽署求職承諾書，拒
絕參與就會遭受處分（sanctions），例如扣款及停止個案。「積
極就業援助」要求申請人每兩星期會見保障部的就業主任，[4]
並提交最少兩份求職記錄，交代被拒絕的原因。除此以外，社署
還聲稱會提供求職面試、協助訂立工作計劃等元素，但一般來說
就業援助最重要的功能就是求職行為的監察。「社區工作」指參
加由保障部安排的義務工作，早期包括到沙灘及郊野公園清潔
等，由保障部集合一班失業綜援人士，乘坐旅遊巴士到指定地
點，並由職員監督他們「積極」參與。當時社區工作的官方目標
是「培養工作習慣、改善適應社會的能力、提高自尊自信、為日
後從事有薪工作做好準備，以及為社會作出貢獻」（社會福利署，

2004a）。其後，社署在 2001 年起在「積極就業援助計劃」下，引入「特別就業見習計劃」及「深入就業援助基金」資助的就業服務，以增加就業要求的強度。

　　根據社聯的研究（2001），這階段的「自力更生」缺乏個人化的服務，未能如其目標所講協助失業者重訂工作計劃及增加就業能力，對求職的實際果效不大。再者，不少受訪者的工作動機都十分強烈，「自力更生」對他們來說是迫使他們早日放棄領取綜援。部分被勞動市場排斥的工人，如年紀較大及學歷較低者，根本難以找到能脫離綜援的工作。與工作較相關的見習計劃及求職輔導，則對失業綜援者幫助較大，學習適應市場的需要及提高自信。不過「積極就業援助」的定期報告及「社區工作」的安排，則對他們可說是毫無幫助，甚至阻礙其求職時間。因此，當時的「自力更生」可說是一種求職及工作行為的監察，政府在就業政策及服務的介入並不明顯，不同的就業服務顯得碎片化及缺乏整體規劃。但這些工作福利制度卻製造了不少負面標籤，透過懲罰性措施增加受助人心理及使用的成本。

　　其後社署於 2003 年 6 月推出「加強自力更生支援措施」，包括加強積極就業援助計劃，為受助人進行更多工作配對；加強社區工作，要求長期失業者需要參與一星期三天的社區工作。對於申請人未有合理理由缺席工作要求，社署更嚴格地執行處分措施，停止發放援助金。政府的這些舉措發生於「沙士」後失業率飆升的時期，意在收緊失業綜援資格及增加強制性的工作要求，防止失業綜援個案進一步上升。但事實上影響失業綜援個案的最重要因素，是整體經濟環境及勞動市場狀況：在「加強自力更生支援措施」出現後，失業綜援個案仍然維持高企，直至失業率回落。

　　撤除求職行動監察及社區工作，社署在 2003 年 10 月起委託非政府機構營運較有意義的就業服務，名為「深入就業援助計劃」（IEAPs），由獎券基金及賽馬會資助。計劃的目標為強化「從福利到工作」及深化「自力更生」計劃。保障部會轉介一些失業個案至福利機構提供服務，如就業選配、技能訓練、就業輔導等，支援具就業能力的受助人減低就業障礙及提高可僱性，並向有需要者發放「短期經濟援助」，應付就業相關的開支。深入就業援助計劃參考了勞工處就業服務的撥款模式，以基本目標及額外「獎金」（bonus），激勵服務提供者，協助受助人維持特定時間及薪金的就業。由於「獎金」制度不是在完成計劃後按表現給予，而是在申請撥款時已計算在資助額內，因此不少福利機構在申請常規撥款及獎金後，立即面對「跑數」的壓力，部分甚至不理工作的薪金待遇，被迫地介紹給失業綜援者。[5]當時社署並沒有標準化及劃一的轉介標準，不同地區相同狀況的受助人，被轉介的機會並不均等。另外，不同機構對就業服務的取向亦有所不同，部分較能容忍失業者不即時接納工作的理由，例如家庭變故等；部分較重視成功就業率的則提高給予受助人的壓力，不斷提供市場上的職位空缺，推動使用者盡快接受。從香港中文大學的研究可見（社會福利署，2005a），深入就業援助計劃的參加者，較非參加者的工作動機及社會資本高。他們愈能在計劃中獲得滿足感，愈容易重回勞動市場。其中短暫經濟援助、輔導及培訓都對參加者的工作動機有正面作用。不過社區工作似乎並未能促使他們求職，只是令不想參加該計劃的人士離開綜援。總體而言，深入就業援助計劃較社署保障部執行的「積極就業援助」，不論在服務形式及目標上，對失業者求職的介入及支

援性相對較高（Tang, 2010; Leung, 2011）。

政府認為「深入就業援助計劃」的成效值得肯定，遂於 2006 年 10 月進行第四輪為期兩年的計劃。社署回應當時扶貧委員會的地區就業援助研究，在天水圍、荃灣、東涌三區試行新的「地區就業支援試驗計劃」（DEAT），針對有就業困難的長期失業綜援者，提供更具目標性的支援，例如就業見習服務、特定行業的訓練等，嘗試讓參加者獲得更多工作經驗及相關技能，並提供一次過 1,500 元的「重返就業獎勵金」，以應付就業首月未發薪的開支。同時，社署亦引入「走出我天地計劃」（My STEP），對象為 15－24 歲居於天水圍及元朗的失業綜援青年，實施具激勵性及紀律性的訓練課程，以提高其工作經驗、自信及自發性，並提供實習和就業機會等。其後社署在 2008 年整合部分計劃為全港性的「綜合就業援助計劃」（IEAS），分成普通及深入的就業援助服務，並於 2009 年起把「走出我天地」擴展至全港十八區。這階段的就業服務基本上是沿着同樣的模式，由福利機構接收社署轉介的個案，再作出不同的輕微調整，例如提高個人化的程度及短暫經濟援助等。

由於不同部門及機構均涉及繁多的就業項目，而受助人及其家庭可能要經不同單位使用服務，甚至得到重複的資訊及服務。因此，特首在 2011－12 年施政綱領中提出檢討綜援下的各項就業服務，以便整合和優化這些服務的效率及協同效應。因此不同就業服務獲得約一年的延長撥款，以準備重整服務及進行競投。自 2013 年 1 月起，政府將「綜合就業援助計劃」、「走出我天地」及「欣曉計劃」合併，由非政府機構營運，服務趨向更多元化及一站式的「自力更生綜合就業援助計劃」（IEAPS）。除了走出我

天地及欣曉計劃外，就業援助分成「一般」及「加強」的服務，「一般」向所有參加者提供就業資訊、定期面談、工作配對等；「加強」則向已接受一般服務的失業申請人提供訓練及工作體驗。這主要有兩個影響：首先，社署將保障部的就業支援項目，完全「外判」給福利機構及社工營辦，自此失業綜援者主要向機構申報求職記錄及使用服務；其次，社署將所有「社區工作計劃」都委託機構負責，並融入於新的綜合就業援助中。是次社區工作的改革，相較早前由社署推行的更具彈性及多元化，例如機構可按其專長及網絡，安排不同的義務工作如文書處理等，以及更專門的工作體驗如寵物美容等。

在就業服務之外，扶貧委員會下的社會保障及退休保障專責小組，在 2013 年討論設立儲蓄戶口試驗計劃，希望為貧窮失業者建立資產（asset-building），同時增強其工作動機。社署一直不想提高豁免計算入息（見下節），但基本上支持任何促進失業綜援者就業的措施。因此在 2014 年 4 月起，由關愛基金注資、非政府機構試驗，推行「進一步鼓勵『自力更生綜合就業援助計劃』綜援受助人就業的獎勵計劃」（獎勵計劃）。社署透過隨機抽樣方式，選出約 2,050 名正在參加「自力更生」的受助人參與。獎勵計劃為期三年，以獎勵金提供誘因，鼓勵健全綜援受助人就業並脫離綜援網，最後檢討可行性及成效。參與計劃的受助人如每月能從事不少於 120 小時的工作、月薪不少於 4,200 元，可以將超過豁免計算入息最高臨界點的金額，以個人賬戶的方式累計下來。直至累積到家庭資產的限額的兩倍，關愛基金便作等額的「獎勵金」撥款，一筆過給予受助人並脫離綜援。「資產為本」的福利在香港不算新鮮，扶貧委員會倡議的兒童發展基金，結合配

對基金及社會服務的形式，用以鼓勵貧窮家庭養成儲蓄習慣及進行人生規劃。先不論「資產為本」福利的理念及對貧窮兒童發展的效用，獎勵計劃算是在綜援的工作福利中，首次引入發展性及投資性元素。明顯地政府不願意提高失業綜援金的足夠性，但在豐厚的財政儲備及扶貧委員會的推力下，社署似乎較不抗拒為低收入綜援人士建立「資產」，因為這些措施可能提高工作動機，更重要的是有機會促進使用者盡快脫離綜援。

本質上，獎勵計劃嘗試促進從失業綜援到低收入綜援的過渡，先基於參加者累積的被扣減入息，由政府代替參加者儲蓄；再把低收入綜援家庭的資產限額提高兩倍，並一筆過給予儲起的金額作離開綜援的獎勵（或補償），應付離開綜援後的生活成本，甚至作人力資本的投資用途。由於綜援並無時限性，獎勵計劃以非懲罰性的方式，製造受助人非自願性離開綜援的條件。這可說是糅合了輕度的「胡蘿蔔」與「棒子」（carrots and sticks）措施。目前這計劃仍在試驗階段，成效仍是未知之數。從過去失業個案減少及低收入個案的來源可見，不少失業者離開綜援後並無經歷低收入的轉變，可以估計他們多是在失業中找到薪金超過綜援金的工作，因而直接脫離福利；低收入綜援個案的進入、停留與離開，卻與失業未必有直接關係，反而較可能是家庭出現變化，例如突然增加需要照顧的家庭成員。當然，獎勵計劃能否改變失業者的行為與期望，這是關鍵的問題。近年不少新自由主義化的福利緊縮及改革，趨向將福利的條件性融入行為的改變。根據行為經濟學的假設，人的決定很大程度受理性的利益計算支配；政府以福利作為經濟誘因，改變使用者的行為習慣，往往被稱為「輕推」（nudge）的政策（Leggett, 2014）。這可視為一種軟

性的家長主義（soft paternalism），假設政府知道什麼行為模式對公民及窮人最有利，因而可以「合理地」根據其目標而將社會保障視作工具。不過政府對「好」行為的定義，往往是藉行使其論述權力配合政治經濟需要，多於考慮福利使用者的益處。

二、契約化的福利觀念、量先於質的就業 政策？

概括而言，「自力更生」計劃雖然只是綜援檢討的一部分，但其福利及工作觀反映了整個政府對扶貧政策的精神。不論在扶貧委員會及福利諮詢委員會的文件中，都顯示出強烈的工作倫理及對擴張失業保障的猶豫。第一期的扶貧委員會（2005－2007年）將「自力更生」計劃的理念，延伸至協助失業及在職貧窮的扶貧重點 ——「從受助到自強」：

> 對於有工作能力的貧困人士來說，就業是紓緩貧窮和達致自力更生的關鍵。就業不但可帶來收入和改善生活，還可提升個人自尊，鼓勵融入社會，並為下一代樹立良好的榜樣。社會上有強烈的共識，認同協助健全人士的最佳方法是促進就業，協助他們自力更生，而不是為他們提供福利。（扶貧委員會，2007）

（一）責任化與契約化的福利觀及缺陷

雖然第一期的扶貧委員會在 2007 年終結，但這種扶貧哲學仍完好無缺地傳承到新任政府。曾蔭權在政策局的重組中，將社會福利從衛生及食物局分出來，與勞工事務合併成「勞工福利局」。這除了出於行政便利的考慮外，更重要的是傳遞「工作是福利的終點」的訊息。其後的社會福利諮詢，即使肯定了社會福利不應限於弱勢或貧窮人口，亦同時表達對福利削弱工作動機的擔憂：

> 香港有一個高度發展和制度化的社會福利制度。除為有即時需要照顧及經濟援助的人士提供基本援助外，亦為市民提供一系列的預防、發展和輔導服務。香港的資助福利服務惠及所有有需要人士，而非只限於弱勢社群和／或貧困人士。然而，當局亦注意到所提供的福利服務，不應令受惠人產生倚賴，減少他們的動力和令他們失去工作意慾。（社會福利諮詢委員會，2011）

在理念上協助及支援失業者就業絕不是問題，不過在香港政府的工作福利觀下，失業的責任及成本，主要由個人來承擔。社署先在所有綜援個案中，透過分層的資格及金額水平，區分健全／非健全使用者為值得／不值得幫助的窮人；再於失業綜援個案中，藉工作測試建構值得／不值得幫助的失業者，將健全人士使用失業綜援再現（re-present）為「濫用」及「潛在的濫用者」，需要社署透過更嚴格的規訓、監督及處分來判斷。因此綜援的強制就業措施，不單是吸納失業者再進入市場的理性工具，更

是對失業者工作倫理的行為改造，減少他們的道德缺損（moral deficits）。其中政府以「社會責任」之名，譴責（部分）失業者消極地求職，損害了整個社會的利益：

> 我們應致力改變那些不大積極尋找工作的失業受助人的態度，強調他們的「社會責任」，讓他們認識到有需要自力更生，並使他們明白工作對個人、家庭和社會的好處。（社會福利署，1998）

在香港的福利發展歷史中，提及社會權利的字眼少之又少。但殖民政府經常以中國文化傳統之名，強調港人不願「靠」政府，重視個人及家庭責任，把有限的社會保障合理化。有趣的是當時董建華政府提出以儒家文化管治，而工作福利改革其實是有利市場（pro-market）的措施，卻被描述成回復傳統的價值。檢討報告中的「社會責任」，是過去較少使用的政策語言，反映政府不能再否定「社會」或福利的「集體性」，承認了個人與社會的關係，但只是體現於前者對後者的責任。香港的責任論述，一方面以就業作為「經濟獨立」的指標，與「福利依賴」構成二元對立的個人選擇，所以後者並有違傳統的責任；另一方面，這論述亦吸收了英國新工黨的社群主義（communitarianism），提出個人是社群的一部分，為維繫整個群體的團結及共同價值，群體之間應該互相貢獻、互相支援（Yu, 2008a）。因此香港的工作福利觀，既訴諸傳統道德文化，亦借鑒西方的社會責任論述。不過，這些觀點似是政策語言的包裝，多於真正落實的原則，因為不少綜援政策其實是破壞了家庭責任及社會團結。另一對責任化福利的批評，

在於其狹窄的「貢獻」定義，忽視了市場就業外不同參與社會的方式。同時，這限制了貧窮人士在「獲取」福利後，需要即時作出「貢獻」，立即投入市場工作。但社群內的不同個體，因自身不同特質及困難，他們需要不同方式及不同時間作出回報，而責任化福利較易漠視貢獻的差異性及不共時性。況且，責任化福利假設了福利使用者本身缺乏工作的動機，或積襲了依賴的文化，需要政府的行為干預作糾正。但在不同的國家，這種論點都不易找到證據支持，至少在香港一般福利使用者都希望工作（Wong & Lou, 2010）。部分論者反駁這類研究只反映使用者的口頭表述，但其實際行為並非如此。然而回顧近年失業綜援的下降速度及幅度，福利使用者自身缺乏工作動機的論點並不成立。

　　除了福利責任化外，工作福利改革的另一啟示，便是將社會保障所承載的政府與公民關係，轉變成契約關係。尤其在自由市場主導的福利體制中，社會公民身份受到新自由主義觀念侵蝕，公民的權利不再基於他們的屬於某地方的成員身份，而只是基於他們的表現，特別是參與市場的責任（Handler, 2004）。在新自由主義的福利條件性中，政府與公民的權利與義務並不相稱，因為前者可以依據其單方面設定的行為標準（投入市場出賣勞力），要求公民（福利使用者）遵守，否則它可以退出這契約。表面上這是權利與義務的平衡，但實際上安全網的設計就是最後的援助，因此大部分貧窮人士並無選擇，只能屈從於福利條件性的要求。部分論者提出較溫和的契約觀，認為契約化的福利關係不一定有問題，只要雙方同時實踐其責任、不能隨便退出，則算是平等的契約。換言之，只有在政府真正履行它的義務時，工作福利才可被視為合理的安排（見 Deacon, 2002; White, 2004），

包括提供足夠的援助水平、滿足生活工資的職位、縮窄收入差距等。這種契約觀並非毫無保留地支持工作福利，而是需要政府與公民實踐不同的權利與義務，政府不能止於單方面管理貧窮人士的就業行為。因此，我們需要檢視香港的工作福利制度及其影響與意義，才能評估政府在什麼程度上履行它的公共責任。

（二）盡快工作：有工勝無工、低薪勝無薪的就業原則

不同福利體制的工作福利制度有不同的特色，香港的福利體制（特別是社會及勞工保障）接近新自由主義剩餘模式（residual model）（Chan, 2011a），以市場作為主要提供生計的機制，安全網只想透過嚴格的審查，覆蓋經濟及身體狀況最差的群體。香港的生產體制則傾向自由型市場經濟（Liberal Market Economy），政府對經濟及勞動關係的管制及規劃程度很低。有別於協調型市場經濟（Co-ordinated Market Economy），在所謂「自由市場」中，企業（特別是中小企業）不需在生產技術及社會保障作出投資及參與，僱主只需持續地壓低勞動成本作為競爭力，缺乏動機提升生產力及傾向最大化短期利益（Hall & Soskice, 2001）。在這種福利及生產體制下的工作福利，勞動力「再商品化」（re-commodification）的程度十分高（Jessop, 2002; Holden, 2003），即強烈地要求窮人依靠市場出賣勞力，而他們在市場上的議價亦不受制度的保障，可說是將工人完全暴露於就業市場的風險中。當然，香港的福利觀自殖民地時期以來，都是以市場就業及工作倫理作為主要價值；綜援的工作福利改革，可說是政府面對去工業化後出現的失業風險及工資不平等，一種舊酒新瓶式的政策回

應，可見於其推行的目標及對失業福利的定義：

> 我們要傳達「有工作總勝於沒有工作」、「低工資總勝於沒有工資」和「綜援是個安全網，只是最後選擇」的訊息。（社會福利署，1998，頁 10）
>
> 社署會為那些在經濟上無法自給的人士提供安全網。申請人必須明白綜援金的發放是為他／她解決經濟困難的暫時措施。他／她有責任透過向他／她提供的各項就業援助服務，積極尋找及持續工作，自食其力，以應付自己及家人生活所需，從而減輕他／她及其家人在公共福利方面的依靠。（社會福利署，2007）

香港政府的勞工及福利政策，一直不重視勞動市場的工作質素（job quality），所有工作都是「好工作」，並無「壞工作」（bad job）可言，就業政策的重點是要求失業者接受市場上提供的職位空缺。在態度上它將綜援視為短期措施，因此失業者需要在最短的時間內離開福利，減低對社會的負擔。這種盡快工作（Work first）的理念，[6] 一方面將失業福利者規訓化及罪犯化（criminalisation）（Chiu, 2003），例如「守行為」式的社區工作；另一方面防止非綜援的貧窮家庭申請福利，將他們維持在低薪工作中並節省福利開支（Chan, 2011b）。以市場主導的工作福利（Grover & Stewart, 1999），監控的對象不單是福利使用者，更包括其他在職貧窮工人（Dostal, 2008），以維持現有底層就業市場的勞動力供應。「自力更生」計劃所追求的「盡快工作」，既指參加者須盡快填補市場空缺，亦確定只有從事全職工作才算是自力

更生及有機會脫離綜援，即工作福利的主要目標：

> 鼓勵及協助健全失業及從事非全職工作的綜合社會保障援助受助人尋找有薪的全職工作，從而達致自力更生。
> （社會福利署，2007）

不論在政策層面還是執行層面，「自力更生」計劃的工時要求極為嚴格，這是出於社署只將全職工作定義為工作，要受助人滿足道德責任多於實際經濟效益。根據筆者的經驗，曾有參加者從事課餘託管導師，時薪約 50 元、月入約 3,000 多元，超過在最低工資實施前「自力更生」計劃的薪金要求。[7] 但由於她每天只工作 3 小時，未能符合 120 小時的工作時間要求。因此，她需要繼續參與「自力更生」計劃，而當時的就業主任建議她另覓工時更長的工作。最後她放棄了滿足感較大的託管工作，轉做晚間工時較長的清潔工，時薪較低但月薪一樣。政府的工作福利認為有工勝無工、低薪勝無薪，全職工作就是公民生活方式的規範標準。從經濟上說，失業者從事全職工作較兼職工作，無疑可提高其時間上的生產力，增加了總工時的產出，所以即使月薪相同，全職清潔工仍優於兼職託管工。不過該工人為了滿足社署的工時要求，無奈地削減其「單位生產力」，即每小時所產出的經濟價值，變相降低自己的生產效率。另一個案亦發生於最低工資立法前，該參加者報告求職狀況時，就業主任建議他嘗試把薪金要求，從時薪 25 元降低至 20 元左右。按主任的邏輯，只要失業綜援者更廉價地出賣勞力，這會提升在市場上的競爭力，增加受僱的機會。

這兩宗個案固然沒有代表性，但它們卻反映了香港工作福利的兩個主要問題。第一，政府放棄提高長遠的生產力，只着重滿足短期的企業需求。由於政府認為任何工作都是可以接受（比使用福利好），因此它並無任何動機改善現有的工作質素，更拒絕增加對市場的介入，包括規管生活工資及提高與產業相關的技術培訓。第二，工作福利是否能有效協助失業者就業及脫離福利，其實很大程度受經濟環境及政策設計等因素影響，並非透過「自力更生」的強制工作要求便能達成。其實當時政府更參考了外地的經驗，研究引入失業綜援的領取時限。不過，綜援是以家庭為單位的最後安全網，領取時限會對非失業家庭成員構成威脅，如兒童與長者。礙於可能造成的政治及社會影響，政府最後並無採納。綜援的強制性，基本上限於對未達標申請人的懲罰，一般來說「自力更生」的參加者，只要如期出席會談及參與就業服務安排的活動，不會遭受制裁，亦不需要無條件地接受就業服務轉介的工作。當然在微妙的「強制服務」權力關係中，綜援人士有多大程度的自主性，亦視乎個別機構的取態。

平情而論，從綜援就業服務的發展可見，近年香港工作福利的懲罰性有所減低，支援性則部分地增加，但這不代表政府加強了介入角色，整體就業政策的範式大致不變。無疑，綜合就業計劃及社區工作的重整，都給予服務機構及失業者更多的彈性及個別化的支援（Tang, 2010），特別是參考英美從福利到工作的政策轉移（policy transfer）。從性質及焦點來說，服務的主要目標是銜接（bridging）及提升工作動機，以及增加與就業相關的軟技巧（soft skills），如面試及社交等，以增加其工作準備性（work-readiness）。不過其訓練及技術元素相對較弱，一般只是吸納於現

有的再培訓計劃中，如一個月的短期全職課程。這明顯受限於本地的自由市場經濟體，政府對發展技術及工作穩定性屬低度介入（Tam & Chiu, 2010），只定位於資助再培訓局及職業訓練局，限制了政府對人力資本的投資。再者，政府是以非經常性的撥款資助綜援就業服務，導致投入不足及不穩定；服務成效亦只着重短期的成功就業率，以至部分服務提供者有「跑數」的壓力。[8] 受到新管理主義的影響，這種類市場的就業服務資助模式，可能會造成所謂的「泡沫與停滯效應」（creaming and parking）（Carter & Whitworth, 2015）：基於撥款的誘因以及服務提供者的選擇，本身能力較高的失業者最能受惠，技能及可僱性較低的參加者持續地面對就業障礙。從近年失業個案的數據可見，不少停留在綜援的使用者都是年齡偏大及學歷較低，他們較未能受惠於這種就業政策及服務。可以說整個綜援就業服務面對的困境，其實是源自於政府整個福利及就業政策失誤的結果。

（三）供應面的可僱性與量先於質的增長模式

撇除社署工作福利的強制措施，扶貧委員會就「從福利到工作」提出四大策略，足以反映政府對福利及就業政策的選擇及限制：提升就業能力、就業支援、工作誘因及就業機會（扶貧會，2007）。這四種策略可以從勞動市場的供應面（僱員）及需求面（僱主）理解。第一，政府以「可僱性」來定義就業能力，即透過再培訓計劃增加或改變失業者的技能，以適應就業空缺的要求。第二，政府加強勞工處及綜援的就業服務，例如深入就業援助計劃等，以支援失業者從失業到就業的過渡，包括提供就業資訊及調整工作期望。第三，當時政府建議增設偏遠地區的交通

津貼，及提高豁免計算入息金額，以在職福利（in-work benefits）作為經濟刺激，提高失業者的工作動機。這三種策略都是針對供應面改造失業者，至於需求面則依賴就業機會的「自然」增長。政府並無以「全民就業」作為勞工政策的目標，而是企圖藉經濟發展、社會企業及地區就業措施刺激就業，前提是把對市場的介入最小化，例如削減利得稅。更重要的是政府認為當時的就業機會相對充沛，因此問題只是在於貧窮家庭是否願意接受它們，以及工資與綜援金造成的差距（扶貧委員會，2007，頁 22）。可是 1999 年後失業綜援金已被大幅削減及取消多項補助金及特別津貼，其水平已滯後於經濟及社會發展，政府再次削減的空間不大。更何況失業綜援個案相當穩定，即使在金融海嘯後輕微回升，亦只是短暫的現象，未有構成財政壓力；故在經濟復甦及財政轉虧為盈的背景下，政府並沒有進一步收緊健全綜援的動機。其後香港長期維持低失業率及為最低工資立法，失業及低收入綜援個案更快速下降。這解釋了以收緊資格及削減金額為主的工作福利措施，在 2007 年後有緩和的趨勢。

　　總體而言，社署的強制工作、就業服務方向及扶貧委員會「從福利到工作」的策略，主要是站在勞動市場的供應面（supply-side）提高失業者的可僱性（Peck & Theodore, 2000; Raffass, 2017）。主張工作動機優先、盡快就業的工作福利政策，結合供應面主導的可僱性，以短期的市場效率及企業的彈性及利潤性作最高準則；政府的責任在於協助公民作為工人，進入並適應勞動市場的條件與轉變。這種港式的新自由主義工作福利，在概念上有三種特徵及問題，部分是政策制定者沒有預期的後果，部分涉及香港深層的政治經濟制度。

第一，它依賴短時間內企業職位及僱員意願的可供性（availability），缺乏「反周期」的經濟功能，可說是一種「好天氣」式的政策工具（Raffass, 2017）。在經濟增長及低失業率中，勞動供應及就業者的總工作時間容易增加，這種模式可減少職位空缺率及工資上調的壓力。但在經濟衰退及失業率攀升時，即使強制工作短期內可提高勞動力供應，但不會自動增加勞動力的需求。如果總就業職位並無增加，那失業者再就業只是一種「音樂椅」的現象，對總體的生產時間並無影響，甚至造成工資下調的壓力。在引入「自力更生」計劃後，社署不斷以失業綜援個案的下降，論證其工作福利的成效。不過 2003－2004 年失業個案急劇上升，2006 年後穩步下降，證明了就業職位及基層工資增加，才是減少失業個案最關鍵的因素。

第二，它增加了對僱主有利的勞工彈性，以及在經濟危機時減輕他們的勞動成本，特別是對不願作長期投資及提升生產力的企業，它們的利益更受到保障。一方面社會安全網的改革，可以作為對勞動市場的調節，將失業綜援個案作為低薪勞動力的後備軍，形成工資下調的壓力（Grover, 2012; Wiggan, 2015）。另一方面，非在職福利的門檻增加，低薪工人對市場工資的依賴更高，進一步強化資本在勞資關係上的權力。新自由主義的供應面介入，假設了失業對經濟增長具一定好處，故不贊成從需求面介入市場及全民就業的承諾；它傾向擴大企業在市場上的彈性，以換取企業的利潤性及壓抑工資增長帶來的通脹。因此，港式工作福利可說是一種企業福利（corporate welfare），有助企業將競爭的成本及風險，轉移至基層勞工身上。

第三，它傾向個人化的介入模式，既是不對等的契約福利

（contractualised benefits），亦是低效能的就業制度。如前所述，契約化福利只有在雙方共同履行應有的承諾下，才可能是對等及合理的契約。不過香港政府將自身的責任，僅限於推動經濟發展、監督失業者的工作動機，以及提供低成本、低技術的就業服務。政策明顯地將責任放在失業者身上，不但「責怪受害人」（blaming the victims），更讓政府逃避管制市場及提供足夠保障的責任。再者，「盡快工作」的原則，表面上增加失業者在市場上的適應力，其實要求他們放棄對職位空缺的選擇，要盡可能應徵不同的非技術崗位，因此增加了他們求職的時間及成本。不過一般僱主在聘用時都有不同程度的需求剛性，他們不一定最重視求職者的所謂適應力。「盡快工作」最後可能導致劣質的求職過程（Raffass, 2016）。

在這種制度及觀念下，較長時間的求職被視為減慢人力更替的速度，增加勞動市場的短期交易成本。不過，最短化求職時間、接受任何工作的所謂彈性，不必然帶來整體生產力的提升，甚至會惡化人力資源的錯配。這些對培訓、就業、離開福利等「求快」的政策（Fast policy），基本上將工資、培訓及社會保障支出，視為企業的成本及政府的財政負擔，最小化它們可以維持整體經濟的競爭力。港式工作福利制度化這種狹隘及短視的發展觀，不論在就業職位、培訓及工作時間上，都只以「量先於質」（quantity over quality）作為提高競爭力及生產力的策略（Berry, 2014），並不利於社會的長遠發展，或帶來更平等化的經濟分配。新自由主義的勞工及福利體制，不但嚴重地向僱主傾斜，更鼓勵私營及公營部門的「低質投資」（low road investment）（Clasen & Clegg, 2006; Kalleberg, 2009; Murphy, 2016）：將資本導向短

期的牟取利潤及尋租行為，企業缺乏提升生產力的動機；而政府以財政紀律之名壓抑公共開支及社會投資的規模，包括對產業技術發展、勞工及社會保障等投入，不願介入市場以增加企業的成本。最後，整個經濟增長模式維持兩極化的就業與工資結構，失業福利只能限制在安全網中，覆蓋最貧窮的失業工人，但又以最快速的時間推動他們離開。

（四）從多樣化的積極化體制看港式制度

　　早期的積極勞動市場政策，源自於北歐的積極化措施，屬於宏觀經濟政策的一部分，例如工資協調、人力投資政策及公營化服務等。不過踏入八十年代後，這些北歐國家面對經濟危機及失業問題時，開始將積極勞動市場政策目標化，針對一批在市場上可僱性較低及弱勢的群體，例如長期失業、青年等，開始連繫到社會安全網的使用者。在九十年代後，不同國家受到新自由主義、經濟危機、勞動市場改革等不同程度的壓力，紛紛針對社會援助的使用者，作出不同形式及目標的干預。因此部分論者認為西方福利體制，在工作福利的轉型下出現趨同的現象。不過，即使它們面對相似的社會經濟壓力，其政策回應方式卻很大程度受原來的福利體制、政治制度、經濟結構等所規限，所以最終仍出現差異性頗大的工作福利體制或積極化策略，可視為福利制度的路徑依循。綜觀不同的工作福利體制，部分論者認為它們在福利資格、就業方式及責任分擔等方面，大致可分成兩極光譜：人力資本投資與培訓取向，以及市場與動機激勵取向（Dingeldey, 2007; Lindsay et al., 2007; Dostal, 2008）。前者代表政府在就業及培訓政策擔起積極的使能角色（enablement），傾向人力投資及

技術培訓，接近社會民主式的福利體制。後者代表政府以收緊福利資格及水平作手段，增強福利使用者工作的動機，加快他們離開福利的速度，但介入市場程度較低，接近新自由主義福利體制。

近年的文獻則更着重同一國家或體制，如何結合不同取向的政策，導致混合模式（Aurich, 2011; Marchal & van Mechelen, 2017）；這包括傳統的社會民主式國家引入工作動機的策略，或自由主義體制吸收更多人力投資的策略。但不同的混合模式對權利與義務有新的定義，透過不同的介入的強度和政策工具，它們在創造就業動機上呈現出不同程度的強制性與自主性。從針對制度結果的研究顯示，人力資本投資的積極化策略，例如增加尊嚴工作（decent work）的機會、具實質技術提升的培訓，更能促進使用者的「過程福祉效應」，即如積極性、能力感、參與感等，對促進工作動機有正面影響。以削減福利慷慨度及工作紀律為本的工作福利，則可能帶來的反效果，包括被孤立、無價值的自我感覺，反而打擊了求職者的信心及熱誠（Carter & Whitworth, 2016; Raffass, 2016）。在求職的過程中，工作積極性與自主性有密切關係，如工作福利過分地重視「強制性」及「懲罰性」，反而增加了參加者的抗拒及消極性。部分論者更前瞻地提出針對失業的預防性（preventive）積極化措施（van Berkel & van der Aa, 2015），以區別傳統的補救性及回應性再就業政策。預防性政策體認到後工業勞動市場的風險，例如勞動關係的去標準化及彈性化，因此從宏觀的經濟政策介入生產領域，透過技術及保障的支援，促進就業者在工作與工作間的轉移，以及更新技術為本的可僱性，嘗試結構性地減低失業及低薪的風險。雖然有論者批評類

似的「彈性保障」政策，只適合特定的福利體制，難以複製到歐洲以外的社會脈絡，但預防性積極化措施最重要的訊息，在於要解決福利及就業的張力，需要更多元化的風險分擔及管理，如政府、商界及工會應可參與，共同制定勞動關係及集體談判的制度，其中政府有最關鍵的角色，推動制度性的變革。這樣才算是「積極」的積極化政策，將低薪、失業、不穩定就業視為結構性的現象，要從問題的根源解決。

根據國際的積極化經驗，可以進一步從理念及制度，定位港式工作福利的特徵及危機。首先，規範性理念可分成對責任的承擔與介入的過程（Dean, 2007）（圖 5.1）。第一條軸線顯示，制度上愈能保障及支援各種弱勢工人，愈顯示出社會團結及包融（solidaristic-inclusive），就業市場的兩極化傾向並不嚴重。制度上愈重視建立個人對市場的適應力，則愈體現出契約化的競爭（contractarian-competitive）精神，即政策着重提高個人的可僱性，包括技術和動機。第二條軸線顯示，制度上愈重視個人的選擇及參與，愈接近平等自主（egalitarian-autonomist）精神；制度上愈賦予政府權力施加制裁，或要求福利使用者遵守規則、傳統，或進入某些系統，重建社會秩序，愈接近威權強制（authoritarian-coercive）的態度。這個工作福利的價值分類學，分別代表了四種不同的介入模式。在混合體制下，它們不必然互相排斥，但一般來說社會民主體制傾向平等自主式，藉公營部門積極創造職位，以及就人力資本進行投資。保守民主體制具明顯的團結包融及強制色彩，承認就業機會是個人的權利與義務，政府有責任將個人融合於集體之中。自由民主體制則以市場優先，重視個人的就業責任與動機，政府可以根據其財政能力提供就業

支援，例如提供實習及市場資訊，以強制性的福利條件，肯定工作的優先性及即時性。

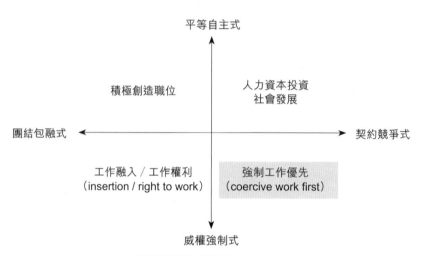

圖 5.1　工作福利體制的規範性分類（Dean, 2007）

　　第二，工作福利的制度工具，大致可從人力資本投資及市場導向的工作強度來分析（Bonoli, 2010）（表 5.1），可見於文獻中「培訓優先」或「工作優先」的政策選擇。綜合而言，弱的人力資本投資和弱的市場就業優先性，指向政府主動創造就業機會，以及提供非就業相關的培訓，例如行為紀律的訓練等。這些措施並無提高就業者的能力或技術，亦不要求失業者快速地進入市場。強的人力投資與弱的市場優先，指向由政府提供的基礎及成人教育。它們雖然對即時的就業能力影響不大，甚至會延遲就業的時間，但卻是長遠社會發展、提高知識水平的重要策略。弱人力投資與強市場優先，指向快速的動機強化目標，例如藉收緊失業福利、增加在職福利等；以服務作就業政策的介入，提供就業轉介及就業相關的短期訓練等。強人力投資與強市場優先，指

整體及長期的技術發展，這一方面能配合經濟的需要，技術可滿足產業的轉型或升級；另一方面，培訓的目標雖不是在短期內減少失業率，但與未來的就業機會高度相關，是為協調經濟政策的一部分。同一國家的積極化政策可以有不同的組合（Aurich, 2011），例如雙強、雙弱或一強一弱等。

表 5.1　積極化政策的分類

市場導向的 工作優先強度	人力資本投資	
	弱	強
弱	職位創造： 擴大公營部門 紀律性訓練： 非就業的培訓及強制義務勞動	基礎及成人教育
強	動機強化： 非在職福利—條件化、收緊金額、時限、工作測試 在職福利—收入補貼 就業援助： 求職服務、工作實習、職業介紹	技術提升： 政府、企業、工會協調的行業技術計劃； 與就業相關的職業訓練，配合整體經濟發展策略

資料來源：修改自 Bonoli, 2010

從規範性理念來說，香港的工作福利體制較傾向競爭—強制模式（見圖 5.1 的陰影部分），政府以參與市場競爭作為一種個體的責任，政府的責任在於以行為動機的方式，管理個人的經濟行為，以全職工人作為個體公民的標準責任，個體並不容易參與定義或享受自主。就制度取向而言，有論者認為香港的工作福利算是混合型的（Tang, 2010），可說是結合「盡快工作」及人力投資的培訓元素。至於香港的積極勞工市場政策的發展，則可以1997/98 年為分水嶺（Chan & Chan, 2013）。在 1992－1997 年，

政府只以非常有限的方式進行人力發展，包括資助再培訓局的短期基本課程，如語言、中文打字、撰寫履歷等。政府仍假設一般中年失業人士，可以在職位充沛的就業市場上找到工作，所以投入的資源十分有限。從 1998 年起，政府除了透過收緊社會保障外，亦有透過需求面的介入，創造新的臨時職位及資助就業，但亦非針對失業綜援個案。至於供應面介入，則主要透過就業服務協助失業綜援人士（深入就業援助），實習計劃支援失業青年（青見展翅），對象延伸至非傳統的弱勢勞工群體，以及針對一般學歷人士的持續進修基金，並逐步擴充再培訓的內容與對象。表面上在 1998 年經濟危機及失業高企後，特區政府對就業的介入的確比低失業率時代多，對象亦擴展至大專畢業生、地區貧窮人士等。但這些零碎的支援服務計劃，或是短期或屬於服務層次，對人力投資為本的積極化措施，並無清晰理念及整體性的政策工具。針對失業綜援的工作福利措施，限於供應面的介入，更無考慮替代效應（substitution effect），即新增的就業被新增的失業抵消；以及淨損失（deadweight loss）的效果（Chan & Chan, 2013），即這些計劃對僱主的聘用其實無大影響。

　　總括而言，香港在積極勞動市場政策的投入，在 2000 年後有所增加，特別是提供不同的短期培訓服務，以及在失業高企時新增的臨時職位，目的在於防止進入社會安全網及促進健全使用者離開。這種介入程度較殖民政府時代的最小政府（minimal state）稍有不同，或是出於當時的就業不穩定性增加對社會保障的需要，但同時財政赤字及經濟風險不斷出現；再加上特區政府持續地面對民間社會的政治動員等，催生了認受性危機及管治的實際考慮。因此，港式的工作福利及積極化政策在數量上有所增

加，政府開始承認全球化競爭及就業市場帶來的風險，認為這是
無可避免的。不過，受制於政府的財政紀律，以至承襲自殖民時
代的非協調性勞資關係，特區政府對人力資本的投資並不持續。
或許用於就業相關的培訓、服務、動機津貼等公共開支，整體來
說有明顯增加。不過相較其他發達的經濟體系，政府在人力發展
的投入相較本地生產總值的比例仍是很低，對工作質素及工資的
管制及激勵相當有限。因此在金融海嘯後失業率雖然迅速回落，
最低工資自 2011 年後每兩年檢討一次，但工資增長的速度遠遠
落後於利潤的增長，未能滿足基本生活。香港經濟的增長模式，
多大程度上由工資帶動（wage-led growth），工人如何享受經濟
發展的成果，需要更多研究探討；企業、工人及政府是否可共同
參與訂立經濟發展的策略，這是積極化政策長遠效果的關鍵。根
據上文的分析，港式工作福利應該是「工作先於培訓」及「行為
監察多於技術投資」。因此它可算是強工作優先、弱人力投資的
組合（見表 5.1 的陰影部分）。

　　積極化政策的目標不是節省公共開支，亦不應淪為改變行為
的工具，需要配合就業及產業政策，擴大長遠的社會投資，重新
調節勞動關係。基於新自由主義勞動市場的排斥性及剝削性，求
職者的失業履歷、年齡、學歷，甚至擁有「過時」的技術等，都
對再就業構成負面影響。如政府要協助他們獲得穩定且足夠生活
的工作，需要更密集的投資及更強的市場介入，扭轉勞動關係中
處於弱勢的基層工人。在經合組織（OECD）國家中，特別是以
市場導向及工作優先的英語國家，其工資佔本地生產總值的比例
持續下跌，這與其工資議價的制度、工會力量及工作福利的改
革有密切關係（Raffass, 2017）。為此歐盟針對保障及就業的策

略，提出兼備最低收入保障及積極化的三條支柱（Marchal & van Mechelen, 2017）：足夠的收入保障、包容性就業市場及具質量服務的可達度。這三條支柱是否能解決工作福利與收入保障的結構性矛盾，似乎言之尚早。但要減少工作福利可能促成的反效果，例如在職貧窮、就業不穩、技術停滯及削弱議價力量等，肯定要改變目前「盡快工作」、「量先於質」的港式工作福利。

三、何謂工作？在照顧與就業之間的（單親）婦女

上節對港式工作福利的批評，並未挑戰它對「工作」及「貢獻」的定義，以及對無償勞動的貶抑。本節主要分析綜援單親的就業政策，尤其是它的制度特徵與「自力更生」計劃很相似，但懲罰的強度及服務的取向有所不同。本節透過性別及階級的視角，對強制單親就業的性別偏見及市場優先性，作批判性的理解及建議。

正如一般失業福利使用者，單親及雙親家庭的照顧者愈益成為工作福利的對象。不少國家在給予單親的社會援助中，引入不同程度及形式的強制就業計劃、福利條件性（Knijn et al., 2007），其中「單親婦女」的特殊性不斷降低，逐漸被當成具工作能力失業人士的一員。當然，單親與非主要照顧者的失業者，在家庭責任、時間分配及就業彈性等方面，都有極大差異。在推動單親家長及婦女就業時，必然聯繫到更大的照顧體制、就業政策及勞動市場彈性等問題。因此，探討單親的工作福利，需要進

一步分析福利、照顧與就業政策如何互動，對婦女及其母親性（motherhood）造成的影響。最後本節嘗試提出一些性別友善及發展性的政策方向，超越單一的市場兼職模式，推動更多元的社會參與及經濟充權。

（一）單親綜援就業政策的轉變：從自願到強制

政府其實早在 1999 年的綜援檢討中，已經指出以 15 歲為強制就業的最低子女年齡，較其他國家來說過於寬鬆。而單親綜援家長面對的困境，並不是其拒絕就業的正當理由，因為其他非綜援的單親及低收入家庭的家長，同樣面對照顧與工作的困難。社署沒有將單親看成一般失業人士，而是與其他單親家長及照顧者比較，將大家共同面對的結構性就業困難，視為女性的自由選擇。這忽視了非綜援單親及低收入家庭承擔的就業與照顧成本，並再次透過競低的邏輯，合理化單親婦女在就業中面對的困難及政策的強制性。況且，綜援單親的經濟資本與中產單親不同，而一般的雙親低收入家庭，亦有兩位成人可分擔照顧工作。與綜援單親情況相近的在職貧窮單親，或許是社署最有力的理據，要求前者效法後者出外就業。但後者之所以能從事低薪工作，可能因為部分單親有較強的社會資本，能協助其照顧工作，但亦可能默默承擔着照顧的風險。無條件地要求所有貧窮單親就業，將帶來嚴重的社會經濟後果。有關規定除了在理念上值得商榷，亦需要仔細地檢視政府的介入方法及提供的支援。無論如何，在缺乏研究的基礎下，政府於 1999 年開啟了強制綜援單親就業之門。不過當時社署沒有採納檢討報告的建議，將強制就業的最低子女年齡改為 12 歲，估計是經計算政治風險後，政府採取較漸進改革

的方式，先處理失業個案，另再伺機改革單親個案。

　　及至 2002 年 3 月，社署參考了針對失業綜援的「積極就業援助計劃」，推出自願性單親就業試驗措施「欣葵計劃」，目標在於增強單親家庭的工作能力及動機，減少她們的社會孤立（社會福利署，2003）。這計劃的起點不同於失業綜援，並無比較綜援單親與低收入或中產單親的就業狀況，但開始將無工作定義為社會孤立。計劃的對象為 2,000 名 50 歲以下、最年幼子女在 10–14 歲的單親母親，為她們提供就業及培訓的資訊、制定求職計劃，甚至轉介至當時的特別見習計劃及深入就業援助基金，部分專門為單親家長而設。她們如參加培訓、求職、從事有薪工作或實習，都可以獲提供免費的課餘託管使用券；部分亦會因應其狀況轉介至單親中心，接受求職及輔導等服務。計劃的評估報告顯示（社會福利署，2004b），在社署擬定的四項目標中，欣葵計劃的參加者較非計劃參加者的求職次數較多，亦較多找到兼職工作；同時參加者的「社會隔閡」（social exclusion）程度減少，只是心理健康無明顯改善。在經歷一段時間後，部分參加者對計劃的滿意度下降，特別是關於計劃是否麻煩、有否強迫她們學習技能，以及得到的求職支持等。但整體來說，參加者都對計劃表示支持，因此社署決定延續。不過當時社署已指出，由於單親個案不斷上升，更引起申訴專員的關注，需要進一步檢討單親就業的安排，埋下之後收緊政策的伏線。

　　社署終於在 2005 年 5 月公佈了檢討單親就業政策的結果，其聲稱的目標是要協助單親家長建立自力更生能力、融入社會及尋找有薪工作的能力。社署假設「通過工作擴大社會網絡，有助提高單親家長的自尊自信，令家庭生活更加充實」（社會福利署，

2005b），亦符合政府「從福利到就業」的政策。其中最主要的理據有五：第一，不少單親家長在子女年幼時開始領取綜援，由於長時間照顧家庭而無工作，這令她們重返市場的困難提高，亦喪失了不少工作機會及社交技能，與社會嚴重脫節。第二，父母就業可為子女樹立榜樣，因此單親家長需要盡快開始工作，以免對子女造成不良影響。第三，單親綜援個案在 1993/94 至 2003/04 年度裏，上升了約五倍，這不單對綜援開支構成壓力，更遠超 1991－2001 年間全港單親家長的上升幅度（69%）。第四，社署認為個案上升的最重要原因，是社署在九十年代提高了單親個案的福利水平，包括設立單親補助金。這些改善使綜援成為單親家長重要的經濟支援，變成一個具吸引力的選擇，打擊了她們的工作動機。第五，欣葵計劃反應雖好，但參與偏低（當然計劃本身就是自願性的），故需要強制性措施發揮實質影響力。

社署首次提出的改革方案，要求最年幼子女達 6 歲的單親家長及雙親家庭照顧者，需要每月從事不少於 32 小時的兼職工作。社署將本來需要廢除的單親補助金，轉為一種工作獎勵，即無工作的懲罰，如有家長未能達到就業要求，則停止發放補助金。對有就業困難的家長，社署繼續參考積極就業援助計劃，提供市場資訊及求職協助。在照顧的支援上，社署在 2005/06 年度起，將全港免費的課餘託管名額，由 830 增至 1,250 個；而教育統籌局亦增撥了資源加強「校本課後學習及支援計劃」，以扮演類似課後託管的功能。

及至 2005 年 7 月，鑑於在過去兩個月內引起很大的社會爭議，故社署作出兩項修訂。首先及最重要的是，將最年幼子女年齡由 6 歲提高至 12 歲；第二，將未能滿足要求的懲罰，由取消

單親保助金（每月 225 元）改為每月扣減綜援金 200 元。這改動令當時本來受影響的單親家長及照顧者，由 54,000 人減至 18,000 人。明顯地社署因受到民間社會的壓力，減少受影響的單親家長及照顧者，但維持相若的強制性及懲罰性，只針對最年幼子女進入中學後的家長，算是在年齡上作出了頗大的讓步。最後，社署在 2005 年 10 月，確定了以「欣曉計劃」作為強制單親就業的政策，並開始引入「欣曉深入就業援助計劃」，完全參考當時針對失業綜援的「積極就業援助計劃」及「深入就業援助計劃」，即所有對象首先要到保障部會見就業主任，再將部分參加者轉介至福利機構，接受深入就業援助的服務。

欣曉計劃由 2006 年 4 月起實施，首階段為期十八個月再作檢討。欣曉深入就業援助計劃的營辦及投標方式，均參考之前的同類計劃，根據各區使用者數目作比例，總共由非政府機構推行二十個項目；其內容包括一般訓練及基本技能、求職訓練、就業選配等。直至 2007 年 10 月，社署延續第二期的欣曉深入就業援助，名為「欣曉（優化）計劃」；2010 年 4 月至 2011 年 9 月為第三期欣曉計劃，其實際內容與之前無大分別。之後由於政府檢討不同就業計劃的效率，故在 2011 年 10 月至 2012 年 12 月，進行最後一期的「欣曉延展計劃」。自 2013 年 1 月起，社署正式將「欣曉計劃服務」歸入「自力更生綜合就業援助計劃」之下。因此，雖然欣曉計劃的對象背景及懲罰無變，但「自力更生」作為綜援就業政策的覆蓋面變相擴大了。

（二）欣曉計劃的政策修辭與觀念

整體而言，欣曉計劃雖然在懲罰性及工作強度上，都比針對

失業綜援的「自力更生」計劃弱，但政府在推廣欣曉計劃中使用了不同的政策修辭及理念，其中有些爭議及矛盾之處，需要作進一步的分析。首先，政府引入「社會排斥」[9]的語言及概念，描述單親家長及照顧者沒有工作的狀況。社署有兩個假設（社會福利署，2005b）：一、工作是融入社會的最重要途徑，單親家長沒有工作便不能融入社會；二、工作能協助單親家長獲得社交技能，沒有工作等於失去這些能力，惡化其社會排斥的程度。這種就業導向的社會排斥論述並非香港獨有，有論者稱之為「社會融合論」（Social Integration Discourse）的排斥觀（Levitas, 2005），即以就業地位來判斷融合的程度。一方面融合論高舉市場有薪工作，以全職就業作為融合的唯一標準，因此政策只求從沒有工作過渡到兼職工作，再到全職工作便等同脫離排斥狀態。這忽視了社會排斥的複雜性及多面向性，即使就業者亦可以遭遇到不同形式的社會排斥，例如收入保障、職位穩定性、政治發聲機會等。更何況在新自由主義制度下的融合論，很容易與另一種社會排斥論述結合：道德底層論（Moral Underclass Discourse）。因為後者強調貧窮人士及福利使用者自身的行為失當，例如工作態度、紀律及動機等，再加上強度「慷慨」的福利，導致他們可以選擇離開就業，造成福利依賴。雖然這取向更重視改造福利使用者的道德行為，但它們與融合論都以全職就業作為反排斥的終點。回看香港的工作福利論述，針對失業個案更傾向提出道德缺失，而針對單親及照顧者就業則較多強調工作融合的好處。亦有論者批評香港的欣曉計劃，其實是市場價值的推手（Yu, 2008b），試圖以參與市場來解決社會排斥，但卻複製了市場上既有的不平等，包括工資及性別分隔等。更甚的是單親家庭的脫貧機會以及工作

質素，並不在欣曉計劃的議程上。融合論及道德論兩者都偏重於貧窮人士的個人特質與行為，漠視了社會結構上的不公義、制度造成的問題，即所謂再分配論（Redistribution Discourse），只將責任歸咎於貧窮人士身上，有「責怪受害人」的可能，更將社會排斥及融合的定義單一化，要求基層市民完全接受勞動市場的條件。這對不論是自願還是被迫照顧家庭的女性，都構成實質意義上的排斥，否定一切非市場的社會融入方式。

這涉及欣曉計劃第二個概念，即對無償勞動的態度。當時社會上不少基層及婦女團體，要求政府除了市場就業外，同樣承認義務工作的貢獻，並能計算在 32 小時的工作要求中。不過社署明確地表示「義務工作雖可讓單親家長服務社會，但不能讓單親家長獲得在公開市場競爭的就業能力，不能取代兼職及全職」（社會福利署，2005b，頁 15）。政府以市場就業凌駕於其他有意義的參與及勞動，必然地將女性置於不利的位置，因為女性（特別是基層的）經常被賦予照顧者的角色，亦經常參與在社區的義務工作中。不過由於它們並非在市場上販賣的勞動，又在被認為是「私人領域」的家庭發生，對資本主義的生產或經濟沒有價值，所以其勞動投入不被計算在本地生產總值中；而她們的家務勞動在目前的性別體制下，則被常規化為婦女應負的責任。政府在設計欣曉計劃時，可說是隨着子女年齡而逐步減少其照顧的需要，因此在最年幼子女 12 歲前，照顧者暫可免於工作要求。但在這界線以後，政府開始不承認她們的照顧勞動，認為她們應該同時兼顧工作與照顧；直至子女 15 歲以後，綜援基本上完全不承認她們的照顧者身份，後者與失業人士一般只能在市場上求職。從援助金的減少及增加的工作強度可見，單親工作福利否定女性的

「社會必要勞動」（socially necessary labour），強化這些市場外的活動的無償地位，並暗示為不負責任。這一方面將社會再生產的成本，完全轉嫁至照顧者身上，另一方面要她們在市場上競逐底層低薪的工作，但就業並不會減少女性照顧家務的工作。欣曉計劃反映了一種落後的「工業生產主義」（industrial-productivist）福利觀（Leung & Chan, 2015），忽略了後工業就業市場轉變對工作的影響，例如技術革新、零散化及二元化等；其對工作的狹隘定義，只承認僱傭勞動關係一種方式，邊緣化不同性別、族群的多元勞動選擇，例如照顧或手作擺賣等。港式的工作福利由供應面主導，只要求就業者適應市場的變更，這是所謂增強求職者的就業能力與動機。

最後，欣曉計劃折射出福利改革中的家長主義。所謂「福利家長主義」，一方面指在政策決定的過程中，並無充分諮詢單親家長及照顧者，後者更沒有參與制定的權利；更重要的是政府斷定了什麼是對單親家長最好的安排，再因她們的利益之名，把福利條件性的規訓合理化，幫助福利使用者改過道德上的不足（Soss et al., 2011; Whitworth & Griggs, 2013）。在威權的政治經濟體中，單親家長及照顧者被塑造成經濟及道德的主體，需要學習如何在市場及家庭自我管治（self-government）。這種「為她們作好的選擇」，亦是一種對照顧者新的福利契約，要求她們可以兼顧就業與照顧，才給予經濟支援，實際上使用者並無選擇。例如欣曉計劃多次強調，可以藉就業提高綜援單親家長的自尊及效能感，為子女建立積極的良好榜樣。政府以就業作為家長身份（特別是母性 motherhood）的道德標準，變相製造了「壞的家長」，在道德上不符合作模範的標準，因此才需要她們參加欣曉計劃。

政府的政策修辭結合了經濟與文化功能，更不時選擇性地演繹國際的經驗及慣例，訴諸中國的傳統文化（Yu et al., 2014），例如董建華時代的儒家文化及曾蔭權時代的社會和諧論，都是透過傳統價值，將個人的道德責任依附於市場參與。因此，福利家長主義與威權體制及責任文化不謀而合，鞏固了新自由主義政府在施行的福利改革的認受性。

（三）港式單親工作福利：勞工、福利及照顧體制間的衝突

社署實施欣曉計劃的最主要目的，是通過工作要求強調工作的重要性、提升工作意欲，同時提供輔助性質，協助單親家長重新就業，並取得照顧與就業的平衡，建立自力更生的能力。所謂單親「家長」，遮蔽了欣曉計劃的性別面向，即要求單親婦女同時負擔母職（motherhood）與就業的責任，並要取得好平衡，才能滿足政府及社會的期望（Hung & Kwok, 2011）。問題是這兩個任務的張力，並不是綜援單親家長可以獨力面對，而是牽涉到三個制度之間的配合：福利、照顧及就業。即使香港政府以在職貧窮單親作成功例子，只是無視於後者承受了不必要的風險。根據國際經驗，其實單親工作福利的目標，與照顧及勞動體制不無衝突，是否能推動就業及增加使用者的福祉，取決於不同的制度因素。基於單親母親的獨特處境，有論者認為專為她們而設的積極化措施，應與一般失業者不同，需要用三個維度以檢視制度設計是否能協助她們處理就業、照顧及收入保障（Kowalewska, 2017）：培訓機會及服務、福利條件性的嚴格度、託兒政策。

　　首先，目前欣曉計劃全由福利機構營辦，較之前到保障部面見就業主任提交見工記錄，就業服務的介入程度較高，不止於工作測試或監督求職行為，更有類似個案經理的模式跟進單親家長的需要。這種安排對單親母親的支援性理應較高，較能全面理解她們的就業障礙及照顧的困難。不過正如前節提及，雖然同屬社署資助，但機構之間的介入模式及工作強度有所不同，因此不同區域的使用者使用的服務差異性很高。當然，社署有其服務競投的合約標準，規範了機構的工作表現，整體來說服務不離安排培訓、就業轉介、個案輔導等。從研究顯示（Hung & Kwok, 2011），較早期的欣曉計劃的培訓，多集中於工作態度及軟技巧，如就業準備及求職方法等，教育性及職業性的元素較低。另外服務所轉介的培訓，亦限於再培訓局所提供的短期課程。受制於本地的培訓及人力政策，針對基層婦女的培訓，其實是準備她們進入基層勞動市場，例如家務助理等；同時由於本地較缺乏成人的基礎教育，服務仍以盡快投入市場就業作目標。

　　第二，目前欣曉計劃的工作要求為每月 32 小時，而對不達標的母親每月罰款 200 元。這對比失業綜援的條件性及懲罰性來說，算是相對不算嚴格。小部分單親母親仍可「選擇」不參與欣曉計劃，但要再壓縮生活開支。就最年幼子女的年齡來說，政府退讓至 12 歲後，其影響人數顯著減少。表面上單親工作福利的條件性並不算強，但政策的就業訊息卻很清楚，對單親家長來說就業的壓力仍在，只是取決於福利機構的服務手法，以及如何面對社署的「跑數」壓力。

　　第三，關於託兒政策及服務，政府聲稱課餘託管及校本課後支援服務等，可扮演託兒服務的功能。實際上前者的免費名額十

分有限，不可能應付全港單親母親的需要；後者其實是延長的課後活動，其校本的服務形式亦不能取代穩定的託兒服務。不過，欣曉計劃的最年幼子女年齡為 12 歲，因此一般託兒服務的對象似乎不適用，何況即使有服務，踏入初中的子女亦未必願意參與。換言之，欣曉計劃的年齡設計，掩蓋了公營或可負擔託兒服務的不足，變相令子女年齡較低的單親母親難以外出工作。或許 12－14 歲的少年不需要託兒服務，但單親母親仍有照顧的需要，特別是面對子女進入青春期的轉變。不少家長認為這階段的子女，其實很需要適當的管教，這亦影響了她們在這階段的求職動機。總的來說，撇除工作機會及時間，以目前低度的託兒服務安排，根本不可能要求子女年齡更低的母親可安穩地就業。

　　從筆者的經驗及研究顯示，綜援的單親工作福利未能解決兩大就業與照顧的困難。首先，社署先假設單親母親可在子女上學的時間從事兼職，即逢星期一至五早上 8 時至下午 3 時之間，因此不會影響其照顧責任。不過，根據關注綜援低收入聯盟及天主教正義和平委員會的研究（2007），就業與照顧家庭的時間確實存在衝突。雖然不少兼職工作的上班時間並非固定，但很多都要在晚間或週末工作，例如零售及飲食的替工。受惠於近年整體的就業增長及零散化就業，市場上似乎不缺乏兼職及臨時工的空缺，但要配合子女上學時間的工作，最大機會的就是與學校相關的兼職，例如送飯、小賣店及課後託管班等。另外，當年社署多次列舉「家務助理」作例子，認為單親家長可以自由選擇工作時間，但當時家務助理工會已警告，若市場上突然出現大量競爭者，將只會增加現有工人失業或開工不足的機會。市場上對婦女較友善的職位空缺本身有限，若政府只增加勞動供應，很容易出

現替代效應，對整體改善婦女就業並無好處。

社署第二個假設是單親家長的就業路徑，可從兼職過渡到全職。單親母親從事幾年的底層兼職工作後，或可以累積一定的工作經驗，但幾年後一般都是繼續從事相關的職位，只能以增加工作時間來增加收入。這再次顯示政府的工作福利觀，只關心工作的時間數量而不重視工作的質量，因為持續從事兼職或「壞工作」（Bad jobs），[10] 對於過渡至好工作（Good jobs）無甚幫助。由於基層工作的門檻較低，最快滿足就業指標的做法，就是鼓勵她們接受那些工作。但對單親家長來說，即使子女 15 歲才開始從事這些職位，亦不見得有何影響。欣曉計劃只可說是要求她們提早適應底層就業市場，談不上有投資性或發展性的考慮。

再者，子女年齡是單親家長決定進入就業的其中一個重要因素（Rafferty & Wiggan, 2011），但卻不是唯一因素（Haux, 2011），她們還需要考慮如子女成長及個人的身心狀況等。這是因為母親被要求負起照顧的道德及法律責任，當子女出意外時，母親往往是第一個被起訴的對象；[11] 而單親工作福利的道德矛盾，亦將母親陷於疏忽照顧和過度照顧的進退兩難中（double-binding）（Hung & Kwok, 2011），後者責備她們不願工作，是因為過分緊張子女及害怕工作，所以需要學習管教技巧以準備就業。這無疑強化了單親母親的不利處境，製造了未能成功就業的雙重失敗。

有論者提出影響單親母親就業的因素，可見於在就業、照顧及福利層面的彈性與剛性動態（Bakker & Tappin, 2002），一般來說政策應該居中調解剛性與彈性的張力。但在香港的社會脈絡中，單親母親在面對僱主及政府時，都缺乏議價能力，而政策卻

將就業市場的風險及額外的照顧成本，透過制度個人化成母親的責任（Davies, 2014）。

表 5.2　影響單親就業及福利的彈性及剛性因素

	彈性（flexibility）	剛性（rigidity）
勞動市場及就業	成本外化、零散僱傭關係、不穩定工作	行業需要、工資水平及勞工保障、工作時間
照顧責任	工作時間長短、臨時工作及議價	照顧及請假時間；政府的託兒政策
工作福利	就業服務及個案酌情	工作時間、懲罰性及最年幼子女年齡

資料來源：修改自 Bakker & Tappin, 2002

　　總體而言，在工作福利及積極化的浪潮下，不同的福利體制都在一定程度上，從養家—照顧者模式（breadwinner-carer model），轉向雙人就業模式（dual-earner model），其中單親家庭則只有走向個人就業模式（adult worker model）（Daly, 2011; Davies, 2014）。在推動單親婦女就業及責任個人化的政策改變同時，舊有「養家—照顧者模式」中的家庭主義依然存在，這種制度變遷及依循同時出現，在香港的實踐中衍生了幾個問題。一、過往的福利制度對單親及雙親家庭，都容許一位成人「全職」地擔起照顧的責任，而目前工作福利要求她們同時兼任照顧及就業，這樣才算是「值得被幫助的母親」（deserving mother），嚴重削弱女性的社會權利。二、一方面所有健全 3－4 人家庭的標準金早被削減，而罰款亦可能減少了綜援應付基本生活的功能；另一方面香港的最低工資並非與生活水平掛鈎，即使從事全職工作，單親家庭難靠一位就業者養活全家，更何況她們多只有零散及不足的收入，因此即使就業可增加其總收入，但仍被批評對減

少貧窮風險並無幫助（Jaehrling et al., 2015）。三、要令個人就業模式可享穩定的收入，政府需要推行更全面的收入保障及託兒政策，例如針對低收入的補助制度，以及足夠、可達及可負擔的託兒服務。四、單親工作福利表面上刺激了婦女就業的增長，但如缺乏對人力的投資及勞動市場的管制，只會助長勞動關係的零散化，在經濟衰退時弱化底層勞工的議價能力、複製就業市場的性別不平等，例如工時、薪酬、行業及職位區隔等。香港的勞工法例對「連續性合約」以外的工人保障不足，[12] 例如在休息日、有薪年假、疾病津貼、遣散費及長期服務金等，不少零散及臨時女工都失去資格。最後，社署對「社會參與」及「社會排斥」的定義，是以市場就業作為中心，貶抑了無償勞動及其他非就業的經濟參與，例如社區經濟及社區貨幣為本的有償勞動，同樣對社群有生產性。同時，從事「壞工作」不一定會減少社會排斥，沒有就業亦不等於「孤立」，強制就業可能剝奪了部分母親參與社區的時間，減少她們在互助網絡中得到的支持。政府將就業奉若神明，但無視底層勞動市場可能帶來的社會排斥。

單親工作福利中「負責任家長」與「積極公民」很容易出現矛盾（Rafferty & Wiggan, 2011），香港政府建構「盡責母親」的論述，透過比較非綜援貧窮單親的競低邏輯，將體制性的矛盾轉化成單親家長的個人選擇，及其平衡工作與生活的能力，掩蓋了單親家長作決定時的多重複雜性，排除了她們在照顧與工作中的真正自決。筆者非原則性反對鼓勵單親家長就業，只是質疑目前強制就業模式背後的價值觀和政策模式。政府應認真地消除目前阻礙她們就業的結構性障礙，讓綜援及非綜援的單親母親，在考慮工作與照顧時，可享受真正的自主及彈性。這一方面要擴闊

「就業」的想像，計算婦女非市場的勞動；另一方面透過技術性培訓、管制市場等增加就業的質素，將市場就業從「不能拒絕」的命令，變成「不會拒絕」的選擇（Knijn et al., 2007）。

四、豁免計算入息、低收入綜援與在職福利

由於豁免計算入息制度（豁免制度）較為複雜，本節先解釋其構造，再討論其發展及相關爭議。目前豁免制度可說是其工作福利計劃的一部分，讓就業的綜援人士在未能離開綜援前，可以通過工作提高總家庭收入，亦即減少直接被扣減的綜援金。換言之，豁免制度的金額代表了綜援個案的「邊際就業收入」（marginal earnings），每從工作賺取 1 元，其家庭總收入增加了多少，故涉及了綜援人士的援助水平及工作動機。目前的安排如下：

表 5.3 豁免計算入息制度安排

入息	豁免計算方法	最高豁免計算金額
首 800 元	全數豁免	800 元
其後 3,400 元	半數豁免	1,700 元
4,200 元或以上	豁免首 800 元的全部及其後 3,400 元的一半（最高為 2,500 元）	

資料來源：社會福利署，2014

綜援人士每月兼職收入如在 800 元以下，可被全數豁免而不用扣減。以「自力更生」的 120 工時及最低工資每小時 34.5 元為例，[13] 每月收入為 4,140 元，那首 800 元不用計算，其後的

3,340 元有一半金額可被豁免，即社署需在綜援金額中扣減另一半（1,670 元）。假設綜援人士賺取最低工資，工作時間為每月 26 天及每天 8 小時，每月賺取 7,176 元，那麼社署扣減的金額為 4,676 元（7,176－2,500 元）。在豁免制度下，兼職工作的邊際收入較全職工作高，特別是月入 4,200 元以上的工作，其邊際收入可說減至零。要使用豁免制度，必須領取綜援不少於兩個月，而其就業的首月入息可得到豁免，但兩年內只能使用一次。

就政策發展而言（社會福利署，2004c、2009），自 1971 年公援成立之後，所有公援人士的收入，必須全數計算在家庭收入內，其認可的綜援金額減去其家庭收入後，便是該個案可獲得的實際綜援「補助」。為鼓勵公援的特別人士就業，殖民政府在 1978 年起引入豁免制度，長者、單親家長及殘疾人士如能從工作賺取收入，可部分地不用計算在家庭收入，即更多綜援補助金得以保留。至於失業及低收入受助人，則只能以就業作為獲得福利的條件，不能享有這種鼓勵就業的「優惠」。之後政府在 1988 年將豁免制度延伸至低收入綜援人士，即每月工作不少於 120 小時。殖民政府在 1993 年將最高豁免額提升至等同單身健全人士的標準金，再於 1995 年為單親、長者及殘疾等沒有工作要求的個案，設立「首月入息全數豁免」。1999 年特區政府將首月豁免的安排，擴闊對象至有工作能力的健全成人。而 2000 年整個豁免制度的資格，進一步伸展至失業人士，作為推動他們再就業的經濟誘因。特區政府在 2002 年 3 月把單親家長的最高豁免額由 1,805 元提高至 2,500 元，並在 9 月完成對豁免制度的檢討。政府決定在 2003 年 6 月落實豁免制度的修改，將全數豁免額則由 451 元提高至 600 元，並將不同個案的最高豁免額統一為 2,500 元。

同時，社署規定領取綜援少於三個月的個案，不合資格使用豁免制度。這些新措施被納入「加強自力更生計劃」中，預計在三年後作出檢討。隨後曾蔭權在 2007 年施政報告接納了第一期扶貧委員會的意見，將全數豁免額從 600 元增加至 800 元，資格期縮短為領綜援不少於兩個月的個案。這安排在其後十年經歷了不少討論，但基本上到目前為止，社署仍維持 2007 年的安排。

在豁免制度的改革爭論中，民間團體主要倡議提高全數及最高豁免額，增加受助人就業的動機；其次要求縮短或取消資格期，因為這違反了豁免制度原先的目的，讓受助人可應付就業附帶的開支，同時保留部分入息以鼓勵就業。不過政府在 2007 年後卻以不同理由拒絕再調整豁免制度，其中有數個理由：首先，社署認為提高豁免金額變相放寬了綜援的資格，並吸引更多低收入家庭因而申請，所以要設立類似「冷河期」的等候時間，而這資格期沒有證據會打擊失業者的工作動機。其次，社署在 2002 年的檢討中，指出豁免制度不能有效推動失業綜援人士轉為低收入綜援，不能推動他們尋找更高薪的工作，亦不能減少失業個案。更重要的是提高綜援人士的豁免額，等同提高其總收入金額，即使維持他們持續就業的意欲，但亦會延遲他們脫離綜援系統。

> 雖然進一步放寬現行的豁免計算入息安排可提供更多經濟誘因，鼓勵受助人重投勞動市場，但此舉會對現時不合資格領取綜援的低收入家庭不公平，並且可能會延遲有工作能力的受助人離開綜援網。（社會福利署，2013）

政府提出的理據其實不能構成拒絕調整豁免制度的理由。首

先，一般綜援的申請資格是基於其資產及收入審查，以「認可需要金額」（即無額外收入時可獲的綜援金）作為臨界線，比較「可評估收入」的差額。只要將申請綜援前的「可評估收入」，與申請綜援後的「豁免計算金額」分開處理，取消兩個月的等候期不必然等於放寬資格，令原來不合資格的低收入家庭忽然符合資格。其次，社署擔心提高豁免金額，可能會令綜援金變得更優厚，吸引非綜援的低收入家庭申請。但如果他們能符合經濟審查，即本身已合資格使用綜援，增加綜援吸引力之說並不成立。根據筆者的經驗，就連綜援人士也不太懂計算豁免入息，非綜援人士更難以掌握此複雜的安排。較能接受的解釋，是社署擔心提高豁免金額，可能令身在綜援的就業者，繼續從事目前的零散工作或全職工作，缺乏動機尋找可以令他們脫離綜援的工作，例如更長工時或更高薪金職位，變相強化福利依賴。這假設似乎較有機會發生，但實際上綜援人士的就業選擇，是否如社署假設般簡單地取決於豁免金額的單一因素，實在值得商榷。從個案數目的走勢可見，在 2003 年開始提高豁免額後，失業綜援個案稍微下降，而在 2007 年再次提高後，失業個案更快速地減少。有趣的是，社署其實亦承認豁免制度對綜援人士求職及離開福利的影響不大，亦不能論證對綜援人士停留在福利具正面、負面或無影響。

　　雖然未有證據證明提高豁免額，對綜援人士就業或離開福利構成顯著的正面影響，但較能肯定的是目前的豁免制度，特別是其 2,500 元最高豁免額，大幅降低了月薪 4,200 元以上工作的邊際收入，許多綜援人士或許不懂得仔細計算該制度下，不同月薪對其總收入的分別，但大都有一印象，就是「做得多、扣得多」。至於是否會令他們延遲脫離綜援，這反而視乎勞動市場狀

況，例如市場普遍的職位空缺及薪金水平增加，即低收入綜援人士可能較易轉工及加薪，又或有其他家庭成員就業等。總言之，脫離綜援的時間並非只取決於豁免金額的多寡。何況即使該低收入綜援家庭脫離綜援，不代表他們脫離貧窮，而他們可能只是從綜援轉移至交通津貼或低收入在職家庭津貼的系統，仍然需要社會保障的「補助」。所謂延遲或盡快脫離綜援的決定，並非只是簡單的個人計算或選擇。至於 4,200 元以下的兼職工作，在目前制度下產生的邊際收入較全職高，能提供的經濟誘因效應較大。全數豁免額的一個重要功能，就是補助當事人因就業而增加的額外開支，例如交通、外出膳食等。由於這些開支沒有包括在標準金的考慮中，全數豁免額可以透過抵消這些開支，從而增加他們的工作動機。按此邏輯，全數豁免額一定程度上應與物價變動掛鈎，即使不是每年亦應該是定期調整。

當然，社署在否定調整豁免制度的同時，亦同時提出一些小修訂。針對失業人士，正如上節提及，現正進行儲蓄戶口試驗計劃，以取代全面提高豁免額。而對殘疾受助人，則透過關愛基金提高其豁免計算入息，包括增加全數豁免額至 1,200 元、最高豁免額增加至 6,800 元。除了援助金的調整外，政府再一次擴闊綜援中就業與非就業、健全與特別人士的差距。從表 5.4 可見，目前最多使用豁免制度的個案，依次是低收入、單親及失業，這自然跟綜援的工作福利政策有關。再看使用豁免制度的工作入息中位數（表 5.5），明顯地低收入及單親個案的薪金高於其他個案。這說明了不少使用豁免制度的在職綜援者，都是月入介於三千多至五千多元。提高全數豁免額，可以令所有綜援個案受惠，符合政府工作福利的原則，配合政府增加在職福利（in-work benefits）

表 5.4 按個案類別劃分，每月受惠於豁免計算入息安排的 綜援受助人數目

（單位：元）

個案分類	2011－12	2012－13	2013－14	2014－15	2015－16 （截至 2015 年 12 月底）
年老	2 764	2 712	2 620	2 545	2 535
永久性殘疾	3 232	3 221	3 181	3 110	3 077
健康欠佳	2 695	2 602	2 663	2 530	2 494
單親	7 668	6 635	6 144	5 605	4 881
低收入	10 888	9 023	7 714	6 546	5 642
失業	5 160	4 386	4 328	4 322	3 801
其他	253	235	206	196	152
總計	32 660	28 814	26 856	24 854	22 582

資料來源：立法會，2016

表 5.5 按個案類別劃分，受惠於豁免計算入息安排的 綜援受助人的工作入息中位數

（單位：元）

個案分類	2011－12	2012－13	2013－14	2014－15	2015－16 （截至 2015 年 12 月底）
年老	2,500	2,300	2,077	1,920	1,800
永久性殘疾	455	472	471	466	477
健康欠佳	1,413	1,300	1,340	1,318	1,192
單親	3,360	3,360	3,500	3,500	3,500
低收入	5,400	5,350	5,431	5,460	5,500
失業	2,200	2,175	2,300	2,500	2,600
其他	2,178	2,019	2,361	2,550	2,000
總計	3,500	3,400	3,420	3,228	3,144

資料來源：立法會，2016

的趨勢。至於增加最高豁免金額，即時可以增加低收入個案的實際總收入，亦可增加徘徊在三千多元的單親個案邊際收入。

由此可見，改善豁免制度不一定削弱工作動機，但肯定可以透過就業改善綜援人士的生活質素。豁免計算金額作為綜援的在職福利，適當地提高豁免額可以增加綜援人士的邊際工作收入，亦可一定程度彌補健全人士標準金額滯後的問題，至少是對健全成人及兒童的舒緩，但又沒有脫離社署的就業取向。社署既然可以選擇性地增加殘疾人士的豁免額，其實亦可以參考過往的做法，再次逐步擴張豁免制度，單親個案會是另一選擇。

低收入綜援與在職福利

豁免計算入息的對象是所有綜援人士，但社署對低收入綜援並無特別的政策安排，只能說他們是健全人士的個案類別中，唯一不用參加「自力更生」的群體，因為他們已滿足「自力更生」的工時要求。如第一章所提，低收入綜援與其他在職福利如「交津」、「低津」不同，使用者不會因為失去工作而同時失去福利資格。目前低收入綜援家庭需供養人口較多，如長者、兒童及殘疾人士等；因為其就業者的工資不足以養活家庭，所以需要綜援補貼。換言之，低收入綜援仍是以社會援助作為原則，補助入息與綜援金的差距，主要考慮低收入家庭的收入及家庭人數。但既然綜援已能扮演低收入家庭補助的角色，為何近年還需倡議新的在職福利或第二安全網？這要從低收入綜援的限制說起。

首先，低收入綜援的門檻過低，排斥了不少身處及接近貧窮線的在職家庭。從本書第四章可見，健全綜援家庭的金額均在貧窮線下，人數愈多差距愈大。這亦代表低收入綜援的門檻，對人數較多

的家庭顯得更高。現實上，香港的在職貧窮與低薪及家庭只有一人就業明顯相關（Cheung & Chou, 2016）。如前節提及，本地的照顧政策未能配合照顧需要，勞動市場亦未能達到工作與生活平衡，照顧者唯有放棄就業，這促使養家者模式維持下去。當低收入綜援的門檻太高，自然未能保障徘徊於在職貧窮線的家庭。

其次，綜援的污名化效應，令不少在職貧窮家庭對使用安全網有負面印象（見本書第六章），即使他們合資格亦不願申請低收入綜援。同時綜援亦附有不少限制，例如離港寬限及對照顧者的就業要求等，亦打擊了申請者的意欲。更何況整體市民的福利知識有限，在職貧窮家庭未必了解自己是否合資格，不少人誤以為領綜援是不允許工作的。這些因素都可能使合資格的家庭，並沒有如政府所想進入低收入綜援系統，削弱了制度的使用率。

最後，政府不願意放寬低收入綜援，除了財政考慮外，亦基於綜援制度是一個全包式的社會援助，提供相對高的收入穩定性，可能造成「難入難出」的情況。再加上前述的制度問題，低收入綜援未必是緩減在職貧窮的理想工具。如要改變綜援的「全有或全無」（all or nothing）兩難，可以選擇在綜援以外，設立第二安全網或其他收入補助政策，可以覆蓋更多在職貧窮家庭。

因此，雖然低收入綜援能保障部分在職貧窮家庭，但民間社會近年還迫使政府設立及修正低收入在職家庭津貼，嘗試堵塞安全網的「漏洞」，擴闊保障對象至接近貧窮線的在職家庭，這些都是基層團體及工人爭取的成果。不過，有四個在職福利的政策啟示及問題不能忽視。第一，「低津」和「交津」都是建基於個別工人的工時，以長工時定義全額資助，這可說是香港生產式福利（productivist welfare）的深化。政府補助長工時的工人，從獎

勵角度肯定工作倫理，變相合理化福利的工作條件性，這會否進一步削弱福利的社會公民身份，以及鞏固長工時的剝削性就業文化，需要深入研究。第二，由於在職福利的資格是持續就業，它會再生產甚至放大勞動市場的波動及不平等，亦未能處理不穩定就業帶來的收入不穩。在經濟及就業增長時期，在職福利或可舒緩工資增長滯後及社會政策失效的問題，例如房屋政策失誤導致輪候公屋時間延長及租金飆升。如遇上經濟衰退及失業率回升，在職福利能發揮的保障力量便相對減弱。第三，目前低津的工時及入息限額設計，假設援助對象為一人就業的家庭，如家庭中出現第二位就業者，便可能令他們失去援助資格。由於全額與半額的入息限額差距不大，即使第二位就業者只從事兼職，便可能已失去資格。這種養家者模式的補助，可能會打擊女性就業的動機，需要配合更多性別友善的就業及勞工政策，才能防止以家庭為單位的審查式福利，可能產生對女性就業的負面影響。

最後，「低津」並不容許家庭成員合併工時，只可由一位成員申報。這其實是將「全職就業」作為援助的原則，複製綜援的「自力更生」政策精神，可見不論「交津」或「低津」，在職福利並無改變政府對工作及福利的理念。這種對全職工人及長工時的針對性保障或獎勵，變相建立了「長工時低工資」的基層就業範式。現時的在職福利作為補救勞工政策的失誤，以及舒緩在職貧窮的壓力，固然絕對合理。但如果這種補償「長工時低工資」的在職福利，是整個經濟及生產模式發展的一部分，同時維持工資及就業的結構，那對生產力、工資增長及勞動關係的長遠影響需要更深入評估。當然，就目前「低津」、「交津」的規模來看，未必對這些制度產生明顯的影響。但重要的是政府、工人及僱主如

何理解及使用這些在職福利，以及這種「新」的福利制度所產生的社會意義。

五、零散工作與零散福利：不穩定的收入保障

　　本節從「自力更生」計劃的結果及整體綜援人士的就業趨勢，對港式工作福利作總結性分析。工作福利的問題並不止於香港，而是代表了普遍資本主義福利下的矛盾性。公共社會保障及私人就業市場是相關但獨立存在的制度，它們近年在不同福利體制中的關係日益密切。過去在戰後西方工業福利國家中，它們曾經是互相替代的制度，社會保障主要針對在勞動市場以外的人口，例如失業、病患、退休等。但隨着工業資本主義的利潤困境，加上七十年代石油危機所觸發的資本主義危機，曾經出現的「福特主義—凱恩斯式」（Fordist-Keynesian）的福利國家面對前所未有的挑戰（Jessop, 2002）。邁向後工業及後福特的生產模式及就業市場，更重視勞工的彈性以提高全球競爭力，其吸收基層勞工及提升生產力的空間受限（Pierson, 2001），而許多先進資本主義國家工人的組織化力量下降，資產階級奪回曾經作出的短暫妥協，促進更有利資本積累的空間及制度修復（Harvey, 2010）。再加上八十年代起新自由主義的信條橫掃各國政府，不論左右的執政黨都在不同程度上採納其理財哲學及福利觀念，社會保障的「再商品化」壓力侵蝕既有的社會權利。即使不同福利資本主義的體制，其抵禦新自由主義的方式及能力有所不同，但其社會保

障及就業市場都無可避免地催生更大的互補性（complementarity）（Schroder, 2013），兩個制度的發展緊扣在一起。

一方面，勞動市場的轉變刺激了政府在福利政策上的改變，例如香港在面對金融危機及企業重組勞動關係後，綜援的工作福利改革配合着經濟復甦的模式，透過「盡快工作」及「量先於質」的就業措施，收緊福利資格、降低水平及強化動機，減少失業工人維持市場外生計的機會，加速勞力密集的服務業市場整合。另一方面，在最擁抱新自由主義的體制下，福利改革有利於「競低」的底層就業市場（Collins & Mayer, 2010），既影響對婦女勞工的需求，同時助長實質工資下降及低薪零散職位增長。在低度的勞工市場規管及下降的福利慷慨度，削弱了整體社會的「工資下限」（wage floor），減低失業工人對工資及工作期望，強化在工人身上的道德規範。因此有批評工作福利並不是為失業人士創造就業，而是為壞工作創造工人（Peck, 2001; Wiggan, 2015）。這種制度管理的對象不單是失業的福利使用者，更是在底層就業市場掙扎的貧窮工人。

雖然有論者認為工作與福利的界線逐漸消失（Brodkin & Larsen, 2013），但不代表福利資本主義可以從此穩定下來，因為兩個制度在原則上的張力依然存在：最低收入保障的「安全網」原則，與積極化政策的「彈床」目標（Moreira, 2008）。特別是對新自由主義的勞工福利制度而言，安全網與低薪工作的差距是不變的政策矛盾。差距太小固然對工作動機構成壓力，但要擴大差距除非從工資政策着手，或進一步壓低安全網水平。不過這些體制在福利改革的初期，一般都先削減社會援助金額，因此之後的下降空間有限，不能無止境地削減，甚至完全取消失業者的福

利資格，這又會引發社會穩定及政府認受性問題。部分國家在財政許可的情況下，透過增加「在職福利」來維持低薪與安全網的差距，但又會出現公共資源補貼低薪企業及行業的不公平性，以及對提升生產力造成負面誘因；企業亦可將聘用及訓練的成本外化至納稅人身上。再者，親市場（pro-market）的社會保障，對勞動市場波動造成的不安全及不穩定（precariousness），失去了福利原有的抵抗力，更會複製市場「先天」的排斥性及不平等，例如受僱能力及附帶福利（fringe benefits）。對就業服務的設計而言，短期的就業及培訓指標可適應市場的需要，但這些措施對身具多重障礙的（長期）失業者，並無太大作用。要協助他們減少這些困難，需要較人性化及個別化的服務，這又不能要求過高的工作強度及短期效果。

這些結構性的政策張力，可見於多種工作福利體制，但不一定出現相同的結果，特別是最低生活保障及促進就業的有效性，需要分析其實際的效果。前節曾提及不論對失業或單親綜援，政府都認為由於綜援金額在九十年代的改善，大大提高了綜援的吸引力，同期就業市場工資不斷下跌，造成安全網與低薪工作的負差距。社署在 2000 年起，使用三個策略來處理這政策張力，一是壓抑健全金額增長；二是懲罰性及標籤性；三是有限度服務。在沒有即時的財政危機及緊縮政策下，雖然維持相同的福利條件性，但對「自力更生」的介入服務有所轉變，包括將所有就業服務及工作體驗，交由非政府機構營運。可以預計由社工營運的就業服務，其支援性應有所提高，更能解決個案的就業障礙。不過，政府其實將工作要求的強度，部分地轉移至承辦機構上。從表 5.6 可見，在政府所訂定的服務指標中，包括重返就業及主流

表 5.6 自力更生綜合就業援助計劃服務表現

服務類別 （2015 年 4 月 1 日至 2017 年 3 月 31 日）	服務表現要求		中期服務表現	
	覓得工作或重返主流教育達一個月的百分比	覓得工作或重返主流教育達三個月的百分比	為參加者覓得工作或重返主流教育達一個月的百分比	為參加者覓得工作或重返主流教育達三個月的百分比
一般就業援助服務（覓得全職有薪工作的百分比）	20%	15%	16.6%	12.5%
加強就業援助服務（覓得全職有薪工作的百分比）	40%	30%	18.1%	11.8%
欣曉計劃服務（覓得每月不少於 32 小時的有薪工作百分比）	40%	30%	28.7%	21.2%
走出我天地計劃（覓得全職有薪工作或重返主流教育的百分比）	45%	35%	44%	34.7%

資料來源：社會福利署 [14]

教育的百分比，不同服務的差異性頗大。先撇開社署要求是否過高及機構的表現，一般就業援助服務及走出我天地計劃的百分比，較接近社署所訂的標準，距離較大的是加強就業援助及欣曉計劃。換言之，「自力更生」計劃對一般及年青失業者的作用較顯著，又或是他們本身的可僱性較高；但對長期失業、較多困難者及單親家長，似乎服務介入面對的限制不少，特別是前者。根據筆者的經驗，這群經歷多重排斥的失業綜援人士，不少是有身體勞損的中老年工人，部分可能是藥物使用者或有案底的更生人士等。一般的市場職位空缺，並不歡迎他們，而在經歷不同的生命事件及長期失業後，他們的自我形象、信心等都受到嚴重打

擊。更甚的是削減健全綜援金額，卻吊詭地削弱失業者的自信及求職資本，因為未能應付部分基本需要，例如牙齒、眼鏡及電話費等，造成加劇的社會匱乏，對求職產生負面影響。

這些情況如同其他國家的經驗（Breidahl & Clement, 2010; Walker et al., 2014），面對多重的就業障礙，服務的指標不應單單放在短期就業，以及只用盡快進入全職工作來衡量成效，這對服務提供者及使用者都造成負面影響。況且只以底層職位作為就業服務的目標，並不現實亦不持續，對貧窮失業者的影響不明顯，但卻合理化社會對他們的道德指控。

除此以外，在「自力更生」計劃中找到工作的參加者，其職位主要為雜工、侍應生、售貨員、清潔工人及看更／守衛等，每月工資中位數為 6,400 元，每月平均工作時數為 164 小時（立法會，2016）。現實上不容易分辨出就業服務對就業結果的單一因果關係，但較可以肯定的是政府的工作福利政策，的確與底層職位及低薪的有關，其工資中位數低於全港就業中位數的一半。至於綜援人士整體的就業狀況，從表 5.7 及 5.8 可見，他們的月入較集中於 2,500－5,000 元之間，其次是 5,000－10,000 元。這可理解成兼職與全職工作的收入差距，前者多為欣曉、失業及其他綜援個案，而後者則多是低收入類別。在過去數年間，綜援就業者的兼職及散工比例一直穩步上升至 60%，這一方面與單親個案比例上升有關，包括從單親變成失業個案的趨勢；另一方面與近年名義工資上升，勞動市場的需求較為緊張有關，部分就業增長來自於兼職等職位，這亦較有利女性就業。總體來說，「自力更生」計劃對一般及年輕失業者的效果，較單親及長期失業者為佳，但就其獨立的正面作用，需要更多研究。但可以較肯定地

說，香港的工作福利政策，與綜援人士就業零散化、低薪及在職貧窮，相關性則較為明顯（歐陽達初，2013）。

表 5.7 2011－12 至 2015－16 年度有工作入息的綜援成年人數目

每月工作入息	2011－12	2012－13	2013－14	2014－15	2015－16 年度（截至 2015 年 12 月底）
1,000 元以下	5 980	5 575	5 420	5 298	5 156
1,000 元－2,500 元以下	6 428	5 791	5 633	5 171	4 551
2,500 元－5,000 元以下	10 372	9 072	8 301	7 721	6 815
5,000 元－10,000 元以下	9 533	7 842	6 851	5 812	5 252
10,000 元－15,000 元以下	487	606	740	837	911
15,000 元或以上	51	91	57	129	46
總計	32 851	28 977	27 002	24 968	22 731

資料來源：立法會，2016

表 5.8 2012－13 至 2015－16 年度按僱傭模式劃分的綜援在職人士數目

年度	有工作入息的綜援受助人數目及百分比			
	全職工作[15]		兼職／散工	
2012－13	14 182	48.9%	14 795	51.1%
2013－14	12 195	45.2%	14 807	54.8%
2014－15	10 513	42.1%	14 455	57.9%
2015－16（截至 2015 年 12 月底）	9 098	40.0%	13 633	60.0%

資料來源：立法會，2016

未完成的香港社會保障：批判的導論

　　這些趨勢都可能印證了工作福利政策下，就業服務受限於短期的指標及低度資源投入（McCollum, 2012）。難以避免的是，工作優先的積極化政策，或可推動可僱性較高的非在職者重投市場，但卻改變不了工作的不穩定性質（Evans, 2007; Gingrich, 2010），即使提升技術亦非獲得穩定生計的萬靈丹。有論者指出香港的勞動市場已從「短暫性不穩」轉移至「長期不穩定」（Chan, 2016），而政府對就業能力的個人化演繹，無助於（中年）失業人士應對就業、收入及職位等多重的不安全。福利「再商品化」將低薪就業的目標，凌駕於最低收入保障的足夠性原則之上（Whitworth & Griggs, 2013），把失業者推入低薪低技術的零散工作（Wiggan, 2015; Greer, 2016; Raffass, 2017），增加零散及低薪工作的人數，但卻不能保證就業的成功率以及對社會的長遠益處。或許在經濟增長及失業率偏低時期，較少出現無薪與低薪的循環（low pay-no pay cycle）（Shildrick et al., 2012）；但在經濟衰退、失業風險增加期間，成功就業者離開福利後，可能會重新跌入失業及福利中（黃洪及蔡海偉，1998）。目前在香港較明顯的是，貧窮者遊走於不穩定的工作，同時在不同的福利系統轉移，例如從單親到失業再到低收入綜援，即使脫離綜援，亦只是轉為使用「交津」及「低津」。這情況是現行制度容許甚至鼓勵的，其核心訊息就是要求窮人「在工作中尋求福利」（welfare-in-work）的議程（McCollum, 2012），但忽視就業的可持續性及工作質素。不過，在職福利建基於高度的工作條件性，代表在職貧窮者的福利收入，亦會受到就業的不穩定影響，例如突然開工不足或工傷。而行政過程亦會為使用者帶來的額外成本及困難，例如薪金及工時記錄、僱主證明等。另外，由於低收入綜援是每月定期

發放的援助金，它在處理豁免計算收入時，一般會採用先預扣、後申報再追補的方式。對從事散工的綜援人士，社署通常先假設其持續的收入，在未來續期前則依此扣減綜援金。如果他們的工作突然停止，除非個案在續期前向社署更新消息，否則電腦會繼續扣減之前的金額。由此可見，港式的工作福利制度，再強化零散就業的同時，亦增加了福利的零散性，削弱了收入保障的穩定性，亦對提升工作質素沒有幫助。

　　不論是工作優先還是培訓優先的積極化政策，「工作帶來好處」的假設需要進一步驗證，不能被視為理所當然的，例如當中涉及的薪金及工作時間剝削等問題。更進一步，這些措施在刺激就業的同時，容許部分非在職的公民遭遇貧窮、社會排斥及經濟不安全，變相製造了次等公民（Bothfeld & Betzelt, 2011; Patrick, 2014）。新自由主義的工作福利，貶抑多元的社會參與及委身，只以個人在市場上的經濟獨立定義公民責任，貶抑社會成員之間的互助性及非市場勞動。面對這種不對等的福利契約，部分論者提出「生活優先」（life-first）的策略，作為最低生活保障的基本原則（Dean, 2014; Walker et al., 2016）。這指向社會保障需要面向兩種政治：需要與能力。需要的政治在於公民行使各種權利，例如足夠的生活保障（不論在職與否）、對工作質素的制度化保障等。能力的政治取決於工人的自主，例如在工作選擇及過程中的集體參與及發聲，可以共同定義生活與勞動的標準，由工人主導制定預防性的就業政策（van Berkel & van der Aa, 2015）。生活優先原則，將工作福利所推崇的勞工彈性（flexibility of labour），變成勞工的自主（autonomy of labour），超越工作倫理的迷思：工作本身必然地包含福祉。相反，不論就業還是福利都

只是工具，福祉（well-being）才是最高目標，應以此檢討福利及就業政策。這都與國際勞工組織的建議吻合（ILO, 2016），透過改變就業職位及收入以終結貧窮，落實權利為本的減貧策略、推動尊嚴勞動保障工人，以及促進高質素的就業。

　　本章的結構及批判分析，不等於否定工人及福利使用者從下而上的迴旋空間。工作福利制度的變革與結果，除了政府及資本的影響外，亦視乎階級力量的角力，如不同公民團體及社會運動的角色，以至整體社會對福利及工作的態度，都可塑造社會保障的發展。

註釋：

1　特區政府曾在九七金融風暴大舉入市及提出「8萬5」的房屋目標，但選擇在勞工市場及社會保障上維持最小的角色。

2　這金額規定從開始到現在，一直相等於有不超過兩名健全成人/兒童家庭的成人標準金。

3　社署對全職工作的定義。

4　50歲至59歲者每兩星期改為每月。

5　〈機構為社署獎金　涉逼綜援者搵工〉，《明報》，2006年10月4日，A06版。

6　部分譯為「工作優先」，但在香港的福利脈絡下一直都是工作優先，故「盡快工作」更能反映政府對無工作的低度容忍。

7　最低工資立法後，自力更生只有工時要求。

8　〈綜援自力更生計劃安排執垃圾「跑數」〉，《明報》，2016年9月22日；香港社會工作者總工會：〈關於自力更生綜合就業援助計劃〉，《立場新聞》，2016年9月12日。

9　政府文件的中文翻譯為「社會隔閡」，但學術上多譯為社會排斥，故用後者。

10　一般指沒有前景，缺乏保障的低薪及不穩定工作。

11　根據《侵害人身罪條例》，「疏忽照顧」被列為罪行。

12　根據僱傭條例，只有僱員連續受僱於同一僱主4星期或以上，而每星期最少工作18小時，其僱傭合約才算是「連續性合約」，所謂的「4.1.18」問題。

13　最低工資時薪34.5元在2017年5月1日起生效，一般為兩年一檢。

14 取自社署網頁（2017 年 2 月）：http://www.swd.gov.hk/doc/IEAPS%20
Target%20and%20Performance_Dec%202016%20(Chinese%20Version).pdf。

15 全職工作是指每月工時不少於 120 小時，而兼職／散工則指每月工時少於 120
小時。

第六章
綜援的社會觀感、使用者經驗及政策倡議

社會保障作為資源再分配的制度，它不只是一堆由政府官員實施的政策，更涉及整個社會如何理解及回應它們，這倒過來又給予政府壓力進行調整。市民大眾對綜援及福利的觀感，直接影響到安全網對社會的意義和功能，同時塑造了綜援人士的使用經驗。面對着制度結構，不同的政策能動者（policy actors）根據其自身的利益、價值觀等，在公民社會形成各種組織力量，嘗試推動或限制社會保障的發展。本章分成三個部分，首先簡述香港社會對綜援的看法，勾勒出自福利改革後綜援的社會觀感，以評估其成因；第二部分先探討綜援人士使用福利及就業的態度，再分析目前詐騙綜援的狀況；最後從本地社會福利運動及基層組織所扮演的角色，了解倡議綜援政策及社會保障的空間及困難。

一、市民及媒體對綜援的態度

香港社會對綜援制度及綜援人士的印象，一般來自不同的大眾媒介、社會組織網絡及自身的觀察及經驗，這往往構成其對社

會保障態度的基礎。即使在同一社會中，不同階級、性別、年齡及族群等社會經濟背景，在不同的經濟狀況下，市民對社會福利及收入保障的觀感頗為明顯。以社會階層來說，較底層及處於受邊緣化的群體，較傾向不滿意整體的社會福利狀況（Wong et al., 2010），經濟條件較好的階層對社會福利滿意度較高。另外，對較低階級及經濟脆弱感受較深，以及認為貧窮及不平等源於社會不公，傾向支持政府透過公共資源進行再分配（Wu & Chou, 2015）。不過亦有研究更顯示，即使在基層內部，對綜援的態度亦有所爭議，特別是對非綜援的在職貧窮人士來說，雖然他們同意綜援是公民基本權利，社會亦有責任對有需要人士提供財政支援，但「誰是有需要」的資格問題，卻令他們對綜援有所保留（Chung, 2010）。正如前章所講，救濟式的社會安全網以「值得／不值得幫助」為資格原則，同樣反映於社會大眾的想法中，因此他們對失業或具工作能力的綜援人士有負面觀感。另外，「永久居民／新移民」亦是爭議所在，不少香港市民反對新移民合資格領取綜援，這與多種理由相關，例如認為新移民對本地社會及文化構成的威脅，以及對新移民的負面印象等（Lee et al., 2016）。

從這些研究結果可見，主流市民對綜援的態度，其實與政府一向提倡的剩餘福利觀及崇尚自力更生精神相當吻合。這反映了香港政府就社會保障建立的統識（hegemony）十分成功，透過福利改革建立失業綜援人士的負面形象，以及一連串壓縮公共開支及再商品化的措施，如收緊綜援資格等，維持低度福利的認受性（Wong et al., 2010）。可是對安全網的負面態度，卻是伴隨着廣泛的歧視與偏見，例如認為濫用綜援的個案俯拾皆是，只是社署不能查出；或誤以為失業及新移民佔綜援個案的大多數等（Chung,

2010）。不少低收入家庭即使有需要，亦不願意申請綜援，一方面顯示其強烈的工作倫理，另一方面他們普遍都不清楚自己是否合資格，又或過去曾有負面的申請經驗等，都造成基層對使用綜援的抗拒，直接降低安全網的使用率，構成對在職貧窮家庭的挑戰。當然，交通津貼及低收入在職家庭津貼的出現，或可以改善他們使用福利的經驗，不過本質上卻可能鞏固其對福利條件性的認同，減弱福利作為人權的普世價值。

除了制定及執行政策的直接影響外，綜援在媒體出現的次數亦與日俱增。自福利改革起，當時的社會福利署開創了每月報道綜援個案數字的先河，但其敍述的框架並不是整體經濟表現的指標，而是作為個人化的生活選擇。此後，綜援個案的數目及趨勢，往往被放大以至得到不合比例的篇幅，例如對新移民、青年、具學歷的綜援人士等。這些報道的主軸其實就是高舉「自力更生」的精神，將綜援人士的經歷抽離社會脈絡（蔡健誠，2000），以至建立了「經濟獨立」與「福利依賴」的二元關係，抹殺了使用福利者的多元經驗及結構性原因。除了日常報道外，主流媒體的評論亦不時推波助瀾，例如不少報章的社評，都是單方面提出對綜援人士行為及文化的批評，以一種道德底層階級論述，解釋他們的困境是出於自身的錯誤及不足（樂施會、關注綜援檢討聯盟，2008）。一邊廂對綜援的報道及評論建構着負面形象，另一邊廂媒體卻不斷報道一些個案，即使有需要亦堅拒領綜援，將此歌頌為「有骨氣」。在2006年有一單親清潔工，因工作過勞而暴斃於垃圾房中，事後有報章社評高度表揚這種精神，值得香港基層學習。近年不少長者拾紙皮及從事最底層工作，亦經常被描繪成「自力更生」精神的典範。在這種畸形的工作倫理下，迫使不少基層勞

工的身份認同，建立在「不怕辛勞、堅拒使用綜援」的選擇上，把資本的勞動剝削及政府的剩餘福利合理化。由此可見，媒體從踐踏「綜援養懶人」，到歌頌「有需要但堅拒使用」的骨氣，既以偏概全地建立綜援人士的社會塑形（stereotype），將「就業」、「不靠援助」無條件地凌駕於生活需要之上。

隨着過去十多年中新媒體的興起，有關綜援的資訊及影像可以更廣泛及快速地傳播，這前所未有地提高了綜援的「能見度」，橫跨主流的電子傳媒、傳統的「紙媒」及新興的「網媒」，不過資訊數量的增加並不等同質量的提高。雖然暫時未見相關的研究，但社交媒體、新聞網站及 What's app 群組充斥着綜援的文本，它們不單缺乏資料來源，而傳播及分享者亦不願意求證其真確性，導致一些以訛傳訛的綜援消息，能夠不斷被再生產。部分論者形容目前為「後真相年代」，提出證據及對話的重要性，從屬於既定立場及情緒宣洩。這種情況在民粹式的福利政治中並不罕見，一直以來對媒體上綜援資訊的「接受者」，其實並不單方面接收所有資訊，而是受其既有的經驗及傾向選擇性地接收及再發放。換言之，即使面對不符事實的綜援消息，但民眾仍可能因其對綜援的敵意及憤怒，繼續容許這些傳播，選擇性地忽略對綜援傳聞的澄清及解釋。

綜合而言，在福利政策及觀念的配合下，綜援的刻板形象在社區、媒體、工作場所等空間，不斷被複製及流通。這製造了一個在市民心中「想像」的綜援群體（imagined community），所謂「梗有一個係左近」深植於市民的主觀意識中，誤解形成常識。要扭轉這種對綜援的迷思，必須要突破對福利及自力更生的統識。市民對綜援制度的認識及福利使用者的態度高度相關，但

不論教育背景及階級，一般市民似乎不太理解福利政策，對綜援人士的印象容易傾向負面（Wong & Tang, 2010）。因此，政府應主動為市民提供更多及更準確的福利知識（welfare knowledge）（Wilson et al., 2012），例如不同福利的援助金額以及領取資格，這不單是希望更多窮人認識社會保障，更要減少中產及富人對社會保障及使用者不必要的誤解，增加制度的認受性及穩定性。

二、「不／值得幫助」的判斷與應對策略

不少香港人都曾經申請政府資助及接受經濟審查，但使用綜援卻是一種非常獨特的福利經驗。關注綜援低收入聯盟及樂施會出版的《綜援 -NIZATION》，透過口述歷史敘述了不同背景的綜援人士，他們如何進入綜援的系統，以及被塑造成既定的「綜援」形象。除了物質性的匱乏處境，在不少綜援群體的生活世界中，都受到不同社會制度的排斥及邊緣化，包括質疑他們「選擇」使用福利、對社會缺乏貢獻、人格出現缺陷等。其中最重要的烙印，是欠缺自力更生精神及懶惰。表面上，香港社會對無工作（worklessness）的反感，就像其工作福利的政策，只局限於有工作能力的健全人士身上。但實際上這些價值影響遍及所有的綜援群體，包括長者及殘疾等個案。剩餘福利觀高舉「值得幫助」（deservingness）的資格，卻沒有何謂最值得的絕對標準，即使長者及殘疾人士道德上被接受使用福利，但其實只是建基於「不能工作」的前提，工作倫理才是判斷值得幫助的最高原則，超越了年齡、照顧需要及身體障礙等，成為整個福利制度的核心。

當政府認為要劃一不同制度的退休年齡，如要將綜援長者的定義從 60 歲提高至 65 歲時，這些年輕長者可以突然變得不合資格使用長者綜援。因此對不同的綜援個案，都需要透過不斷強調其工作動機及全職就業的困難，才能對自己及其他人合理地解釋使用安全網的原因。年齡、病患、照顧身份等，並不能保證「值得幫助」的身份，只有永久性殘疾或全職工作，才算是「值得幫助」的光譜上兩個極點，只要未能達到這兩極點，仍是不完全的「值得幫助」。吊詭的是，當貧窮人士從事全職工作後，撇除人數較多的家庭，他們又會因收入審查而失去安全網資格。或許不少港人認為這樣沒有問題，可以辨別出最有需要的人，確保公共資源的合理運用。不過這種想法卻有盲點，一方面在方法上不能肯定「值得幫助」的原則可以排拒多少「濫用」的個案；另一方面，提高綜援的門檻或增加使用的心理負擔，往往迫使合資格的人卻步，以及令使用者承受不必要的心理壓力。

　　另外，不少聲音認為綜援人士的生活相當寫意，可以天天「飲茶」不用工作。從筆者的經驗及一些研究顯示（Wong & Lou, 2010），不同年齡及類別的健全綜援人士，都廣泛地擁抱強的自力更生精神，而社會烙印亦增加他們脫離綜援的動機；一般來說，綜援人士的生活滿意度不高，女性及 40 歲以下的傾向較不滿意，領取時間較短的滿意度亦較低。至於他們是否過得很舒適，這問題除了是言人人殊外，亦是雙重矛盾的：當綜援人士自認過得舒適，這就認驗了福利過於慷慨造成他們的依賴，對辛勤工作的工人不公平；當他們認為過得不甚舒適時，社會就譴責他們不懂知足、貪得無厭。至於離開綜援的考慮，亦是一種兩難的處境。一方面綜援的確能提供僅有的入息及醫療等保障，另一方

面勞動市場的不利處境、低薪及不穩定的工作，以至豁免計算入息的設計及工作證明的行政安排，都構成綜援人士繼續使用或離開的部分因素。

在複雜的考慮過程中，使用者的決定不是簡單的理性利益計算，其他如前線行政官僚（street-level bureaucracy）的態度、社會氣氛對自尊感的影響等，都左右着他們的決定。不能否認的是其中制度性障礙扮演了重要的角色，近年新增的在職福利及保障，例如最低工資及「低津」等，對使用者離開安全網是否具顯著影響，仍有待進一步的調查。歸根究底，綜援人士在使用福利的過程中，受到各種宏觀的物質性及精神性因素影響，但亦同時發展出他們自身的應對策略（coping strategies）。這些認知行為並非文化及個人因素所能解釋，當你和我在香港社會遭遇貧窮及使用福利的時候，都很可能變成這模樣。我們不能忽視綜援人士之間的差異性，例如性別、年齡、族群等，他們在生活世界中呈現了不同的習慣及傾向。[1] 不過綜援及貧窮這兩個身份，卻肯定貫穿了所有使用者的生活，以至他們具有不少共同的經驗及語言（詳見《綜援 -NIZATION》一書）。

三、濫用與詐騙的定義與情況

除了工作與離開綜援外，另一常受社會注目的福利議題便是濫用及詐騙。部分人將這兩字交換使用，但部分則有所區分，因此需要釐清「福利濫用」（abuse）及「福利詐騙」（fraud）的定義。在一般的語境下，「詐騙」指有意或無意地在使用綜援中提供不

實的資料，包括漏報及虛報資料，或以不誠實的方法獲得更多福利津貼等，這是涉及法律的概念。至於「濫用」的指涉則更廣闊，除了法理上的詐騙行為，更涉及道德的概念，例如所謂有工作能力不去工作、自願性失業等，這些行為在法律上並不屬於詐騙，但卻違反了社會規範。當「詐騙」具有較清晰及固定的內涵，「濫用」卻可以隨社會氣氛及政策制定者的偏好而定，容易變成限制市民福利權的論述工具，鼓吹對使用福利的全景監視（welfare surveillance）（Henman & Marston, 2008），甚至綜援人士亦成為福利管治的一部分，內化了社會對工作及福利的意識形態。在剩餘福利的語言脈絡中，對「福利濫用」的定義及其嚴重性的說法，其實侵蝕了社會公民權利，將合資格的福利使用妖魔化。

話分兩頭，縱使「濫用福利」的修辭很容易被濫用，社會不能迴避關於「福利詐騙」的事實。這需要認真地檢視目前綜援詐騙的情況，以評估現行防止詐騙措施的效果。從表 6.1 可見，在 2008－2015 年間證實詐騙的個案比例，除了 2012－2013 年度外，一直維持在 0.27%－0.33% 之間，而這些證實個案佔舉報個案不到一半。由於沒有客觀的標準，故難以武斷地說詐騙情況是否「嚴重」。依照目前的慣例，社署除了定期覆檢個案（續期）外，還設有舉報詐騙的熱線及郵箱，以及在保障部內張貼詐騙綜援的新聞及警告，定期抽查個案資料等。在收到舉報後，社署特別調查組轄下的兩個隊伍，聯同退休紀律部隊人員作顧問，會就涉嫌個案作深入調查，將懷疑詐騙個案轉介至警方跟進。這些都是 2006 年後新增的措施，旨在打擊綜援詐騙。統計數字上並無顯示綜援詐騙有上升的趨勢，而其佔總個案的比例亦相對穩定。或許有人認為這反映了社署監管不力，但這種質疑並無辦法證實

或證偽，例如無法界定什麼詐騙比例才算是成功監管。正如其他公共福利資助，包括生果金或高官的房屋津貼，都不可能完全杜絕詐騙，只能採取先調查後檢控的態度。

表 6.1　涉及詐騙的綜援個案、百分比及多領金額

	2008－09	2009－10	2010－11	2011－12	2012－13	2013－14	2014－15	2015－16（截至 2015 年 12 月底）
舉報懷疑詐騙個案數目	3 485	3 061	2 935	2 871	2 310	2 171	1 946	1 464
證明屬實的詐騙個案數目	810	950	1 014	806	1 117	847	674	423
佔綜援個案百分比	0.28%	0.33%	0.36%	0.29%	0.42%	0.33%	0.27%	0.17%
涉及的多領金額（百萬元）	49.7	58.9	48.6	51.5	68.4	62.6	49.5	41.4

資料來源：不同年度立法會財政預算問題

　　表 6.2 顯示了詐騙個案的構成，其中大部分來自隱瞞或虛報入息及資產，兩者共佔 75% 左右的詐騙個案，故可集中分析這兩種情況。首先，隱瞞或虛報綜援資產，包括了銀行賬戶、保險及物業等。由於社署並無公佈數字的組成，只能估計不同的情況。就物業相關的個案，在目前的資產限額規定下，有長者及殘疾成員的個案可以豁免計算自住物業，因此詐騙個案多指健全個案的自住物業或非自住物業。但一般健全個案的自住物業可獲一年寬限，社署在覆檢時必然會知道個案的狀況。較容易隱瞞的似乎是非本地的物業，這涉及社署在追查個案資產的權限及私隱權利。不過由於綜援具有清晰的資產限額，故擁有非自住物業的個

案似乎較難合理地解釋，只可説是面對經濟困難，但不想出售該物業。由於物業本身的價值較高及業權界定較清晰，基本上擁有非自住物業差不多等同沒有資格使用安全網，其中的灰色地帶較少。不過目前並不能肯定這些個案所佔的百分比，只能説這些個案在申請時幾已肯定不能通過審查。誠然，如果香港社會保障的覆蓋面更廣，例如設有非資產審查式的失業保險等，或可以減少部分非傳統貧窮人士的收入不穩定，例如千禧年及沙士期間部分中產跌入「有物業、低積蓄、無工作」的困境。當然，這些都不能成為開脱詐騙罪的理由。

表 6.2 證明屬實的詐騙綜援個案類別

	2008－09	2009－10	2010－11	2011－12	2012－13	2013－14	2014－15	2015－16（截至2015年12月底）
隱瞞或虛報入息	392 (48.4%)	479 (50.4%)	431 (42.5%)	317 (39.3%)	369 (33.0%)	283 (33.4%)	251 (37.2%)	169 (40.0%)
隱瞞或虛報資產總值	253 (31.2%)	335 (35.3%)	322 (31.8%)	262 (32.5%)	426 (38.1%)	313 (37.0%)	233 (34.6%)	154 (36.4%)
詐騙住屋津貼	42	65	88	59	78	62	41	19
隱瞞其他資料（例如入獄、離港或家庭狀況等）	123	71	173	168	244	189	149	81
證明屬實的詐騙個案總數	810	950	1014	806	1117	847	674	423

資料來源：不同年度立法會財政預算問題

　　另一種較常見的情況是隱瞞或漏報保險，這對申請者來說是更兩難的決定。因為具現金價值的保險是被列入資產的，而它們一般都有特定的供款期，中途斷供保險會受到金額的懲罰。因此不少已買保險人士，要申請綜援就必須計算它們的價值，納入審查的範圍內。部分申請人可能認為社署不容易追查保險，但放棄保險的成本更高，故選擇隱瞞。其實社署並無明文不准購買保險，唯職員可能會質疑個案為何有「餘錢」供款，這可能會引起不必要的麻煩。換句話說，香港的非綜援人士，特別是中等收入及資產的家庭，在現行社會保障體系下，並無得到任何制度性的經濟保障。如他們失去工作收入，只能變賣資產及使用積蓄，直至下降到低於綜援水平，才有資格使用社會援助。不過，社署對突然下降或消失的資產相當敏感，嘗試防止資產轉移的個案。

　　第二種詐騙類別是漏報或隱瞞收入，這可分成幾個處境。首先是隱瞞超過綜援限額的收入，即使用者如實申報後其實不合乎資格，這明顯地會構成詐騙。其次是漏報不影響綜援資格的入息，俗稱「秘撈」。一般的僱傭關係都要求僱主報稅及繳交強積金供款，故尚算有正規的「記錄」。但較多可能發生於從事零散工作的個案，由於其支薪方式並無正規的記錄，僱主及僱員透過現金出糧，因而社署較難發現。部分個案可能未察覺即時申報的重要性，或有聯絡職員商討不果等。根據筆者的經驗觀察，這類個案多是出於豁免入息的扣款，希望增加些微的收入以改善家庭生活質素，或購置特定的必需品。由於它並無影響個案的資格，部分前線職員可能運用酌情權，對個案作警告及安排分期還款，當然有部分亦會轉交調查組處理，可能取決於案件的嚴重性、案主的意圖及涉及金額等。還有一種情況，案主「不能」申報非正

規的收入，例如從事小販的收入。多年前曾經出現「雞蛋仔伯伯」個案，由於該事主從事小販時多次被食環署檢控，繼而受到媒體的追訪，其後更查明事主為綜援人士，但無申報收入而引來「呃綜援」的指控。其後經關注組織跟進，方知道原來在社署的申報系統中，並不接受非法的收入，從事無牌小販便屬違法，無從申報。由此可見，漏報或隱瞞收入不一定涉及綜援的資格，而其中有較多灰色地帶。

香港目前較缺乏福利詐騙的研究，根據不同國家的經驗，福利詐騙個案都有一些共通性（Dean & Melrose, 1997; Tunley, 2011），可引申到本地的分析。首先，一般涉案者並不了解制度的運作，特別是綜援的所有限制，例如居港規定、收入及資產限額等，使用者大都不清楚限額的界線，亦不明白詐騙的實際風險。在欠缺資訊的情況下，他們或出於一時方便及偶然機會，或心存僥倖逃避抽查，因而沒有作出申報。其次，不少漏報入息的個案，都與就業市場的非正規性（informality）相關，例如僱主非正規的聘請方式及「黑市經濟」，能逃避勞工保障及強積金供款等。再者，部分個案出於經濟上的壓力及援助金不足，故他們沒有選擇；而部分人則以為這是很平常的行為，因為他們印象中很多人都是這樣做。部分聲音認為可以區分蓄意詐騙或無心之失，現實上卻並不容易評定：福利詐騙既可以是偶然的失誤，但當詐騙綜援的成本低於其獲得的效益，這可能是某程度上理性計算風險的結果。除了個人因素外，福利詐騙的結構性成因往往受到忽視。有論者指出新自由主義的審查式福利，為了嚴格區分最值得幫助的群體及壓抑保障的水平，實施林林總總的要求及規則（McKeever, 2012），可能無意中製造了制度陷阱及所謂的道德災

難（moral hazard），例如轉移資產等。更甚的是在複雜及不透明的行政系統中，再加上制度的驅趕效應，使用者大都不願意接觸福利部門，更減弱他們對安全網的認識及與前線人員的溝通等。

　　當然筆者不是鼓勵或縱容詐騙，而是社會需要了解這些個案背後的複雜成因。目前香港的福利詐騙個案，並不像部分西方的違法經驗般，作為一種對制度的個人化及保守的反抗（Dean & Melrose, 1997）。更重要的是不能忽視其反映的結構性問題，例如就業及薪金記錄的漏洞等。特別是當反對福利的聲音，建議一些不成比例的管理或懲罰措施，政府必須小心平衡監察公共資源與落實公民權利，不應令使用者過分地遭到罪犯式的審查，加劇使用福利的心理負擔，或鼓勵社會不信任福利使用者。如前所述，近年媒體對綜援的報道傾向兩極化，市民對綜援的認識沒有顯著提高，反而政府卻不時火上加油，例如曾推出防止詐騙及濫用的廣告，卻以排球比賽中的詐傷離場行為，比喻為有工作能力人士使用綜援，令社會失去競爭力。廣告首先模糊了詐騙與使用綜援的界線，製造健全綜援等同詐騙的訊息，更漠視使用綜援的不同原因及權利基礎。在實踐上這些廣告及宣傳對減少福利詐騙的效果不明，但舉報機制、警告標語等媒體策略，對屬於少數的詐騙者並無明顯影響（Tunley, 2011），但屬絕大多數的非詐騙者卻成了代罪羔羊，以及強化公眾對福利使用者的負面觀感（McKeever, 2012）。

　　對防止詐騙綜援的策略而言，其兩難之處在於設計太鬆便失去原來意義，設計太緊則削弱使用者的公民身份及自尊感，減低制度的使用率，甚至需要大幅增加審查的行政成本等。觀乎目前的詐騙個案狀況，有理由相信目前的制度對減低詐騙個案取得不

俗的成效，社會不需太過憂慮以至製造更多不必要的麻煩，只需定期審視現行制度的表現便可。

總結而言，綜援人士的行為及心理狀況，並非簡單的理性選擇或文化論所能解釋，反而需要從處境化的心理角度去了解他們的表現與環境的關係。這對政策的實施舉足輕重，特別是對愈益重視行為改變的福利條件性，常假設貧窮及福利使用者只根據利益計算而作出決定。但即使普通人的思想及行為，亦經常「偏離」理性；貧窮人士未能作出所謂的理性決定，並不是因為他們缺乏能力，而是其身處的匱乏狀態限制了個人的選擇及精神能力（Curchin, 2017）。部分責怪他們缺乏計劃及道德約束的觀點，便是忽視了不同階級及文化背景人士，其對生活及未來的想像差異很大。不少貧窮人士未有為將來作計劃，並非他們不為自己負責任，而是在當前的物資及精神資源下，根本沒有條件作出規劃。筆者並不是要社會無條件接納或鼓勵綜援人士的所有行為，而是當政府制定相關的福利政策，需要考慮他們的行為背後的社會基礎及條件，避免只着重道德懲罰及行為改變，卻無視資源及權力分配不均造成的影響。

四、綜援政策倡議及社會福利運動

面對不利的社會制度及文化偏見，綜援人士及基層團體並不是被動地接受現實，而是積極地組織起來倡議政策、文化以至社會整體的改變。在香港的政策群體（policy communities）中，不少組織透過集體動員或專業研究的力量，嘗試挑戰或影響政策制

定，其中部分特別針對社會保障的發展。一般來說，個別的政策
倡議較整體性的社會運動常見，例如針對綜援及退休保障等制
度。本節主要針對亞洲金融風暴及經濟衰退後，與特區政府綜援
政策長期周旋的倡議及運動。

　　七十年代由社工、社區組織者及活躍份子等，發起了不同的
社區行動主義（community activism）（Lee, 2005），透過集體力
量或稱為亞倫斯基模式的行動取向，爭取改善基層的生計及居住
環境，可說是為後來的社會福利運動埋下了種子。民間的社會保
障倡議或可追溯至殖民政府設立公援後，隨着社會福利服務的擴
張、社會工作教育的正規化，非政府機構與社會運動及基層社區
組織等，再加上工會及自助組織的參與，形成廣義及鬆散的「關
注社會福利界別」，介入於改善公援、退休及勞工保障等基層議
題。及至殖民地晚期政制上的部分民主化，亦在一定程度上吸收
或反映了公民社會的聲音及力量，迫使政府作出部分的妥協。縱
使不能誇大民間的影響力，但不得不承認當時的「關注社會福利
界別」，在殖民地晚期的社會保障發展上扮演了重要角色。踏入
九十年代末期，特區政府以緊縮政策面對財政及經濟危機，在
1998－2005 年間兩次削減綜援金額，以及三次分別針對失業、新
來港及單親照顧者進行收緊。那時民間團體就綜援的倡議，以反
削減福利及收緊資格為主調，其中關注綜援檢討聯盟的成立，以
及其他基層弱勢團體的聯合，都不斷抵抗政府的綜援檢討及福利
改革。在經濟復甦及成功滅赤後，團體開始就綜援金額的足夠性
及慷慨度向政府施壓，包括重啟基本生活需要調查、調整租金津
貼基數、增加兒童津貼及提高豁免金額等。這些針對綜援的政策
倡議，大都透過團體游說政黨議員、爭取媒體曝光及輿論支持、

進行研究調查，以及對抗性的社會行動等，在議會內外不斷向政府製造壓力，構成民間社會就資源再分配的「砌政策」模式。

　　有論者定義「社會福利運動」為一連串的有意識的集體行動，針對在勞資領域外關於社會服務的消費或控制，以滿足個人、家庭或群體的需要與期望（Annetts et al., 2009）。福利運動一般都涵蓋物質性鬥爭與身份政治（Martin, 2001），既倡導有利社會公義及團結的資源（再）分配制度，亦強調不同福利使用者群體的獨特性及差異性，例如身心障礙、生命歷程及就業狀態等，福利運動都需要反映他們多元的聲音。香港部分關注貧窮的團體，超越了單一政策議題及扶貧的論述，聯繫其他受壓迫的社群組織，例如邊緣勞工、青年及婦女組織等，從權利與權力的角度出發，介入更大的社會矛盾及體制性問題，並提出社會政治經濟綱領，例如民主參與的政制、滅貧防貧的社會保障、三方供款全民養老金、加工資減工時及集體談判制度、限富為本的累進稅、多元自主的經濟參與等。當聯盟組織力量不斷擴大，從社會保障的倡議擴闊至基層民主的爭取，持續地提出社會改革的口號及倡議行動，形成了組織力量不算強，但對福利議題頗有設定能力的社會運動。這種以基層為主體的運動，一方面積極地與社福界、倡議機構及學者合作，如樂施會、香港社會服務聯會及香港社會保障學會等，旨在影響中短期的具體政策，將貧窮議題變成社會及政治議程，以「反貧窮」作為號召的基礎（Lee, 2013）。除了影響立法會的政黨及制定政策的政府，少部分團體如社區組織協會，更會從法律的途徑就綜援政策進行司法覆核，包括綜援租金津貼及居港年期規限等。另一方面，福利運動亦積極於社區教育及傳播，植根於基層社區，如舊區及公屋等，不斷從下而上

地拓展組織及參與，旨在促進長期的社會教育及基層充權（鍾劍華，2013）。他們運用的論述框架及體現的理念，包括基本生活的權利與尊嚴，從個人化的「扶貧」到結構性的「減貧及防貧」用語；以無償勞動的價值挑戰主流的工作倫理，反對任何形式對使用福利的偏見及歧視等。

社會保障作為減少貧窮、匱乏及社會排斥的主要政策工具，亦是佔香港社會福利項目的最大開支，它處身於福利、勞工、照顧及公共財政等體制中，涉及階級、性別、年齡及族群等政治，集合了不同的社會矛盾於一身。因此，以基層為行動主體、社會保障為倡議對象的運動，可說是香港社會福利運動中最重要的一員（歐陽達初，2010）。基於不同的資本主義政治經濟發展，香港工人及工會運動與西方經驗有所不同。撇除建制化的工會，獨立的工會聯盟及勞工團體都較傾向社運工會主義（social movement unionism），在爭取勞工權益的同時，亦介入各種社會公義的議題，與其他社運團體保持緊密聯繫，例如婦女團體及人權組織等，新舊社會運動的界線較為模糊。以綜援為主要倡議對象的社會福利運動，在組織網絡及意識型態上，與香港的勞工基層運動高度吻合。可惜正如前文提及，不少貧窮勞工對綜援認識不多，甚至抱有頗負面的印象；而安全網的覆蓋本來就很窄，失業援助只保障最貧窮 20% 的失業人口，故不論在失業率高或低時，綜援政策都不是工人運動的倡議重點。更甚的是香港的工作倫理及低度的社會權利觀，分裂了有工作的工人與無工作的福利使用者，令本已未臻發展的工人階級，更難以形成團結的整體。其實福利運動的內部組織力量亦頗為分散，以婦女、新來港及身心障礙者的動員較強，失業、青年及男性的參與較弱，但彼此的

結盟不算穩定，甚至可能出現群體之間的衝突。不過，在特區政府削減及壓制社會保障發展的背景下，這些群體仍能以綜援使用者及貧窮階層作為集體身份，建立策略性的倡議聯盟（advocacy coalitions）。

　　整體而言，部分綜援政策的倡議及運動，可說較能達成中短期目標，這可部分地歸因於政治機會、政策類型及動員力量。在政治機會方面，一直以來立法會大會、福利事務委員會及轄下的小組，都是社會福利運動的重要舞台。不同的團體向立法會與親基層的民主派議員合作，共同制定委員會的議程，包括進行立法會申訴、舉行公聽會、公開發言及旁聽出席等。一般團體會在立法會會議前，進行調查發佈及小型的社會行動，以吸引媒體報道。除此以外，團體亦會約見政府制定及執行政策的官員，向他們施壓及商討政策問題，但大多沒有實際效用，反而扮演了基層學習及充權的角色。由於民間社會未能在體制內發揮影響力，基層及綜援人士的參與局限於立法會的空間，這建基於民間團體與親基層民主政黨的信任及合作，某程度可說是一種裏應外合的默契。但這種合作關係可能隨着議席轉換，或親基層議員數目減少而有所影響。

　　除了立法會外，在緊縮政策短暫完結及步入經濟復甦期後，特區政府成立了扶貧委員會，為倡議運動提供了另一重要的平台（Lee, 2013）。現時扶貧委員會由政務司司長領導，吸納了不同背景的社會人士，包括知名度較高的倡議團體、議員、學者等，嘗試凝聚政策共識。第一屆扶貧委員會催生了扶貧指標、兒童發展基金及交通津貼，並將跨代及長者貧窮放上社會議程，以及推動以地區為本的扶貧策略及服務，包括綜援地區就業支援及社會企

業等。第二屆扶貧委員會則落實了貧窮線及「低津」計劃，推動退休保障諮詢等。關於綜援政策的小規模改變，不得不提及後來納入扶貧委員會的關愛基金。在基金成立初時，政府曾表示關愛基金作為修補安全網的先導，資助各種綜援沒有資助的項目，以待日後逐步檢定，例如租者置其屋的租金津貼、「劏房津貼」等。雖然扶貧委員會（特別是第二屆）對福利政策的影響日益增加，不過它並非法定組織，成員的立場亦南轅北轍，政府亦不容許政策建議觸動既存的政治經濟制度，維持市場就業為主、福利為次的價值，這都限制了社會保障及與貧窮相關政策的發展空間，未能處理貧窮的結構性根源及作出制度性改變。換言之，扶貧委員會對推動減貧及社會保障發展，對細規模及零散的政策改變算有正面作用，但非制度化的過程令改變的方向難以預計及欠缺透明，增加了倡議工作的困難。

綜觀綜援政策倡議的結果，可以見到不同政策類型、動員力量及社會支持的差別。過往綜援的政策倡議工作，可分成爭取性及抵抗性兩大類。爭取性的倡議指在舊有的政策安排下，要求有更多資源或實施新的做法，可說是「從無到有」，行動上需要較複雜的論述解說、政策建議等。抵抗性的倡議指反對及否定政府的安排，通常是新增或即將推行的政策，在特定的時間臨界點，集合所有力量作較簡單的政治反對。香港政策制定的政治體制，基本上是以行政主導為本，立法及司法機關的制定政策權力有限。考慮到這制度背景，綜援倡議本來就困難重重，但仍可歸納出少數成功的爭取性倡議。一方面是與綜援兒童相關的福利，包括學童的眼鏡津貼等；另一方面是與就業有關的綜援福利，如提高豁免計算入息等；還有是殘疾及長者綜援的金額，在 2011 年

獲得較明顯的改善。在財政條件「許可」的情況下，當倡議的受益群眾，從綜援兒童擴大至所有貧窮兒童時，更容易取得較大規模的成功，例如在 2010/11 年度新增的上網津貼、提高書簿津貼金額及放寬全額申請的資格等。至於抵抗性的綜援倡議，則可見於 2005 年強制單親家長就業的最低子女年齡，政府從政策諮詢時設定的 6 歲退讓至 12 歲。另外，長者申請綜援的「衰仔紙」，政府亦在多年來的反對聲音中，於 2017 年的施政報告中宣佈廢除。

這些政策倡議的改變，自然不能排除其他環境及時機的因素，即使不能對倡議運動的實質影響過分樂觀，但亦不能否定它們的角色。從這些例子可以總結出，爭取性及抵抗性倡議的成功條件：第一，個別式的爭取及反對，難度較整體性的檢討及改善低，例如要求全面檢討綜援的足夠度仍有待爭取。第二，受益對象以兒童、長者及身心障礙者較易爭取，當時欣曉計劃的就業條件下降，都是因為社會對 6－12 歲兒童的照顧問題較擔心，迫使政府放寬年齡要求。第三，在職福利較非在職福利容易爭取，因為這配合政府的量先於質的快速就業模式，而非在職福利的改善，例如健全成人的標準金，雖然明顯地未能滿足需要，但由於它可能縮減福利與工作的收入差距，所以政府立場非常強硬。這三個條件都是在財政赤字消失後才可能出現，既反映了政府的政策傾向，同時折射出香港社會對福利的選擇性支持：較同情「不能照顧自己」的群體，不接受有工作能力人士使用福利。

無論如何，綜援倡議在社會動員面對的樽頸，體現於反貧窮運動中的「受助人政治」（client politics）（Lee, 2013）。在香港可維持最低生活的社會保障，就只有嚴格審查的社會援助，並沒有覆蓋較廣的失業及社會保險；同時香港的收入差距巨大，導致

了繳付大部分薪俸稅的集中於一撮中產階級，令他們覺得承擔了大部分的稅收，卻未能享有社會保障及其他福利。大部分的商界亦習慣了香港的低稅率，反對增加稅項以支持穩定的福利支出。不少納稅人反對將稅收支持一批他們認為沒有生產力的群體，特別是少部分的失業人士。況且綜援的受益人數約只佔貧窮人口一半以下，相比三百多萬的工作人士仍是少數。在民間爭取改善綜援時，經常遇到「有與沒有」（have and have not）的爭議，不但商界及中產階級出現反彈，即使面對貧窮風險較高的基層市民，都覺得自己不需要或不會使用綜援。由此可見，香港的社會福利運動，不容易爭取社會支持製造更大的政治壓力。近年興起的本土思潮及中港矛盾，亦吊詭地成為反對社會保障發展的力量，包括改善綜援及設立全民退休保障。由於貧窮人口的構成不少是來自中港家庭，本土支持者認為社會保障最大的受益者，可能不是香港人而是新移民。雖然這種說法欠缺證據（見本書第二章），但卻經常與失業綜援一起呈現，挑戰了香港人身份的土生主義（nativism）及工作倫理。因此，目前的本土主義不但放棄分配公義的議程，反而藉着土生化的身份政治，反對任何可能惠及貧窮新來港人士的福利，那怕他／她們根本就是土生港人的直系親屬。當然，這種以本地族群利益為名的本土／民族主義，亦可見於不同國家的（極）右翼政團。在香港他們表面上不屑與親建制及商界合流，但實際上他們對社會福利的立場相當接近，都是處於保守的一端。由此可見，本地的社會分層及文化價值，都限制了綜援政策的發展及倡議空間。

最後，倡議運動的動員力量亦受制於組織的資源及規模。特區政府的福利改革除了針對綜援，更引入整筆撥款、服務競投及

重整社區服務，扭曲了政府作為撥款者與福利機構作為推行者的合作關係，令不少機構減少了與倡導有關的政策實踐，甚至出現機構的自我審查，例如社福界「河蟹事件」等。社福機構的單位曾經積極參與在基層運動中，但社福界生態的改變，障礙了不少社會服務向運動「輸出」基層動員，直接削弱了民間社會的運動力量。因此，福利運動大多由非政府資助的組織承擔，策略性地聯繫少部分的社福機構參與。再加上政策制定的平台，即使吸納了社福界的專業人士，基層市民及貧窮人士的參與僅止於發表聲音，不足以影響最重要的決定，這形成動員上的惡性循環。

要超越這些動員及倡議的限制，社會福利運動需要透過擴大橫向及縱向的聯盟，團結更多身處貧窮及面對貧窮風險的群體，將碎片化的政策爭取連結到更整體的社會改革。福利運動需要結合民主運動，進一步將消滅貧窮等議題，化成民主化的政治訴求，不單是爭取雙普選的議會民主，更是邁向生活及生產的基層自主。

註釋：

1　筆者推介一套關於綜援人士的紀錄片《歌舞昇平》，由張經緯執導。電影中展現了綜援人士的多元性。

第七章
香港退休保障制度導論

　　2016 年政府展開了香港養老制度改革的諮詢，社會又開展了對於制度改革何去何從的爭論。事實上，這些爭論已持續了超過三十年。但有不少議題在社會中仍是流於各自表述，總使人覺得有理說不清。

　　有關養老保障制度所以難以說清，是因為養老保障往往涉及要解決一連串不容易調和的問題，既複雜又充滿矛盾，這些問題既需要政治上的解答（如什麼公民可以領取退休保障），亦需要專業上的解答（如人口推算及保險精算等）。本導論先從養老保障的原理及分析框架說起，釐清香港養老保障的特徵及所需解決的問題，以助讀者在之後章節理解香港退休保障的措施時，能梳理出一個更清晰的圖像。

一、公共養老保障制度的原理

（一）公共養老保障制度的目標

　　現代意義的公共養老金制度，起始自德國於 1891 年由首相卑斯麥推行的社會保險年金制度。與國家介入福利相比（英國自 1601 年起已有濟貧法），國家介入退休保障其實是相當晚近的

事。養老保障自古以來都是由家庭或是個人所承擔，為什麼公權力需要介入養老保障？

根據世界銀行，政府介入養老保障主要有兩大目標，一是確保不能自助的長者，能夠得到適切的保障。這與一般扶貧措施的目標相同，雖然我們對何謂長者的基本適切保障，可以有不同的定義，而且由於長者較大機會未有參與勞動市場，面對的貧窮風險會比其他年齡組群高，因此把以扶貧為目標的退休保障與其他扶貧措施分開，有其獨特意義。

政府介入養老保障的第二個目標，是確保長者在退休後，能維持他們與青壯時代相近的生活水平。有意見並不認同此為政府介入養老保障的目標，因為在確保基本生存之上，每個人年老後能否維持原有生活水平，屬於個人選擇，政府並無責任介入。但另一種意見則認為，確保退休後的生活質素是大部分人的欲求，但市民未必有足夠的理性、紀律或有效的工具達至此目標，因此需要政府介入。

除上述兩大目標外，另有較多人提出的是，政府給予長者養老保障，反映社會對長者這個身份的尊重及回饋。在這意義下，所有長者不論需要如何、收入如何，都應得到政府的津貼。

政府介入退休保障的原因亦可超出長者的福祉本身，政府可以透過建立養老保障系統作為促進經濟發展的手段，例如增加儲蓄率、擴大金融市場，以及應付人口老化而出現有效需求不足的情況。

（二）為什麼政府需要介入養老保障

從養老保障最主要的目標是確保長者的基本生活保障，以及

使壯年老年的消費平滑化而言，政府的介入主要是透過四種機制
達成，分別是：財富再分配，阻止市民的不理性行為（或強迫市
民作理性的行為），規模經濟效應及集體分擔風險。

財富再分配是指透過公權力的介入，把財富從一些人手中轉
到另一些人手中，從而使社會的資源可以更公平及合理地配置。
在養老金制度中，財富再分配的方式可以是貧富間的再分配（從
富者中抽取資源支援貧者），亦可以是跨代再分配（從壯年一代
抽取資源支援長者），亦可以是兩者兼而有之。再分配機制在養
老金制度中，可以是透過直接從富者／青年人抽稅支援貧窮長者
體現，也可以透過提撥率／稅率的調整（例如富者供款較多，貧
者供款較少），或給付率的不同（富人可獲得較少養老金，窮人
較多）而間接體現。

阻止市民的不理性行為，是指如社會認為普遍市民缺乏足夠
理性為自己退休的生活籌謀打算，則政府便有原因介入。政府強
迫市民參與養老金計劃，原理其實與政府強迫市民配帶安全帶相
似。政府的介入，可以是強制市民為退休強制儲蓄（或供款），
或可以強制市民運用養老金的方法（如強制市民購買年金）。

規模效應是指運用公權力統籌養老金制度，透過規模效應提
升營運效率。例如透過把市民集體納入同一養老保障制度，理論
上比讓市民各自在私人市場購買養老保險，產生更大的規模效
應，減低管理成本。

養老保險／退休保障的最重要作用之一，就是協助個人減低
老年時面對的風險，包括長壽風險和投資風險等等。政府介入養
老金，就是透過集體力量增加分擔風險的效果。如同所有保險的
原理，受保人的規模愈大，便愈易估算制度的風險（例如即使有

個別市民特別長壽，其他受保人愈多便能集體把此風險攤分），而公共的養老保險制度亦可強制全民參保，解決保險制度中最難以處理的逆向選擇問題。[1] 因此分擔風險其實亦是規模效應的展現。

二、分析養老金制度的基本框架

要分析公共養老金制度，可以有幾種切入方式，例如從政策目標、給付設計及融資辦法作為分析框架。如從政策目標分類，養老金制度可以分為社會援助、社會保險及社會津貼三類。

（一）以政策目標分類：社會援助、社會保險及 社會津貼

社會援助類的養老金制度，是以貧窮長為支援對象。如長者的收入及資產低於某一水平，便可以受到社會援助制度的支援。因此此制度的目標是扶貧。

社會保險類的養老金制度，是以參保的長者為支援對象，一般來參保的條件是受保人在青壯時期工作，向養老保險計劃供款（或由家人代為供款），到年老時則成為受保人。社會保險制度的主要財政來源是來自供款，亦可以由公帑作部分補貼。

社會保險養老金制度的目標是分擔風險。分擔的風險包括長壽風險、配偶身故的風險、因突發原因而缺乏供款能力的風險，或經濟波動的風險等，由於這些風險並不只是貧者才承受，因此社會保障一般都會強制大多數公民參保，也使大多數長者受惠。

社會保險型的養老金制度，一般都由國家高度介入，然而隨

着養老保險制度發展，亦有部分制度漸轉化為一個單純個人儲蓄制度，例如香港的強積金制度，基本上完全沒有任何集體分擔風險的功能。

社會津貼型的養老金制度，則是強調以長者身份為其支援對象。由於制度只考慮其長者身份，一般都不會再以資產及入息審查，亦不會以供款作為獲得支援的條件。制度的目標是作為社會對長者的回饋，或為了給予所有長者基本收入。筆者認為全民基本收入（Universal Basic Income）亦可視之為社會津貼的一種，雖然有部分學者會視之為一特定的政策。

（二）以供款給付設計分類：固定收益與固定提撥

養老金分類的另一框架，是以制度的供款與給付設計作為分析的切入點。基本上可以分為固定收益制及固定提撥制兩類。嚴格來説，只有社會保險制類的養老金制度，才有供款與提撥的概念，因此固定收益制與固定提撥制一般是用以描述社會保險型養老金制度的框架。

固定收益是指參保人只要符合條件，年老時所獲得的養老金數額便得到保證。例如參保人供款滿一定年期，政府便會承諾給予參保人每月特定數額的養老金，直到身故。在此制度下，保險制度中的財務風險，例如保險的儲蓄是否足以支付養老金，便由承保人即政府一力承擔。

固定提撥制則指參保人在供款時期確定供款的數額，政府對於參保人年老後所收取養老金收入不會作出保證。參保人年老時所得的養老金，是根據過去供款及由此衍生的投資收入決定。如養老金的投資全數虧蝕，則參保人有機會完全得不到養老金。因

此在這制度中，養老金不足的風險完全由參保人承擔。

（三）以融資設計分類：隨收隨支與充分支付

養老制度也可從融資設計作為分類的切入點，可分為隨收隨支制度及完全支付制度。

隨收隨支制度是指由當代的財政收入，供養該一代的長者人口。如財政收入是來自青壯在職人口的供款，則會是由當代的青壯人口，供養當代的長者。當這一代的青壯人口年老時，則由下一代的財政收入支付。此制度可以想像，由年青人不斷把賺到的收入交給老人，到自己年老後則由其他年青人把賺到的錢交到自己手上，周而復始。

在此制度下，如社會面對人口老化問題，青壯人口不斷下降而老齡人口不斷增加，則有機會當此一代青壯人口踏入老年時，下一代青壯人口不足以產生足夠的財政收入支付養老金的開支，便會帶來可持續性的問題。

充分支付則是指制度於某一時刻為所預留的財政儲備，已足以支付該時刻所預期日後養老金系統的潛在支付責任。固定提撥制度由於是一個每人為自己儲蓄，日後只會從該筆儲蓄中支付自身養老金的制度，因此必然是充分支付。至於在固定收益型的養老金制度，要確保充分支付，則需要根據未來的養老金開支預留足夠儲備作支付。以固定提撥或固定收益要達至充分支付，可以想像為一整代年青人先儲蓄，到年老時才根據儲蓄額決定可取用多少，或是一整代年青人先決定年老時須取用多少，之後便根據該估算儲蓄足夠的金額。

在隨收隨支與充分支付之間，還有一種制度稱為部分充分支

圖 7.1 隨收隨支與充分支付制度

隨收隨支

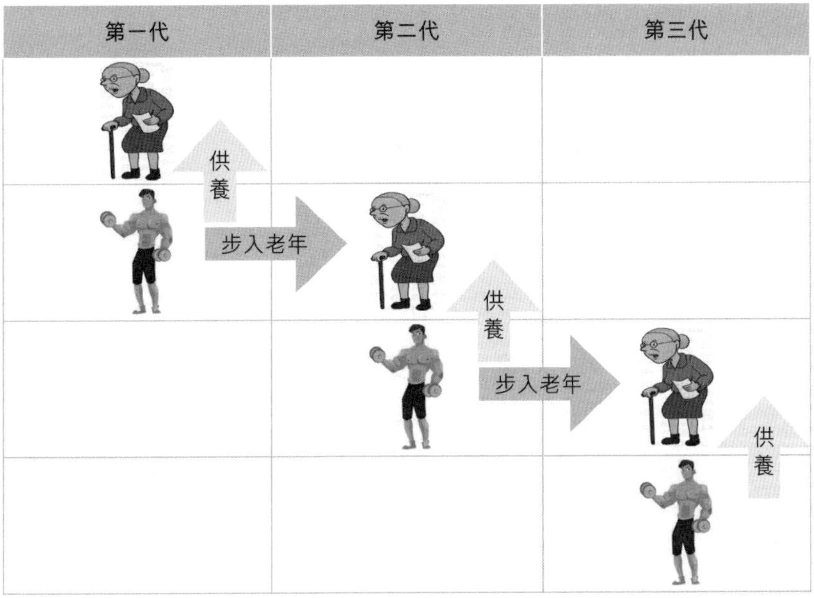

第一代	第二代	第三代

供養
步入老年
供養
步入老年
供養

充分支付

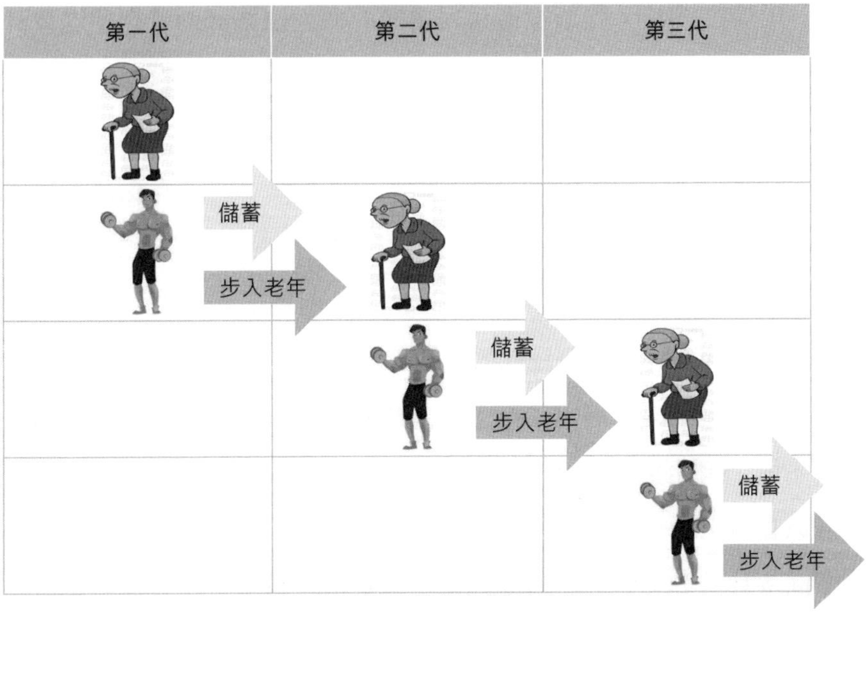

第一代	第二代	第三代

儲蓄
步入老年
儲蓄
步入老年
儲蓄
步入老年

付的制度，則政府先留有一定的儲備支付養老金的費用，但這筆費用不足以完全支付未來養老金的潛在負債，因此仍需要於每年從新的財政收入中填補差額。

一般而言，由於社會援助制度都是由政府當年的一般財政支出中支付，因此必然是隨收隨支的制度。

（四）世界銀行的三條支柱框架

在香港其中一個最常被人引用分析養老保障體系的系統，是世界銀行的三條支柱框架。不論政府、學者以及公民社會團體，都常引用此框架評價香港的養老保障系統。

三條支柱框架於 1993 年正式為世界銀行所採用，但此概念在更早時已在歐洲的私營保險業界開始推廣。三條支柱系統包括：

第一支柱：國家經營的養老金制度；

第二支柱：強制性由私人營運的個人儲蓄計劃或職業退休計劃；

第三支柱：個人（自願性）的養老儲蓄。

到 2005 年世界銀行進一步擴展此框架，在三條支柱外加上零支柱與第四支柱；

零支柱：政府的社會救助（扶貧）制度；

第四支柱：非金錢性的養老支援。

當世界銀行提出該概念，由於不同國家的養老保障發展程度不同，因此盡量提出一個寬鬆與概括性的框架，使不同國家都可以按自己的情況發展自身的養老保障支柱。世界銀行亦只強調不同支柱有其不同的功能及風險，國家可按自身情況及能力選擇不

同的養老制度組合，雖然世界銀行認為透過多條支柱相互配合可以互補不足及減低風險，但並沒有硬性規定必須建立所有支柱才是最理想的養老金制度。

　　然而實際上，不少研究都指出世界銀行推行三條支柱制度之初，世界各國多已推行國家養老金制度（即第一支柱），因此世界銀行推廣第二支柱及第三支柱，實際上其實是推動由私人營運的退休保障制度。根據世銀的分析，第一支柱依賴政府開支營運，對政府帶來龐大的財政負擔，當政府財政不可持續，便對市民的養老保障帶來風險。那發展一套強制性、充分支付、固定提撥制的個人儲蓄或職業退休制度，市民便不需面對國家財政不足的危機。然而即使個人儲蓄或職業退休制度可補第一支柱的不足，但理念上此制度並不必然需要由私人營運，而九十年代初歐美國家的這類計劃亦實際上多由國家營運及管理，但在世銀 1993 年所發表的三條支柱制度框架中，卻指明第二支柱為私人營運。其後世銀的報告須有提及第二支柱由國家營運的可能性，但仍鼓勵此支柱應由私人營運。可見，世銀推動退休保障制度私有化的動機十分明顯。

　　當香港的論者引用三條 / 五條支柱制度，來評價香港的養老金制度時，不同論者往往得出相反的結論。在政府眼中香港已有完善的五條支柱，而倡議養老金改革的公民社會團體卻認為香港沒有支柱一。但正如前述，世界銀行訂立五條支柱框架時，嚴格來說根本並未附帶哪一種支柱組合較好的價值判斷，以此框架評價退休保障制度的優劣，無異是張冠李戴。

Box 7.1 三條支柱只是一套客觀的分析工具？

三條支柱模型本身其實並不是起源於世界銀行。有研究指出三條支柱框架的本質在於鼓勵公私營養老制度的互相配合，此理念在歐美社會由來已久，在五十年代美國社會保障局（Social Security Boar）開始倡議類近的三層蛋糕制度。但在三層蛋糕的比喻中，公共養老制度為最低層，顯示這為承托其他兩項制度之本，對強制性及自願性的私營養老制度只帶補充作用。

至七十年代，瑞士展開了養老保障制度改革的社會討論，當時社會有意見認為應進一步擴展公營的養老金制度，並同時加強管制私營養老金制度。瑞士的私營保險公司則開始以三條支柱框架，抵抗加強公營養老保障的論述。三條支柱背後的隱喻為：養老制度須由公私營組成的三條支柱承托，偏重公營的養老金制度將使整體制度有崩塌危機。這次討論的結果是三條支柱框架正式寫入瑞士的聯邦憲法，並於1985年正式推行強制性的私營職業退休金制度。

自1970年後，瑞士的私人保險業界便不斷透過參與不同歐洲國際組織、研究及出版物，向外推銷三條支柱框架，有研究指這與七十年代私營保險業開始全球化擴張有關。三條支柱框架於1990年開始正式為歐洲經濟共同體所採納，到1993年開始為世界銀行所採納，制度的推行者由私營的保險機構，漸漸擴展到跨國的政府組織。

雖然三條支柱框架講求三條支柱互相平行配合，觀乎三條支柱框架在九十年代不同國家推行的經驗，制度改革

方向都是削弱原有公營的第一支柱而推廣私營的第二及第三支柱。而當世界銀行提出上述改革，亦往往與世界銀行在各國推行的結構性調整計劃（即以減低公共開支、加強私營化，以換取世界銀行的經濟援助或貸款）息息相關。因此有評論者認為，三條支柱框架實際上是為私營金融機構的利益，或是為發達國家的資本全球化服務。

三、香港養老金制度的初步分析

（一）香港養老制度的背景

要理解香港養老金制度現時主要面對的問題，先要理解香港產生這些問題的兩大特殊處境：

人口結構的變化

香港面對急劇變化的人口老化問題，根據統計署的資料，香港的長者人口比例由現時的 15%，在 2064 年將上升到 36%。做成香港人口老化的原因，一方面是由於香港過去數十年的生育率急速下降，而香港一直賴以補充青壯人口的移民數目卻逐漸回落，另一方面，香港人的人均壽命則急速上升。

香港在戰後由於有大量的育齡人口，以及當時的家庭傾向多生子女，粗出生率（Crude Birth Rate）長期超過 30（每千人口），到六十年代初達至高峰的 35，但自六十年代中起已不斷急速下降，到 2000 年下降至低谷的 8。即在四十年間下降到只有原本的四分

之一。生育率減少，固然是全世界不同國家的城市步入現代化，及在夭折率減少下的共同經歷。但是與其他國家相比，香港生育率下降的速度之快，卻是絕無僅有。例如美國的生育率由 1910 年的 30.1，用了三十年時間下降到 1940 年的 19.1，即三十年內只下降了三分一，而經二戰後短暫上升再穩步下降，現時的粗出生率約為 13，即一百年間降至原本的一半。日本與香港的情況較類似，1945 年的粗出生率約為 35，但至五十年代已急速下跌，到現時進一步下降至 8，即同樣下降至高峰期的四分一，但卻經歷了約六十年。其實要不是因為香港有外來的移民人口，早已面對人口老化及人口減少的危機。生育率減少一方面增加香港長者人口的比率，另一問題亦代表每名長者所得到子女供養的數目減少。因為青壯人口的比例本已不多，而且我們的青壯人口組成更有相當部分來自移民，即代表我們有部分青壯人口並非本地長者的子女。

華人社會（包括香港）在傳統上由子女供養，在長者入息保障系統中擔當極重要的角色，但先不論所謂孝道文化有否改變，單從人口結構的轉變上，已反映此制度不可持續。如長者昔日尚可依靠子女的供養作穩定的收入來源，那麼此來源的支援能力將會不斷減少，必須尋求制度性的解決方案。而如何在子女供養關係外，動用青壯人口（例如新的移民人口）的生產力供養長者，亦是制度必須考慮的方向。

除生育率下降外，造成人口老化的原因也包括香港人均壽命的急速上升。香港人均壽命由 1960 年的 67 歲上升到現時的 82 歲，現時香港人的平均壽命在世界長期排名首三位。人均壽命增加，首先增加子女與父母共同落入雙老狀況的機會，進一步削弱子女對父母的支援能力。另一方面，人均壽命增加將市民的長壽

風險增加，亦即市民愈來愈估算自己的餘命以計算如何動用積蓄。特別是一旦長者踏入更高齡，長期護理的開支將急速上升，人均壽命增加因此亦即代表長者需要接受長期護理的機會增加及時期延長，這將大幅增加滿足長者基本生活需要的成本。

政府低度參與社會制度建設

香港人養老的需要面對如此急速轉變，單靠子女或親人的力量已漸不足以應付，必須靠公權力的介入改革社會制度以解決問題，然而香港政府一直以來在社會制度上卻是低度介入及欠缺長遠規劃，以至不能透過社會政策彌補缺口。

觀乎其他國家即使人口結構的變化不如香港急速，大多都於戰後早期已進行長遠的養老金制度規劃，雖然部分國家現時正因人口結構的變化，而使制度面對可持續性的問題，但這些國家大多可透過現有制度框架適度調整而解決問題。相反香港直到七十年代，才開始介入長者的養老保障，推行高齡津貼制度（當時稱為老弱津貼），而政府當時設計此制度的理據，正正是因為認為香港沒有條件推行供款性的社會保險制度，而以一給付水平低、覆蓋率低的制度年金為權宜之計。其後香港養老金制度的發展，基本是一種帶隨意性，根據個別政府某一時刻面對的政治壓力或財政狀況而作出修補的策略，即使直到最近的退休保障諮詢，政府上述低度介入、欠缺規劃、按當時資源而決定給付水平的特性，仍然沒有改變。

政府從未有因為香港人口結構的轉變，而對養老保障制度進行徹底檢視，而要改變制度所必須引發的全民討論亦從未發生（當然這亦與香港政府沒有經由民意授權的選舉所產生有關），以

至香港養老保障制度的發展，長期追不上整體人口變化及社會變化的需要。

（二）香港養老制度必須解決的問題

在上述兩個背景下，香港的養老金制度現時面對三大問題。

長者貧窮

隨着養兒防老的力量減弱，制度上的改變卻不能接軌。高齡津貼與長者生活津貼的支付水平不足，理論上香港有綜援制度作為支援貧窮長者的最後防線，但現實上卻不是所有有需要的長者都會或能夠領取綜援，最直接的後果，便是不少長者不能得到基本的生活保障而落入貧窮狀況。

香港的貧窮問題嚴重，而長者是貧窮問題最為嚴重的年齡群組。根據扶貧委員會 2015 的報告，現時長者貧窮率為 30.1%，即約有 30 萬名長者生活於貧窮狀況，此比率遠比青壯年的 10.2% 及兒童的 18.2% 為高。

現時官方的貧窮線是以收入計算，由於長者沒有工作，較多以儲蓄過活，因此有意見認為在如此量度標準下，長者貧窮率較高是正常現象。但與海外社會相比，其他已發展國家的長者貧窮率與整體貧窮率大致相若，有些國家甚至長者的貧窮率比整體貧窮率更低（圖 7.2）。原因是海外社會透過養老保障制度，確保長者至少可以得到基本退休收入。即使不以收入量度長者貧窮，而以長者實際面對的匱乏狀況為量度標準，長者的貧窮率仍達 33.4%（2012 年），亦是三個年齡群組中最高的，反映單靠儲蓄而沒有持續的養老金支援，已不能滿足長者的養老需要。

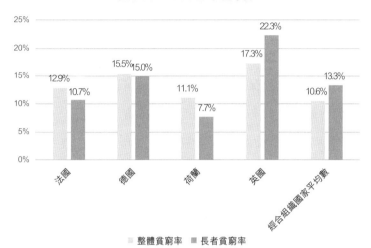

圖 7.2　選定經合組織國家長者貧窮率與整體貧窮率比較
（2000－2005 年資料）

■ 整體貧窮率　■ 長者貧窮率

資料來源：香港退休保障資訊網

長壽風險

正如前述，現時大多數長者都需要以儲蓄養老，除了少數領取綜援的貧窮長者外，或從僱主領取長俸的僱員外，能得到穩定的養老金的長者並不多。隨着長者的壽命愈長，長者便愈難透過妥善安排如何運用積蓄，使他們在去世前得到穩妥的生活保障。此現象不單困擾貧窮長者，即使是薄有資產的中產長者，亦難以單靠積蓄安心生活。

可持續性成疑

在香港面對急速的人口老化問題，公共養老金制度卻一直未有就長遠開支進行規劃。海外社會保險式的退休保障制度一般需市民供款，有較穩定及可預測的財政來源，香港現時的綜援、高齡津貼及長者生活津貼，都依賴一般財政收入支持。雖然強積金作為一種

政府沒有財政負擔的固定提撥制度有助減低政府在養老開支的財政壓力，但強積金制度距離成熟仍有很長時期，而且對低收入及無收入的市民亦幫助不大，因此預計未來政府在綜援、高齡津貼及長者生活的開支仍會不斷增加。然而《基本法》限制香港的公共財政必須量入為出，在必須保持低稅率下，香港可以透過加稅支持這些制度的空間有限，使到未來這些制度的可持續性成疑。

現時香港用於養老（只計算現金支援）的開支約為 240 億元，佔 GDP 的 1%，如此比例按長者人口比例的增加而增長，則在 2064 年開支將上升至 2%。如與其他已發展國家相比，此比率仍是屬於偏低水平（現時經濟合作暨發展組織的平均水平是 9.5%），但是考慮到香港公共財政本身佔 GDP 的水平亦偏低，假定其他公共開支的結構不變，養老金佔經常性開支的比率，將由現時的 9% 上升至 2064 年的 21%。不少人擔心這將對政府其他方面的開支帶來壓力，亦會導致政府削減養老福利的給付水平。這其實反映現時政府整體公共開支偏低下，要發展養老金制度，必須在政府經常收入外作額外融資。總括而言，香港養老金制度的發展，必須解決長遠持續性的問題。

四、香港公共養老制度發展歷程及現時的基本結構

筆者認為香港養老金制度的發展，可大致分為四期，本節會簡單作一概述，而每一養老金制度的較詳細歷史改革，將在之後章節作更詳細說明。

（一）　無保障時期

香港的養老金制度起步甚遲，殖民地政府由開埠到上世紀五六十年代前，都採取低度介入的管治策略，基本上沒有在香港推動任何社會福利制度的意圖。當時華人社會的養老主要是靠家庭以及宗族紐帶提供。香港的社會福利署在 1958 年才成立，而且初期運作規模很少，並得不到主要官僚的支持。直到七十年代，殖民地政府一方面受到英國工黨政府的壓力，另一方面亦須面對社會因貧窮問題而帶來的壓力，才開始較認真建立福利體系。

（二）　初設養老保障制度時期

香港的養老金制度至七十年代才有較明顯的發展。1967 年，香港發表了《香港社會保障的若干問題報告書》，建議長遠建立社會保險制度，但另一方面報告亦承認在香港推動供款制度的困難。因此先建立扶貧性質的社會援助制度，另在養老保障方面，建議先成立由公帑支付的社會津貼制度，作為解決長者貧窮問題的臨時方案。

政府於 1971 推出了公共援助制度，1973 年推出老弱津貼制度（即現時的高齡津貼）。隨後十多年此兩種制度在支援水平及資助範圍都有所改進。時至今日，此兩種制度仍是政府維持長者入息保障的重要骨幹。

（三）　從老年金到強積金改革

到九十年代，政府又再為養老保障改革展開討論。其時社會的爭論焦點之一是推行個人專戶制的中央公積金。政府先於 1992 年推出諮詢文件，建議成立私營的個人養老儲蓄計劃，到 1994

年政府卻改為建議推行老年退休計劃，此方案由市民供款，年老後領取劃一水平的養老金方案（受惠人數接近全民），設計與現時民間社會推動的全民養老金方案相似。方案當時在社會引起了不少爭議，到 1995 年政府撤回方案，重新推出了個人專戶制，並由私人市場營運的強積金方案。此方案於 1995 年通過，2000年推行，現時制度已積累超過 6,000 億元的資產，並且將繼續擴大，是現時其中一條重要的長者入息保障支柱。

（四）推動全民養老金及其回應

民間其實自六七十年代開始已推動養老金改革的運動，在九十年代前，勞工界較主流聲音似乎是推行個人專戶制的中央公積金制度，但自 2000 年推行強積金後，民間社會開始有較大共識推動全民養老金制度。其後十多年運動不斷擴大，現時推行全民養老金方案，幾近成為各基層團體、社福界，以及泛民政黨的共識。雖然此制度至今仍未落實，但政府其後推行的長者生活津貼，及最近建議推行的加強版長者生活津貼，某程度上都是政府面對全民養老金運動的回應。

五、作為政治問題與專業問題的養老保障制度

養老金制度的分析，同時涉及技術問題及政治問題。認為長者入息保障制度是技術問題，是因為制度涉及一系列提撥、給付、管理等等的設計。不論制度是隨收隨支制，還是充分支付，都必須經過嚴謹的計算，才能確保參與制度的市民到年老時都能

夠得到足夠的養老金。而此問題在過去數十年長者入息保障制度的發展經驗中變得愈趨重要。當歐美國家的長者入息保障制度步向成熟期，面對人口老化，經濟增長速度減慢，國民遷移的問題日漸湧現，養老金制度改革便需要有專門的技術專家，設計讓制度得以持續發展，提升運作效率，減少制度帶來負面作用（例如因市民提早退休而降低社會的勞動參與）的可行方案。一般來說，經濟學家、精算師、保險業界，在分析養老金制度時都會集中討論這些技術問題，甚至認為此制度只涉及技術問題。

然而，長者入息保障制度亦是政治問題。因為歸根究底，長者入息保障制度就是涉及運用公權力，以增進市民年老後的福利。因此長者入息保障制度其實是一社會契約，訂明社會不同群組間的權利與責任，如在職人士是否有責任供款與長者是否有權利享有養老金等這些議題，涉及我們如何界定不同社會身份，如富人與窮人、僱主與僱員、青年與長者等等間的關係。即使如強積金般完全私營的長者入息保障制度，政府仍需要運用公權力規管制度運作，例如政府會規管基金投資的風險，或會否限定最高收費，當然在強積金中更涉及政府運用公權力強制市民儲蓄。長者入息保障制度既然是社會契約，涉及社會不同群組的權利與責任，自然是一政治問題。上述權責問題，亦涉及國民身份／公民身份的建立（Box 7.2），特別是給予長者養老保障，很多時是建基於一種長者對社會貢獻與參與的想像。在近年中港矛盾加劇下，新來港人士能否得到養老保障的爭論，使香港的養老保障討論更添政治性。

Box 7.2 退休保障與公民／國民身份的建立

不少研究顯示，福利制度的建立與國民／公民身份的建立息息相關。對公民身份愈認同的人，較傾向支持養老保障制度，因為公民身份認同既能增加市民的互相信任，使有資源的市民同情弱勢社群，支持再分配的政策，信任亦能減少分擔風險機制涉及的道德風險。此外，國民身份認同亦會增加對政府的信任，支持政府動用公權力介入養老保障。

觀乎世界各地養老保障系統的建立（表 7.1），都與民族國家的建立息息相關。發達國家的養老保障系統大多建立於二戰前後，或前殖民地獨立後的時期（德國的退休保障制度則是於建立民族國家時建立）。戰後或獨立後的團結氣氛一方面為建立養老保障體系提供了土壤，國家亦可借此政策建立市民對國家的認同。

表 7.1　不同國家及地區成立公營養老保障制度的年份

國家	首立養老保障制度年份
德國	1891
美國	1942
日本	1942
新加坡	1955
台灣	1958

香港的養老金制度亦可以此視角觀之。早期殖民地政府拒絕建立養老保障制度，一方面殖民政府希望低度介入社會，而當時的華人不少只視香港為一客居之地，而非終老之所。到香港七十年代開始初創養老保障制度，同時亦是香港人自我身份認同開始建立的時期。在近年全民養老金運動中，整個運動的核心語言仍是訴諸於市民間跨代間的共濟扶持，背後仍是共同公民身份的建立。

養老保障的政治問題其實應比技術問題更優先，因為所謂技術問題，只是在政治上決定不同市民的權責後，尋求體現這種權責的可行方案。如社會根本不認為誰人有責任協助長者的退休生活，那麼技術問題根本不存在。總括而言，要分析養老金制度，政治及技術的視角缺一不可。

然而現時香港的討論卻以相當割裂的視角處理此二個問題，例如經濟學家在報章中撰文討論養老金制度，往往只集中討論某制度是否會破產，行政成本是否過高，卻少有討論市民希望長者過什麼生活，市民又願意為此付出多少。

反過來說，民間團體及政黨的爭論，卻着重養老保障制度所追求的道德倫理，對技術問題有時帶點粗心。事實上，要體現社會間不同組群在養老保障中的權責，亦可以有不同的方案，但很多時這些方案的討論，很快便會歸結為一種道德倫理及意識形態的爭論。近年在全民養老金運動中，公民社會團體與專家合作，在訂立養老金的價值原則後，務實地尋求技術解決方案，是可喜的進步。

以下章節的結構

現時香港的公共養老金制度，由綜援、長者生活津貼及高齡

津貼構成，此三制度皆由公帑支付，前兩者為扶貧性質，後者則有類近國家退休金的意味，這三制度將在下一章作介紹分析。強積金制度是個人於私營金融機構儲蓄的制度，政府的介入度不高，然而由於這制度涉及動用公權力強制市民儲蓄，而且制度發揮的效果將日漸擴大，因此將另開一章介紹。分析將特別檢視現時的制度設計如何導致制度收費及投資風險過高。最後一章將介紹全民養老金運動，雖然此制度仍然落實無期，但是這場運動把近年民間倡議養老改革的力量聚焦，而政府近年所作的改革，某程度亦是回應運動產生的壓力。本書分析不同的制度，都會先對制度作客觀描述，並介紹制度的歷史沿革，然後才作評議。評議時將會結合技術與政治的視角，既會檢視制度效率，亦會討論制度設計背後所反映的社會價值。

註釋：

1　例如假設養老保險是以向長者按月定額支付養老金的方式直至長者身故，預期自己較長壽的市民則會愈有誘因參加養老金制度，相反預期自己壽命愈短者則不會參保，破壞了平衡風險的功能。強制參保則可迫使高風險者與低風險者都必須參保，使高風險者能得到低風險者的補貼。

第八章
長者綜援、高齡津貼及
長者生活津貼制度¹

2009 年 2 月 19 日一大清早，馮伯如常到旺角一棟住宅大廈開始負責清潔的工作。馮伯雖然已過耳順之年，但由於只有微薄的長俸及生果金，每月都要靠當清潔工約四千多元的收入養家。有時街坊如丟棄有用雜物，馮伯也會回收變賣多賺一點外快。這天，家住五樓的一位住客要丟棄一個雪櫃，馮伯便答應幫忙把雪櫃搬走。這個雪櫃高約六呎，馮伯的身高卻只有五呎多，丟棄雪櫃的太太也擔心馮伯力有不逮，但馮伯只說沒問題。馮伯獨自把雪櫃由五樓背至地下，當最後還有十二級便到地下時，馮伯終於堅持不住連人帶雪櫃滾下樓梯，結果馮伯胸骨插穿肺部，心跳一度停止，幾經搶救馮伯才撿回一命。

這件事引起了不少社會討論，為什麼一位七十多歲的老人家，需要如此辛勞工作才能糊口？

政府介入養老保障制度，目標之一是要確保所有長者都有足夠的收入安享晚年。香港直接由公帑支付的公共養老保障系統，包括綜援、高齡津貼、長者生活津貼，究竟這些制度出現了什麼問題，使得大量如馮伯處境相似的長者落入貧窮狀況？本章旨在分析本港的公共養老保障制度，分析以上制度的成效，以及為何仍不能有效保障長者生活的原因。

一、長者綜援制度

（一） 制度簡介

綜援制度的全名是「綜合援助計劃」，是香港最重要的扶貧制度。制度的目標是對不能自助的家庭給予支援，以確保他們能滿足最基本的生活需要。因此綜援並不是只限於支援長者，任何有需要人士都能夠申領。然而，由於香港的長者貧窮問題嚴重，綜援實際上是不少長者唯一的入息來源，因此綜援又在某程度上承擔了養老保障的功能。

綜援制度的歷史

香港的綜援制度始於 1971 年，前稱公共援助計劃。香港在七十年代以前對於極度貧困的家庭，社會福利署會給予他們以實物形式支付的食物援助。但政府考慮到有部分長者行動不便，難以到達指定地點領取食物，在特殊情況下會把食物換算作現金支援。1971 年政府正式確立以現金支援基本生活需要的綜援制度，成立之初支援金額只以食物開支來釐訂，至翌年已把衣服、水電費等必要開支納入標準金額計算。此外，公共援助制度最初只限長者及殘疾人士申領，到 1977 年才容許讓其他有需要的成年健全人士申領。至 1993 年制度改革為現時的綜合援助制度，整合了各種標準金及特別津貼，並提升了支援水平，以更全面保障受助人的需要（見本書第一章）。

領取資格

所有居港滿一年的香港市民都可申領綜援，制度主要以申領

家庭的資產及收入為申領門檻。在資產規定方面，長者的限額相對較成人寬鬆，現時綜援規定單人長者申請人的資產不可超過47,000 元（二老家庭為 70,000 元）。此限額已較其他成年申請人寬鬆（單身健全成年人的資產限額為 29,500 元）。此外，長者的自住物業不作資產計算（成人申請綜援計算資產則會包括自住物業，即成人一般需要放售物業並待資產用至低於資產限額後，才能申請綜援）。

收入門檻方面，現時綜援制度會先根據申請人的基本需要（稱為認可需要）訂定每月可領取的綜援金額，受助人如有其他收入，則基本上會扣除與該收入等值的綜援金。因此只要申請人的收入不超出該認可需要的水平，申請人理論上仍有資格透過綜援補足欠缺的餘額。反過來說，如申請人本身收入已超出認可需要，即表示不合資格領取綜援。至於收入的定義，則基本上包括所有形式的收入，如工作收入、投資收入、家人的供養，甚至物資轉贈，理論上都會轉化為現金價值計算。

此外，制度對於受助人的居港時期亦有一定規限。2013 年，經司法覆核後，制度由原來規定申請人必須為永久香港住民（居港七年），改為居港一年以上的香港居民。此外受助人在領取綜援期間，每年不得離港超過 56 天，但長者如參加「綜援長者廣東及福建省養老計劃」，即使離港超過期限，仍受綜援支援。

必須注意申領綜援是以家庭為單位。即例如一位貧困長者與家人同住，即使該家人沒有給予長者任何支援，長者仍不能以個人身份領取綜援（個別個案可向社署申請酌情處理）。因此綜援其實並不是養老金制度，而是一種支援貧窮家庭的福利制度（見Box 8.1）。

可攜性

可攜性即是領取養老金者能否於境外繼續領取養老金。隨着全球化加劇，在海外工作或海外養老的情況日益常見，可攜性是現時世界各國分析養老金制度時的重要面向。

綜援作為一種社會援助制度，目標是為香港居民提供安全網，因此可攜性的討論本不應適用。但隨着香港有愈來愈多回鄉養老的情況出現，政府於 2004 年推出了「綜援長者廣東養老計劃」（及後擴展至福建省）。該計劃的申請者可以選擇在廣東或福建省經常居住，但只能夠領取綜援的標準金額及長期個案補助金（即不能領取特別津貼）。

申請此計劃的長者必須之前已領取綜援超過一年，由於申領綜援的條件必須是香港的常住居民，因此計劃只適用於本身常住香港，之後決定移居廣東或福建省居住的領取綜援人士，本身長居國內的港人則不合資格申請。

為處理行政安排，政府於廣東及福建兩地都委託非政府組織成立了辦公室，負責定期透過家訪或郵遞方式核實申請人的領取資格。此計劃一方面方便香港市民回鄉養老，另一方面亦有助減低政府開支（包括節省了綜援的特別津貼平均約二千多元，以及這些長者其他於香港養老所涉及的福利開支）。

給付水平

綜援制度是按受助人需要訂定援助金額的制度，因此每人領取的金額按需而異。金額分為基本金額與特別津貼兩部分，現時單人健全長者的標準金額為 3,435 元，家庭成員的長者劃一為 3,240 元，如長者有較高的殘疾程度，領取的水平則較高。除

標準金額外，另有按個別特殊需要而給付的特別津貼，如租金津貼、醫生建議的特殊膳食、水費、排污費津貼等。這些津貼基本上需要確立申領人有該項需要才會給付，並採用實報實銷的形式，而津貼設有最高限額。根據政府的數據，現時每位申領綜援的長者平均領取綜援的總金額（即標準金連同特殊津貼），每月約為 5,500 元（2015 年水平）。

Box 8.1　綜援是養老金制度嗎？

雖然本章把綜援置於公共養老制度的脈絡討論，但綜援是否真的屬於一種養老金制度？這個問題在過去幾年引起不少爭論。

養老保障制度的支援對象是長者，目標是支援市民年老後的生活。綜援則是一種社會援助制度，支援對象是貧困家庭。雖然一個貧窮家庭受惠於綜援制度，該家庭如有長者亦可因此受惠，但反過來說，如貧窮長者生活於非貧窮的家庭，該長者則不能領取綜援（除非獲酌情處理）。養老保障制度的目標之一應是確保長者有足夠收入，以使他們能過相對自主的生活，不必然須要完全依賴家庭供養，因此嚴格來說，綜援制度並非養老保障制度。

然而當政府採納世界銀行的五條支柱框架分析養老保障制度時，把養老保障視為一個包含不同支柱的綜合系統，不同市民的退休生活，由系統的不同支柱所承擔。在香港，這些支柱包括與職業掛鈎的退休制度，政府給予長者的福利（高齡津貼與長者生活津貼），也包括家庭支援，

而綜援則是作為補足這些制度不足的最後一道防線，因此應視為養老制度的一部分。

爭論綜援是社會援助制度，還是養老保障，並不是要爭論某一種制度更好，而是需要釐清制度背景所涉及的社會契約。養老保障制度涉及市民與長者間的權責，社會援助涉及市民與貧者的權責。究竟社會願意對長者與貧者，負上何種社會責任，又需要社會作出何種付出，需要社會共同決定，建立社會契約。

當一個社會的養老保障制度設計完善，自然有較少貧窮長者需要接受援助。香港的情況則相反，因為長期沒有發展養老保障制度，以致大量長者面對貧窮問題，原本以扶貧為目的的綜援制度，間接被逼承擔了養老金的功能。

（二）綜援制度作為一種養老保障制度的問題

審查水平過嚴

現時長者綜援的資產審查限額為四萬多元，理論上超出綜援資產限額的長者，可以先保持正常生活開支，待資產耗盡至低於綜援水平，便可申領綜援。

但香港的長者往往希望保有一定積蓄應付各種突發需要，如急病或「儲定棺材本」。數萬元積蓄並不能讓他們感到安心。現時符合領取綜援資格的長者，其實不少是活於一種唯恐僅餘積蓄不能應付突發需要的狀況，相反那些因超出資產限額而不能領取

綜援的長者，則希望盡量減慢積蓄耗盡的速度，只能節衣縮食，生活質素反而比領取綜援的長者低。因此長者在綜援制度下，其實是活於「要麼資產不足，要麼開支不足」的兩難處境。

長者不能獨立申請綜援

綜援制度以家庭為申領單位。這種觀念當然有其特殊背景，香港作為華人社會，家庭過去大體上是承擔與家庭成員共享經濟資源的單位。

根據香港政府統計署的資料，現時約有七成的長者，表示仍能從家人中得到一定的現金支援，支援金額的中位數為 4,000 元。但隨着人口結構及家庭價值的轉變，相信子女對長者的供養將愈趨減弱（見 Box 8.2）。

由於綜援制度只容許受助人以家庭為單位申請，因此與家人同住的貧窮長者，即使得不到家人的任何支援，如家人不願意領綜援或不符合資格領取綜援，這名貧窮長者在未有社署行使酌情權的情況下，仍不能領取綜援。值得留意的是，雖然子女供養父母的能力比過去減弱，綜援政策在 2003 年後卻採取了更嚴格的行政安排處理長者獨立申請綜援的問題。結果長者從子女中得到的支援減少，綜援制度的支援卻有所倒退。

上述制度除了使有需要的長者不能受到綜援保障外，另一副作用就是促使長者搬離子女獨立居住，以獲得領取綜援的資格。結果這更進一步減弱了子女對父母的照顧（非金錢上的支援），也增加了長者居住院舍的需求。現時長者入住院舍的比率高達 6%，遠高於大多數其他國家的水平。

Box 8.2 不供養父母是孝道文化轉變的問題嗎？

子女供養父母減少，很多時候會被視為「新世代不重視孝道」的現象。有意見更指出，孝道的衰落只因福利社會的興起，增加長者福利只會進一步削弱傳統孝道，對長者的養老保障只會弄巧反拙，這說法言之成理嗎？

香港自六十年代起，婦女的生育便不斷下降，六十年代平均每名適齡婦女產下 5.2 名子女，下降到現時只有 1.3 名子女。現時的長者大約於六七十年代生育，大約每名長者有 4 名子女，前述現時子女給予父母供養的中位數額約為 4,000 元（或等於工資中位數的 27%），平均即每名子女給予 1,000 元，現在一代平均生育率為 1.3，假定每一名子女支援長者的能力／意願不變，若按上述比例推算，到這一代年老時，則每名長者平均能從所有子女中得到相等工資中位數 9% 的支援。可見即使下一代的孝道不變，長者仍需要面對子女供養不足的問題。

標籤效應

即使長者合乎各種嚴苛的審查資格，仍不代表長者必定能得到綜援制度的支援。

現時綜援制度被批評為帶有負面標籤，根據不少前線社工的經驗，市民在申領綜援時，往往感到受社署保障部職員並不友善。加上社會整體對領取綜援人士的負面觀感，以及長者要子女簽署「衰仔紙」的問題（Box 8.3），這都使到不少有需要的長者拒絕領取。

有論者認為所謂標籤效應是長者「看不開」的問題，既然已符合申請門檻，為什麼有人會「有着數唔拿？」不少經濟學家分析社會保障制度時，只假設市民在申領規則下，會務求達到個人利益最大化，並據此評論制度的利弊，至於領取者的主觀感受卻往往被忽視。

事實表明，標籤效應對制度效率帶來極重要的影響。根據樂施會於 2010 年進行的調查，估計約有四成合資格的長者，即使有需要及符合申領門檻，亦沒有領取綜援。而現時領取長者生活津貼的長者中，亦約有五成（51%）（20 萬人）的資產水平其實是符合領取綜援的資格，這可能是由於同住的家人資產及收入超出綜援的限額，亦可能因為負面標籤效應而沒有領取綜援。

綜援制度作為最後安全網，卻有大量有需要的長者未能使用，顯示出綜援的標籤效應使制度不能達到原本的目標。

Box 8.3 「衰仔紙」不供養父母證明

現時領取綜援的長者都需要子女（即使子女並不與父母同住）簽署聲明（即所謂「衰仔紙」），證明沒有供養父母。這有異於其他綜援申請人證明收入來源的安排。一般來說，綜援受助人只需要羅列出自己各種收入來源，如瞞報則為犯法，卻不需要某潛在收入來源證明沒有支援受助人。

在長者綜援中特別要求子女簽署「衰仔紙」，是預設子女必然會供養父母，不供養的是特殊個案，然而這假設已與現實情況脫節。2017 年特首梁振英於最後一份施政報告中，宣佈將取消「衰仔紙」。

除了「衰仔紙」的問題外，長者綜援中另一與子女供養相關的制度設計，是容許長者獨立申請綜援，以及將子女給予受助父母任何的支援都會在綜援金中作相應的扣減，社會往往把上述三項制度設計互相混淆，筆者以下作簡單解釋。

「衰仔紙」處理「由誰來申報入息」的問題，取消「衰仔紙」只代表如長者不與家人同住，長者可透過本人，而非子女證明沒有從子女中得到收入，但即使取消「衰仔紙」，子女給予長者的入息仍然需要從綜援中扣減，與家人同住的長者亦不能以個人為單位申請綜援。

有意見認為，如子女給予長者的收入補助都須從綜援中扣減，即長者實際不會因子女援助而額外增加收入，此設計是取消了子女現金支援父母的動機，因此建議應建立豁免扣減的機制。

容許長者獨立申請綜援，則是指容許與子女同住的長者，不需要以整個家庭為單位，而以個人（或長者夫婦）為單位申請綜援。

制度的可持續性

現時約有 15 萬名 65 歲或以上長者領取綜援，約佔長者人口的 13%。而綜援的領取者中，則有約近四成為長者（僅指 65 歲或以上，如連同 60−64 歲群組，則比率約超過四成半），是領取綜援者最主要群組。每年政府用於支付長者綜援的開支約為 90 億元（僅指用於 65 歲以上長者的綜援），約佔政府整體財政開支

的 3%。隨着未來人口老化，如長者領取綜援的比率不變，政府
用於長者綜援的開支將不斷上升，到 2064 年領取長者綜援的人
口會上升到 36 萬，開支佔政府財政的 7%，對政府的財政帶來沉
重壓力。根據周永新教授的顧問報告，預期未來長者領取綜援的
比率會由現時的 13% 上升至 2041 年的 17%（這或由於家庭供養
長者的能力下降，或是未來長者對申領綜援權利意識的提高）。
然而政府在長遠財政計劃工作小組報告的推算則認為，長者領
取綜援的比率將會下降至 2041 年的 6.7%，到 2064 年再下降至
6.1%（這可以是由於強積金的成熟、市民儲蓄習慣改變，或其他
類社會保障系統的補充），因此預期綜援對財政的負擔減低。

　　不論是周教授還是政府的推算，都不可能絕對精確。香港未
來人口結構變化、家庭價值變化、養老金制度的變化，以及市民
如何預備退休生活的變化，都是香港前所未有的經驗，要作出準
確預測，無異緣木求魚。因此只能肯定的，是綜援制度對香港的
財政負擔帶來了很大的不確定性，如未來領取綜援的長者超出預
期，在制度沒有新的融資安排下，單純用政府一般財政來支持，
可持續性或成疑問。

二、高齡津貼制度

（一）制度簡介

　　高齡津貼又稱為「生果金」，於 1973 年設立，屬於公共福利
金計劃的項目（其他的計劃包括長者生活津貼及傷殘津貼），為一
種不設資產及收入審查、僅以年齡決定申請資格的社會津貼制度。

領取資格

所有年滿 70 歲的香港居民，並在港通常居住滿七年都可領取。制度不設任何資產及入息審查。領取綜援或其他公共福利金項目者，不能同時領取高齡津貼。現時合資格領取高齡津貼的長者中，約有 15% 符合資格但並沒有領取。

可攜性

高齡津貼的可攜性較綜援高，制度規定領取人每年居港不少於 60 天，如居港少於 60 天，則高齡津貼的數額會根據留港日數按比例給予該受助人。

給付水平

現時高齡津貼是每月 1,325 元，並按社援物價指數作出調整。

高齡津貼制度設立之初是以綜援基本金的 50% 為標準，由於綜援的標準金是根據受助人的基本生活需要而定，因此可説是有一個具體基準。但其後綜援金額作出了數次調整，高齡津貼卻未有作出相應調整，因此金額實際上已與綜援制度脱鈎。2009 年政府把高齡津貼重新訂為 1,000 元後，實際上已不再跟隨任何基準。

高齡津貼的歷史

七十年代以前香港除了工傷的賠償制度，基本上並沒有任何其他社會保障制度。1965 年，政府委託英國專家 Gertrude William 為香港的社會福利發展進行研究，報告認同香港長遠需要發展社會保險系統（包括養老保險系統），但亦同時認為香港當時並無發展供款性社會保險制度的條件，因此作為權宜之計，

報告提出設立一非供款性的養老金制度。此制度在 1973 年正式
以傷殘老弱津貼的方式推行。計劃一開始時的受惠對象為 75 歲
或以上的長者或殘疾人士，受助人無須作經濟審查。1978 年計劃
的長者申領資格改為 70 歲。1989 年制度在原有高齡津貼的基礎
上，再新增一層帶資產審查，但給付水平較高的高額高齡津貼，
而高額高齡津貼的領取年齡下限為 68 歲（但不用審查的普通高
齡津貼仍以 70 歲為領取資格）。從此高齡津貼分為普通高齡津貼
（免審查）與高額高齡津貼（須經濟審實查）兩級，1991 年進一
步將高額高齡津貼的申領門檻降至 65 歲。

　　2008 年政府在施政報告中建議把高額高齡津貼增加至 1,000
元，但同時把免審查的普通高齡津貼取消。民間團體估計政府藉
着提高高額高齡津貼的津貼額，以換取社會支持取消免審查的普
通高齡津貼，長遠來説可減少政府的開支。政府提出此建議後，
引起社會輿論極大反彈。其中最為人所記得的是，2008 年 10 月
特首曾蔭權在宣讀施政報告時，立法會議員黃毓民向他投擲三隻
香蕉（這是在立法會首次出現的肢體衝突）。而一些向來較少參
與社會行動的長者團體，也積極動員抗議政府（筆者當時亦有參
與協調工作，不同長者團體都在商討如何參與集會抗議此措施，
甚有如箭在弦之勢）。結果戲劇性地，在施政報告發表後一週
後，政府宣佈繼續保留免審查的普通高齡津貼，並把金額連同高
額高齡津貼金額一同提升至 1,000 元。原本兩級制的支付水平又
重新變為一級制（支付水平一律為 1,000 元，但 70 歲以上長者可
免審查領取，65 - 69 歲的長者則需要審查）。

　　筆者認為政府在這次改革中，更進一步顯示出對高齡津貼定
位的隨意性。政府提出把高齡津貼增加至 1,000 元，此數值卻無

任何科學性的理據。正因如此，政府亦難以解釋增加高齡津貼，與取消審查安排的邏輯關係。最後政府增加高齡津貼並同時撤回取消審查制度，所產生的政策效果，更是與原本希望達到減少長遠開支的目標完全相反。

至 2013 年，政府推出「長者生活津貼計劃」，由於原本合資格領取高額高齡津貼的 65－69 歲長者，必然合資格領取金額較高的長者生活津貼，因此高額高齡津貼正式完全被取代。

（二）高齡津貼的問題

金額不足

根據香港基本生活需要研究，現時一名長者每月最基本的生活費約為 3,500 元（未計算租金），一千多元的高齡津貼的金額，顯然不足以應付長者的基本需要。

實際而言，如長者不合資格或不願意被經濟審查，高齡津貼便成為了長者唯一的退休收入來源（尤其是在推行長者生活津貼前）。因此高齡津貼在香港退休保障未完善發展前，確實在支援長者的生活需要上擔當十分重要角色。問題是，高齡津貼的功能在政策上卻無明確定位。在過去討論中，政府似乎較傾向把高齡津貼視為一種回饋（或心意），這亦解釋為什麼訂定高齡津貼額時沒有考慮長者的具體需要。結果如此重要的養老保障制度，訂定金額水平卻帶隨意性。

可持續性

近年引起廣泛討論的全民養老金制度（即所有長者可在不設

經濟審查下領取養老金，詳情見本書第七章），當中最大的爭拗點在於：制度不設審查，因此不可持續。

　　然而高齡津貼制度作為一種不設審查的養老金制度，其實相對是一個可持續性較強的制度。現時政府每年用於高齡津貼的開支為 29 億元，預計到 2064 年人口老化後，所需開支為 76 億元，佔整體財政開支的 2%。高齡津貼雖然全民給付而帶來較高開支（相對於只向窮人給付），但因為支付固定金額，每年的開支基本上只受人口結構，而不受當時長者的貧富所影響，因此政府相對較容易估算開支。現時約 1,325 元的金額若只按通脹調整，帶來的財政壓力相對不大。

三、長者生活津貼制度

　　面對高齡津貼與綜援的種種問題，前者無審查制度而金額不足，後者金額較高但審查機制嚴苛，社會上愈來愈多聲音要求改革整體養老金制度。其中一種民間團體倡議的改革方案，是推行全民養老金制度。

　　長者生活津貼是政府為了回應上述壓力，而推動權宜性的養老金制度改革。制度是在高齡津貼及綜援制度中間落墨，因此某程度上是解決兩制度的部分不足。但另一方面卻仍然不能徹底解決制度遺留的種種問題。

（一）制度介紹

給付水平

合資格的長者每月可以領取 2,565 元的津貼。津貼額制定之初以高齡津貼的一倍為標準，但政策上並無規定兩者的數額必然相互掛鈎。但由於過去數年兩者每年都根據社援物價指數按相同比率調整金額，因此現時長者生活津貼的金額仍大致是高齡津貼的兩倍。

2008 年政府把高齡津貼訂為 1,000 元，本身為一帶隨意性的決定，因此以高齡津貼兩倍釐定的長者生活津貼自然亦帶隨意性。

領取資格

長者生活津貼設有資產及入息審查機制，但比綜援制度寬鬆，制度規定單人的資產限額為 225,000 元，長者夫婦的資產限額為 341,000 元。至於資產的定義則與綜援相同，即除自住物業外，包括所有類型的資產。

長者生活津貼亦設有入息限額，現時單人長者每月收入不能多於 7,750 元，夫婦每月不可多於 12,620 元。但與綜援制度中受助人每一元的額外入息都須從援助額中扣除的制度不同，長者生活津貼受助人的收入只要不超出上述規定水平，則可全數領取長者生活津貼。此外，在審查長者入息時，長者生活津貼不會計算子女給予長者的支援。

長者生活津貼與綜援最大的分別，是制度基本以長者而非以住戶為申請單位。因此當計算長者的資產及收入時，只會計算長者自身，而不會計算其他同住家人的資產及收入。

長者生活津貼的居港年期及可攜性規定，與高齡津貼完全一致，即受助人申請前須連續居港滿七年，申領後每年須居港最少60日，否則只會按比例支付長者生活津貼。

現時約有 37% 的長者領取長者生活津貼。

長者生活津貼的歷史

2011 年底特首選舉的選戰開始，主要被認為有可能成功當選特首的候選人有梁振英及唐英年。

梁振英在選舉工程中，不斷凸顯其親基層的優勢，而唐英年亦努力洗脫其富家公子形象，因此社福及扶窮議題成為了雙方政綱的焦點。爭取全民養老金的團體，則在整個競選過程中不斷進行游說及製造社會輿論，希望爭取兩位候選人支持全民養老金實施，並寫入競選政綱中。

至 2012 年 2 月，唐英年正式宣佈參選政綱，承諾當選後推出退休津貼，資產低於 18 萬元的長者（18 萬元為高額高齡津貼的資產限額）可領取每月 3,000 元，作為對長者貧窮問題的回應（3,000元正好是當時爭取全民退休保障聯席所倡議全民養老金水平，因此估計唐英年在設計此政策的目之一，正是回應民間養老金改革的訴求）。至 3 月 6 日，梁振英亦推出政綱，當中包括承諾推行特惠生果金的計劃，長者只須經入息及資產申報後即可申請，金額為 2,200 元。梁振英當時並無公佈資產及入息的門檻，但在制度推行後，制度亦以高額高齡津貼的資產及入息水平為門檻，因此梁唐的方案基本上審查資格一致，而支援金額以唐英年的方案較高。

其後梁振英上任為特首，便開始着手落實這項政綱，於 2013年 4 月，此項計劃以長者生活津貼的名義正式推行。

Box 8.4 推行長者生活津貼是善政還是糖衣毒藥？

民間社會一直以來爭取免審查的全民退休保障制度，結果政府卻只以須審查的長者生活津貼制度回應訴求。因此當政府於 2012 年 10 月於施政報告宣佈推行長者生活津貼時，不少民間團體表示反對，其後社會民主連線及人民力量在立法會財務委員會舉行期間，以拉布方式阻止長者生活津貼的撥款，2012 年 12 月財委會主席宣佈梁國雄議員提交的三百多項修訂作廢，委員會通過長者生活津貼的撥款。當時不論最終拉布是否成功，推動拉布的議員都背負龐大壓力，因為一方面固然爭取全民養老金的團體希望議員反對議案，增加政府推行全民養老金的壓力，但另一方面對於將受惠於長者生活津貼的長者，卻會視拉布的議員為拖延他們獲得即時福利的敵人。

據筆者憶及，當時爭取全民養老金的團體中就是否反對長者生活津貼亦持兩種態度。其中一種意見認為，支持長者生活津貼，即打散民間爭取全民養老金的力量。另一種意見則認為，長者生活津貼是一種扶貧制度，與作為退休制度的全民養老金無關，政府推出扶貧措施團體無從反對，但亦不表示市民不會繼續爭取非扶貧性質的全民養老金制度。

上述意見孰是孰非，涉及下面幾條問題的預設觀點：第一，當時政府是否正面對推行全民養老金的極大政治壓力？第二，成功推行長者生活津貼是否有助政府消解上述壓力？第三，推行長者生活津貼後，是否代表並凝聚爭取

全民養老金的力量就此消解？筆者相信站在不同位置者對上述問題有不同解答，但就筆者個人的觀察，爭取全民養老金運動在 2016 年政府進行諮詢時，得到市民更多理解及社會上更普遍的支持，就結果論，爭取全民養老金的運動在推行長者生活津貼後，仍不斷壯大。

　　不論長者生活津貼的推行，是否破壞了全民養老金運動的進程，但卻肯定與全民養老金運動帶來的壓力有關。香港的養老制度自推出高齡津貼後，近二十年毫無寸進，而不論長者生活津貼有何重大缺點，卻仍可算是長者退休制度近年最大的改革，全賴運動者鍥而不捨地向社會展示長者的養老問題，政府才會相對較大動作地透過長者生活津貼制度作出回應。

（二）長者生活津貼的問題

　　長者生活津貼作為介乎綜援及高齡津貼中間的折衷方案，因此制度既部分解決了高齡津貼與綜援制度的問題，但同時此二制度仍有部分問題未能徹底解決。

　　首先支付金額方面，長者生活津貼的水平雖然較高齡津貼高約一倍，但仍較長者基本生活預算的水平少約三分之一。

　　在可持續性方面，現時每年長者生活津貼的開支約為 128 億元，正如綜援制度一節所討論，長者生活津貼未來的開支實際為多少取決於當時長者的貧窮程度，這難以長遠準確預測，增加了制度可持續性的不確定性。而長者生活津貼亦是全由公帑中一般財政收入支付的制度，若未來在領取比率出現未能預料的變化，

將對當年的整體公共財政開支會帶來龐大負擔。

至於審查制度方面，長者生活津貼採用了比綜援低的門檻。現時入息門檻為 7,750 元，而且不計算親友給予長者的支援，因此一般長者如沒有工作或不是領取長俸，都不會超過此入息門檻，但資產門檻定為 225,000 元，卻與入息門檻的水平不成比例。如以年利率 5% 計算的年金計劃，與 7,580 元入息等值的資產應約為 125 萬元。

長者生活津貼容許長者以個人為單位獨立領取，並不計算親友給予的收入，而且資產及收入是採用申報（而非審查）的方式，申請門檻比綜援低，部分解決現時綜援的標籤效應問題。然而，制度卻同時衍生了瞞報的漏洞。

由於長者生活津貼只計算長者的個人資產，因此實際上超出資產限額的長者只要把資產轉移給子女，便可符合資格領取。如此政策漏洞，政府基本上無力解決。事實上，當長者生活津貼宣佈推行之初，在 2012 年 10 月，勞福局局長張建宗曾在電台節目講解政策，節目期間便有觀眾表示母親的資產超標而不合資格申請長者生活津貼，該聽眾詢問局長，如果把母親的資產轉移給子女，是否即可以合資格申領長者生活津貼。張局長於節目中亦只能尷尬地回答可以，但提醒長者亦需要承擔被子女侵吞資產的風險。據不少前線社工反映，自推出長者生活津貼後，子女要求長者轉移資產[2] 而引發糾紛的個案時有發生。因此有意見認為，長者生活津貼的資產審查規定，其實只是懲罰誠實或不懂得轉移資產的長者。即使政府估算隨着強積金發展成熟，將會只有愈來愈少比例的長者領取長者生活津貼，從而減低政府財政壓力，但因實際上制度有如此漏洞，便更難估算制度未來的覆蓋率。

註釋：

1 本章引述有關制度的給付水平及審查資格，如沒説明都是 2017 年 4 月的水平。

2 嚴格來説，長者在現時的制度設計下，是可以避免被侵吞資產下轉移資產，例如長者在轉移資產前，可以簽定文件要求子女分期把資產以分期付款的方式轉移給長者，由於制度不計算子女給長者的收入，那麼長者即可在完全不涉及瞞報資產及收入的安排下，安全地轉移資產。

第九章
強積金制度分析

　　2015 年 3 月 5 日，是強積金管理局就「引入最低及最高有關入息水平自動調整機制」進行諮詢完結的最後一天。這項諮詢其實早在 1 月已開始，諮詢內容為強積金每兩年按市民的入息水平調整最高及最低供款上限，亦即把最高供款入息按最高 10% 市民的工資水平調整，例如當最高 10% 市民的工資從 3 萬元增加至 4 萬元，強積金的最高供款上限亦會調整至 4 萬元，以現時僱員和僱主各供款 5% 的水平計算，即每月的供款水平便由 3,000元提升至 4,000 元。其實相關的制度設計一直存在，但過去調整每四年一次進行，而且都必須要立法會通過，而這次積金局的建議，則變成每兩年自動調整，不須再經立法會通過。

　　與大多數政府諮詢一樣，在之前的兩個月市民對此制度的回應並不積極，反而較多提交意見的是營運強積金的業界，由於此建議使到業界更能準確預測市民的供款增加，因此業界的意見普遍贊成此自動調整機制。

　　到 3 月上旬，網上開始出現不少意見號召市民反對此措施，到 3 月 4 日不少網上的意見領袖及報章都加入宣傳的行列，至 3月 5 日諮詢期的最後一天，反對意見忽然如雪片飛來，甚至使到收集意見的諮詢網站一度癱瘓。結果，積金局公佈在諮詢中共收到 35,000 多份意見，其中 99% 反對上述改變。積金局最終宣佈

擱置上述計劃。

上述事件反映不少市民對強積金制度的強烈不滿，對增加強積金的供款水平甚有保留。增加強積金的供款上限，固然使到僱員即時可動用收入減少，但同時其實僱主亦要增加相應供款，而最終所有供款都會成為僱員的養老金，因此理論上調高入息上限是對僱員有利的措施。再者如強積金真能有效保障市民的退休生活，即使沒有僱主的供款，市民亦應自願供款更多。為何市民對此建議會強烈反對？

究竟強積金是否完全沒有任何功能？反過來說，究竟強積金有什麼漏洞？本章將對此作出分析。

一、強積金制度簡介

強積金是強制性固定提撥形式（Defined Contribution），由私人營運的個人專戶（Individual Account）退休制度，意即每個月強制僱員儲蓄（由僱員和僱主共同供欵），由私營信託人管理這些儲蓄，並根據僱員指定的基金決定投資組合。計劃的目標是透過投資回報，為供款帶來累計增長，以待市民退休後應付退休生活的開支。這類制度最先在拉丁美洲國家及前蘇共國家較普遍推行，近年部分歐美國家亦有推出類似制度，但大多並不會作為退休制度的主軸。

一般而言，所有 18－65 歲的僱員及自僱人士都須參加計劃，向強積金戶口儲蓄，[1] 待成員 65 歲退休後，[2] 以一筆過的方式提取。至於其他非受僱或自僱人口，包括僱主、無業人士、家

務勞動者等，則無須為強積金供款。

　　現時強積金制度的提撥比率，為僱員及僱主各把僱員入息的 5% 作供款。然而薪金高於最高入息水平的部分，僱員及僱主都不用供款，而低於最低入息水平的部分，則只需僱主供款 5%，僱員不用供款。最高入息水平一般來說以全港僱員薪金的 90 份位數而訂（即最富有 10% 的人的薪金），最低入息水平則以全港僱員入息中位數的 50% 而訂。現時最高入息水平及最低入息水平分別為 30,000 元及 7,100 元（根據 2010 年的入息水平而訂）。意即不論薪金多高，僱員及僱主的最高強制性供款水平為每月 1,500 元，如月薪 7,100 元以下，則僱員不用供款，僱主繼續供款薪金的 5%。

　　僱員及僱主的供款會投資於由指定受託計劃營運的基金，一般來說一個信託計劃內會有多於一種基金選項，僱員可自行選定基金組合。現時全港共有三十三個集成信託計劃，總共有四百多個基金。過去僱員及僱主的供款都必須參加由僱主選定的信託（但僱員可選擇在該計劃下不同基金的投資組合），只有在離職後才可把舊工作的供款轉移到由自己選定的信託計劃。自 2012 年 11 月，強積金實施了半自由行計劃，容許僱員把自己的供款轉移到自選的信託計劃，每年可作一次相關調動。

　　強積金制度的另一特色，是如僱主須向僱員支付長期服務金或遣散費，制度容許僱主把相關費用，與強積金戶口中僱主供款部分的累算權益相抵銷。此設計帶來的問題，以及近年政府及公民社會提出解決此問題的方法，將在下文詳述。

強積金的歷史

早於 1966 年，香港政府便開始研究推行中央公積金的可行性。直到九十年代中期，工會團體亦倡議於香港推行中央公積金制度。中央公積金是強制性供款的個人專戶計劃，性質與現時的強積金類似（但工會倡議的中央公責金，一般帶有少量保險的功能，如工亡保險、工傷保險），但中央公積金與強積金的最大不同之處是基金由政府管理。然而政府一直以來對推行此計劃甚有保留。

1987 年及 1991 年 7 月分別重新再在立法局討論，在 1991 年的立法局會議上，推行強積金的動議被 29 票對 11 票反對。1991 年 11 月政府成立了跨部門的退休保障工作小組，研究中央公積金以外改善香港退休保障的方案，小組於 1992 年 10 月發表在全港推行的退休保障制度諮詢文件，建議成立強制性供款的個人專戶退休制度，但基金由私人營運。這制度為現時強積金制度的雛型，但此制度得不到社會的普遍支持，政府在諮詢期後決定不採納此制度。

1993 年政府於立法局建議推行老年退休金計劃（設計類同現時民間團體所倡議的全民養老金計劃），並在 1994 年發出諮詢文件，由於當時意見過於分歧，政府於 1995 年 1 月宣佈放棄計劃。然而戲劇性地，到 1995 年 3 月政府卻重新把之前不獲支持而沒有採納的私營強制性個人專戶方案提交立法局表決。立法局通過此方案，政府並於同年 6 月提交具體設立強積金的法案，1998 年強積金管理局成立，負責籌備及監督強積金制度的運作。強積金制度於 2000 年 12 月 1 日正式推行。

強積金制度自推行後，並無大的制度改動。除了定期按當時

的收入分佈調整最高及最低入息水平外（即須供款的薪金水平），較大的制度改動包括 2012 年推出的半自由行計劃，及 2017 年推出的預設投資策略計劃（兩項計劃的內容將在較後部分詳述）。

二、強積金作為養老保障的成效

強積金推行至今超過十五年，是香港首個強制性供款的社會保障制度（亦有意見認為其個人儲蓄，無再分配、無分擔風險的性質，並不能視為社會保障制度）。現時退休後領取強積金的人，只有大約少於一半的勞動年期有參與強積金供款，因此制度還未徹底成熟。制度要徹底成熟大約仍須超過二十年時間。強積金推行至今，其成效可從以下各方面分析。

覆蓋率

現時約有 258 萬名在職僱員有參與強積金計劃，參與率近 100%。其實強積金推行首年僱員的登記率已達九成，然後每年穩步上升，至 2006 年已近 100% 水平。在自僱人士方面，約有 20 萬自僱人士亦有登記強積金計劃，參與率約為 68%。由於非僱員並不能參與強積金計劃，因此實際上強積金的覆蓋率，只佔 15－64 歲非在學人口約 54%。

積累水平

強積金在 2016 年全年收取的總供款約為 550 億元，由於強積金仍未成熟，與供款相比，每月因退休而支取強積金的水平仍

屬少數，因此強積金總累算權益正不斷上升，現時累積的權益為
6,580 億元，即平均每戶口約有 23 萬元。隨着強積金成熟，每人
的累算權益預期將繼續增加。

基金回報

　　強積金的回報取決於市民所選取的基金投資組合的回報，以
及這些計劃所收取的管理費，差異可以很大。總括來說，由強積
金成立至今，扣除管理費後的年均回報率為 2.8%，扣除通脹後
的實質回報約為 0.7%

退休後的養老水平

　　2016 年因退休而發放的權益約為 60 億元。如以現時平均的
權益為 23 萬元，並以該名 65 歲人士現時的平均餘壽計算（即平
均還有多少年壽命），則每月的平均養老金水平為 1,100 元。當
然，現時退休人士實際強積金的積累年期只有約十五年，制度尚
未成熟。約二十年後，屆時普遍退休人士在整個工作年期都會進
行強積金積累，如以工作四十年及供款水平為 10%，實質回報為
0.7% 推算，強積金將可提供約等於薪金 17% 的替代水平（如以
月薪中位數計算，即約為每月 2,500 元）。

三、現時強積金的問題

（一）問題一：強積金行政管理費收費過高

　　現時強積金最為人詬病的地方，是其行政管理費過高。

香港的強積金由私營的受託人營運，收費一般可分為行政開支和基金管理開支兩部分，由於不同受託計劃計算這些收費的準則略有不同，現時香港強積金管理局將所有收費合計並統稱為基金開支比率，以比較不同基金的整體收費。

根據強積金管理局的調查，現時不同強積金的基金開支比率介乎 0.21%－3.48%，平均比率為 1.56%（2017 年 3 月數據）。此數字遠高於海外相類制度的管理費用。表 9.1 列出其他推行相類近個人專戶制度的地區的平均行政管理費，可見香港強積金行政管理費偏高。假設強積金供款人月入一萬元，以現時扣除基金開支的回報率為 2.8% 計算，供款四十年後的累計權益約為 63 萬元，在沒有基金開支下（即回報率約為 4.38%），累計權益約為 97 萬元，前者只及後者的六成半。

表 9.1　選定經濟合作暨發展組織國家的退休基金費
（部分為固定收益制）（2015）

	行政成本佔資產百分比
愛沙尼亞	1.4
西班牙	1.2
斯洛文尼亞	1.2
匈牙利	1.0
澳洲	0.8
墨西哥	0.7
智利	0.6
希臘	0.5
瑞士	0.5

	行政成本佔資產百分比
澳地利	0.5
盧森堡	0.3
比利時	0.3
挪威	0.3
冰島	0.2
英國	0.2
德國	0.2
荷蘭	0.1
丹麥	0.1

資料來源：Pension at Glance 2015, OECD

雖然有意見認為基金開支比率自強積金制度開展至今已不斷下降（圖 9.1），證明現制度行之有效。但由於強積金的累算權益過去十五年正不斷增加，因此強積金的實質收費總額仍是不斷上升。客觀來説，雖然有部分強積金的開支或會大致按資產水平的比例增長，但有部分費用如賬戶的行政管理、發放月結單等部分收費，應只與戶口數目有關，而與資產水平無關，因此隨着強積金的規模擴大，基金開支比率降低是必然現象。香港強積金收費水平的下降速度仍是強差人意，必須透過制度性的介入，才能降至更合適水平。

強積金收費偏高的原因，主要因為下列三點：

市民未有能力比較基金產品以致市場競爭失效

強積金制度由私人市場營運，信託人基本以透過收費賺取盈

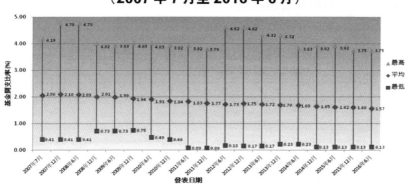

圖 9.1 所有成分基金的最高、平均及最低基金開支比率
（2007 年 7 月至 2016 年 6 月）

資料來源：強積金管理局網頁

利為目標。政府設立強積金之初，原本預設透過市場競爭會逼使
受託人降低收費。然而由於現時強積金制度中的僱主供款部分是
由僱主決定受託計劃，僱主並無直接誘因揀選最符合僱員利益的
計劃。即使實施半自由行後，僱員有更大選擇計劃的權力，但一
般市民亦未必有能力選擇最合適的基金產品（詳見下節），以致
上述的競爭機制並未有效地出現，私營信託人缺乏透過降低收費
以吸引客戶的誘因。

計劃及基金過多以致難達至規模效應

現時香港的強積金制度有三十多個信託計劃，四百多種基
金，以致強積金過於分散於不同的投資計劃，難以達至整體的規
模效應。與推行相類制度的國家比較，香港的強積金制度參與計
劃的受託人數目名顯偏高（圖 9.2）。

根據經濟合作發展組織的研究，一般來說這類分散於不同基

金的固定提撥個人專戶制度，與把投資集中於單一或少量計劃的
制度相比，行政費普遍較高。

圖 9.2　退休基金公司數目與費用的比較（佔資產百分比），2007

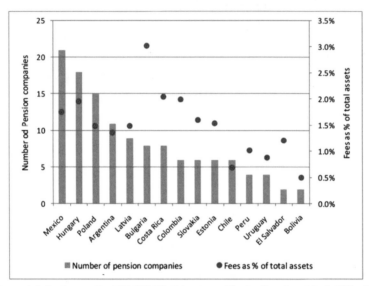

Sources:　Latin American countries: AIOS, 2007; Poland: Insurance and Pensions Supervisory Authority, 2008 and au
calculations; Hungary: HFSA, 2007 and authors' calculations, Sweden:　Premium Pension Authority, 2007

資料來源：Tapia, W. and J. Yermo (2007). *Implications of Behavioural Economics for Mandatory
Individual Account Pension Systems*. OECD Working Papers on Insurance and Private Pensions, 11

行政程序繁複分散

　　根據強積金管理局所發表有關減低行政成本的顧問研究報
告，現時強積金的行政管理費中，有三分之一屬於行政開支（其
餘為投資管理費及利潤）。

　　導致行政費過高的原因之一，是現時每一個戶口的行政由不
同受託人分開管理，而香港每名強積金計劃成員所擁有的戶口數
目偏高，現時每人平均擁有 2.5 個賬戶。由於強積金計劃的部分
行政成本是直接與賬戶數目而非資產數額相關（例如只要有一戶

口,不論戶口的資產是 1,000 元還是 100 萬元,發放月結單的成本基本相等),因此戶口數量愈多,整體的行政費用亦會被拉高(參考表 9.2 所示海外社會相類似的制度,墨西哥與智利每名成員的行政成本基本約等於每賬戶的行政成本,而香港及澳洲,每名成員約平均等如 2.5 個賬戶的行政成本)。

表 9.2 選定地區個人專戶制度下每個賬戶及每名成員的平均行政成本

	行政成本(港元)	
	每個賬戶的成本	每名成員的成本
香港	400	1,000
澳洲	1,500	3,800
墨西哥	80	80
智利	300	325

資料來源:香港強制性公積金制度行政成本研究報告(安永諮詢服務有限公司)

(二) 問題二:市民未必有能力選擇最合適的基金產品

現時在市場中,供市民選擇的基金超過 450 種,各種計劃以及計劃中的各種基金回報、收費及風險的差異很大(圖 9.3)。僱主未必有足夠誘因為僱員選擇最合適的計劃,僱員也未必有能力在分析各項產品的回報、風險及收費數據後,找出適合自己的受託計劃,以及當中的投資組合,然而最終投資所得的回報與虧損,卻完全由僱員個人承擔。

過去不少研究顯示,在退休儲蓄計劃這類複雜的產品,市民面對過多的訊息及選項,會對他們造成過多分析負擔,反而會使市民放棄作出合適的選擇。例如根據強積金管理局的報告,估計

現時大約有 24% 的市民並沒有主動作出投資選擇。在 2016 年前這些供款會投資到不同信託計劃的預設基金，然而這些基金缺乏監管，不少收費水平極高。這足證不少市民並不會主動管理自己的強積金。2016 年政府正式規管預設投資策略，包括規定了這些預設計劃的最高收費以及投資組合。

圖 9.3　強積金十年期標準差、最高及最低回報

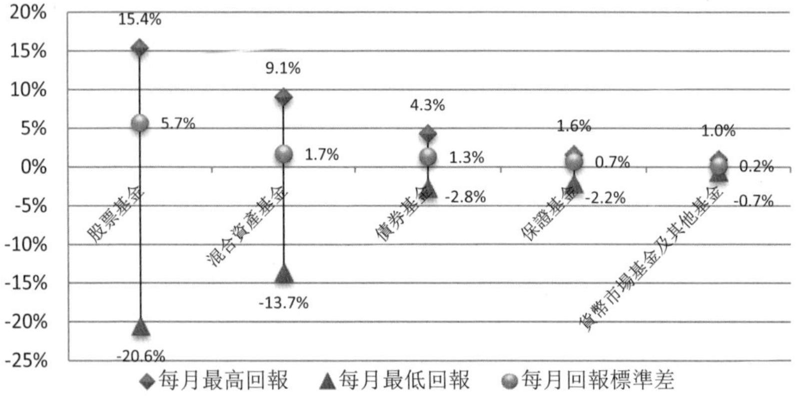

資料來源：《香港退休保障制度：問題與出路》（香港社會服務聯會）

（三）問題三：強積金制度未能分擔風險

強積金基本為一個人儲蓄的制度，並無集體分擔風險的機制，因此各種風險都由個人獨力承擔。個人在強積金制度中需承擔的風險，主要包括下列三項：

長壽風險

強積金於市民退休時以一筆過方式領取，市民自行決定如何於退休後把積蓄分配使用。由於每人並不知道自己退休後所餘壽命長短，因此須自行承擔長壽風險（Longevity Risk），即如市民

壽命比預期長，則會過早耗盡儲蓄以致不足應付晚年生活，市民如要避免上述風險，便唯有盡量壓縮生活開支，結果卻導致逝世後仍餘下大筆儲蓄。隨着香港人均壽命不斷增加，市民要安排退休後如何有效動用儲蓄的難度更高（現時強積金容許市民分階段提取，但其實仍是由個人決定如何分階段使用儲蓄，並無解決長壽風險由個人承擔的問題）。

投資風險

正如圖 9.3 所述，強積金不同基金於不同時期的投資回報差異可以極大，市民須獨自承擔回報波動所帶來的風險。市民選擇不同的基金組合，以及在不同時期退休，對他們最終可得到的退休保障權益影響很大。加上強積金制度對基金的資產組合並無規管，現時強積金投資於股票的比例近七成（68%），明顯高於國際相類制度的平均水平（經濟合作發展組織相類制度的平均水平為 40%），這增加市民在強積金中面對的投資風險。

在職貧窮及未能參與勞動市場的風險

強積金制度為個人專戶儲蓄制度，並無再分配的機制，意即薪金愈高供款較多，將來獲取的強積金金額也會更大。相反對於低收入人士來說，他們所儲的強積金，並不足夠退休生活所需。

此外，由於強積金屬於與就業掛鈎的供款制度，市民如因不同原因而不能參與勞動市場，便不會有強積金供款。現時香港 15－64 歲的勞動人口參與率為 66%。如不計算學生及已退休人士，這批無參與勞動人口的市民中，約有 51% 因家務勞動而未能進入勞動市場。由於香港不少婦女須在生命階段中有一定時期

脫離勞動市場，擔當無償家務勞動工作，因此強積金制度特別對婦女不利。

(四) 問題四：遣散費及長期服務金與強積金對沖影響保障水平

政府在推行強積金時，為減低僱主的反彈，加入容許僱主把遣散費及長期服務金，與僱主的強積金供款對沖的設計。即當僱主要支付僱員的遣散費或長期服務金的時候，容許僱主從僱主在為該僱員供款的強積金的帳戶中提取相應的款項以抵銷費用，這大大削弱了強積金的退休保障能力。特別對低收入的僱員，一般來說會有更大的解僱風險，而現時的強積金制度，低薪僱員只有僱主供款，僱員不用供款，因此如此抵銷制度，對低薪顧員的退休保障損害更大。根據強積金管理局的資料，2016 年與遣散費及長期服務金抵銷的強積金分別達 20 億元和 18 億元（約等於供款額的 5%）。

表 9.3 遣散費與長期服務金的對象與目標

	對象	資格	計算方法
遣散費	連續受僱超過 24 個月的僱員	1）因裁員而遭解僱；2）在固定期限的合約期滿後，因裁員而不獲續約；3）遭停工，便可獲僱主賠償遣散費。	最後一個月的工資 x 2/3 x 年資。工資以 22,500 元為上限。
長期服務金	連續受僱超過 60 個月的僱員	1）如該僱員遭解僱（非因嚴重過失）；2）在固定期限的合約期滿後不獲續約；3）在職期間死亡；4）獲註冊醫生發出證明書，證明永久不適合擔任現時的工作而辭職；4）65 歲或以上因年老而辭職，便可獲僱主賠償長期服務金。	

　　自強積金推出後，社會上有不少聲音要求取消此對沖機制，這亦是梁振英競選特首政綱之一。然而此建議卻遭遇商界強烈反對，商界一方面認為此措施會增加營運成本，亦認為遣散費及長服金的功能與強積金重複，因此不應雙重支付。然而，觀乎遣散費與長期服務金的設計，所謂功能重複的說法並不成立，遣散費是一種解僱賠償，協助失業僱員暫渡時艱，長期服務金亦是解僱賠償。雖然長期服務金中因僱員年老退休而領取的條件，或與強積金功能有相似之處，但香港的勞工團體認為這是僱主對長期服務員工的回饋，而非養老保障。

　　總括而言，現時對沖機制是把僱員退休保障的權益以支付僱員的解僱賠償，概念上並不合理。

四、強積金的可行改革方案

（一）解決收費過高的問題

引入全自由行

　　現時強積金透過市場機制不能有效減低開支的原因之一，是僱主缺乏為僱員揀選最合適信託計劃的誘因。強積金制度於 2012 年開始推行「強積金僱員自選安排制度」（即半自由行制度），容許僱員把保留賬戶及僱員的供款轉到自選的強積金信託人計劃，部分解決了以上問題，如把上述計劃進一步擴展，容許僱員決定所有供款（僱員及僱主）轉至僱員所選擇的強積金信託計劃（即全自由行），則可徹底解決上述僱主誘因不足的問題。由於現時

強積金與遣散費及長服金對沖的安排，若僱主需要對沖，便需要把僱主供款保留在僱主的戶口中，因此推行全自由行的先決條件，是取消對沖機制。

然而即使讓僱員自行選擇強積金，亦必須假設市民有足夠的資訊及心力，去分辨各投資產品的優劣，才能透過市場競爭推動各信託計劃減低收費。然而正如前述，不少研究指出，透過市場競爭以達至減少基金收費的效果成疑。

成立由政府或非牟利組織的信託人

如單靠市場競爭不足以降低強積金的收費，另一可行方法是由政府或非牟利機構提供信託計劃（即公共信託人）。透過此公共信託人，可以為市民提供一收費較低廉及設計較簡單的基金選項，而如多數未有能力自行選擇信託計劃的市民，都選取公共信託計劃，則可以發揮規模效應，進一步減低計劃的成本。現時英國及瑞典都有推出類似計劃，成效顯著。

> ### Box 9.1　瑞典的 AP7
>
> 瑞典的強制性供款個人專戶制度規定僱員每月須把月薪的 2.5% 作退休供款，並讓市民自行選擇由私營運作的退休儲蓄計劃，因此設計與強積金制度相似。然而瑞典設立了由政府成立的第七瑞典國家退休基金（The Seventh Swedish National Pension Fund, AP7），如市民不主動選擇信託計劃，供款便會由此基金管理。現時瑞典約有四成參保的成員，把供款投放於第七瑞典退休基金。

第七瑞典國家退休基金的營運，以低管理費及給予成員長遠的投資回報為目標，現時該基金每年行政管理費為資產的 0.04%－0.11%（其他私營計劃的平均水平為 0.3%），而基金的回報率則比其他私人市場退休基金的平均水平為高。

瑞典的 AP7 與其他退休基金過去的累計回報
（2017 年 5 月 31 日）

	由 2010 年 5 月至今
AP7 SAFA	164.3%
其他私營退休基金	75.8%

資料來源：瑞典第七國家退休基金網頁

透過優化各項行政措施減少行政成本

現時強積金的收費中，約有三分一是用於支付日常運作的行政成本。

要減低行政成本，方法之一是減少市民擁有強積金戶口過多的問題。現時政府及積金局主要是以宣傳鼓勵市民整合戶口。但由於現時不同的強積金計劃在計算收費時，劃一是以資產的百分比計算，而不會在此之上再徵收按戶口數目計算的收費（即人頭費），理論上市民擁有多個戶口並不會增加需繳付的收費額，因此並無財務誘因去整合戶口（雖然每名市民擁有多個戶口會推高強積金的整體收費）。其中一個解決此問題的方法，是強制市民必須把所有累計權益整合至單一的信託計劃。

此外，可以透過優化現有行政流程，減少強積金的行政，採用由中央集中處理，端對端的網上電子付款及數據處理程序，降

低成本和精簡流程。而把行政程序電子化，亦是 2016 年政府在施政報告中提出改善強積金的措施之一。

立法規管收費

另有意見認為，要有效減低強積金的收費，唯有立法規管收費。此制度在海外部分國家亦有推行。國際退休金監察組織研究了二十個以私營個人專戶制度為主要養老保障制度的國家，有十四個國家設有不同程度的最高收費限制，其中有九個國家對因應資產的收費設有最高行政管理費。根據上述研究報告，在與資產相關收費中設有最高收費的國家，行政管理費的水平普遍較低。

然而有意見認為，限制收費可能會使信託人選用質素較低或靈活性較少的產品以節省成本，最終未必對市民有利。

香港於 2017 年推行的預設投資策略中（即市民如不主動選取投資策略，會被自動安排的投資選項），設有最高收費限制，基本收費（連同實質收費）不能超過資產值的 0.95%。

（二）解決市民未必有能力選擇最合適基金產品的問題

現時強積金產品種類繁多，市民未必有足夠能力揀選合適產品，而現時約有四分一的市民並無主動作出選擇。

設立預設選項

香港解決此問題的方法之一，是立法規管預設投資策略。其實不同的信託計劃一直都有為沒有作出選擇的市民提供預設投資策略，然而政府對此卻並無規管，部分收費高昂。政府於 2016

年通過《2015年強制性公積金計劃（修訂）條例草案》，並於
2017年執行。方案規定預設投資策略的最高收費（總收費不能超
過0.95%）。此外，方案亦規管投資策略，市民在青壯時期採取
風險及回報較高的投資策略，到步入老年時則採取風險及回報較
低的策略（見Box 9.2）。除了不主動作出選擇的僱員外，其他僱
員亦可主動選擇把自己的強積金權益投資於預設投資策略。

Box 9.2　預設投資策略的設計

預設投資策略可包括兩種基金：

一）核心累積基金：此基金把60%的資產投資於風險
及回報較高的項目（主要是環球股市），40%投資於風險及
回報較低的項目（主要是環球債券）。

二）65歲後基金：此基金把20%的資產投資於高風險
項目，80%的資產投資於風險較低的項目。

預設投資策略透過控制此兩種基金的比例，按年齡調
整風險。在強積金計劃成員18−49歲時，所有資產將投資
於核心累積基金，到50−64歲時，將逐步增加65歲後基
金的比例，直到65歲時將全數轉為65歲以後基金。

簡化投資選項

海外社會另一協助市民作出合適的基金選擇的方法，是限制
基金的數目，以簡化投資選項。例如現時智利只有五間機構提供
信託計劃，而每間機構只能提供五種按風險高低而定的基金供市
民選擇（Fund A-Fund E）。

(三) 解決個人承擔過高風險的問題

年金計劃提取款項

　　海外社會的強制性個人專戶退休計劃，一般都不容許成員退休後一筆過提取，大部分會將市民退休時累計權益轉化為「年金」，市民按月、按季或按年領取固定金額，直至終老。年金計劃可由政府或私人受託人管理，基本上會根據退休人士所儲得累計權益的數額，以及當時的平均壽命，計算市民每期可得的金額。

　　年金計劃的原理就是透過短壽人士補貼長壽人士，由於所有成員是強制參與，因此能有效讓全體市民分擔長壽風險。領取年金計劃猶如領取「長俸」，為退休人士確保終其一生都提供源源不絕的入息。當然亦有市民因為希望保有運用退休金的自主權，支持現制度以一筆過的方式提取養老金。

　　筆者認為，強積金作為一種強制市民作退休儲蓄的制度，本身是涉及運用公權力制約市民行為，以提升市民整體養老保障，如年金計劃能更有效達至養老保障目標，那麼限制市民運用退休金的自主權亦屬合理。

Box 9.3　新加坡公積金終生入息計劃（CPF Life）

　　公積金終生入息計劃（CPF Life）是新加坡政府於 2009 年引入的年金計劃。現時所有參與中央公積金計劃的市民，如退休時賬戶的資產超過 60,000 新加坡元便必須參加。市民可以選擇投入多少積蓄參與計劃，根據投入積蓄的不同，參與計劃的市民每月可得到大約等如 600－2000 新加坡元的收入。

為低薪及無參與勞動市場者提供額外供款

要解決低薪工人及無參與勞動者的供款不足的問題，有建議由政府替這些市民供款。辦法可以是由政府直接補貼低薪工人及無參與勞動市場的市民（特別是家務勞動者），或是可以鼓勵低薪工人為自己，或家庭照顧者的配偶作額外供款，政府再在此之上提供配對供款補貼。

不過另一種意見認為，根據世界銀行提出的三條支柱模型，目標之一是把再分配的功能集中於第一支柱，而把第二支柱作為不涉及政府資源投入的儲蓄制度。因此對於低薪或非參與勞動市場而導致年老時強積金不足的市民，應透過加強第一支柱支援。

（四）解決遣散費及長期服務金與強積金對沖的問題

現時強積金與遣散費及長期服務金對沖的機制，削弱強積金的保障能力。梁振英於競選特首時曾提出取消強積金對沖，但有關工作至到 2016 年前進展不大。

要取消強積金對沖，除了商界的阻力外，要實際推行亦要解決所涉及龐大撥備的問題。雖然每年僱主實際以僱主供款抵銷遣散費及長期服務金的費用約為三十多億元，只佔總薪金開支的約 0.4%，然而因為僱主對所有僱員潛在的遣散費及長服務務金，都視為僱主對僱員的潛在負債，因此在會計上僱主需要對此作出撥備。在現時容許僱主的強積金供款抵銷遣散費及長期服務金的開支下，僱主的強積金供款大致足以應付該筆撥備，一旦取消對沖機制，則僱主便需要重新支付該筆撥備，每名合資格僱員的每月撥備額約等如月薪的 5.5%。

由於該筆撥備並不影響實際的現金流，僱主要吸收此每月

5% 的撥備理應影響不大，但因為自強積金推出後，僱主一直並無作出備撥，因此一次追認過去十六年累積未付的撥備，便是一筆龐大的金額（羅致光博士估計約為 1,800 億元）。

政府在 2017 年施政報告中，提出逐步取消對沖問題的方法。首先，政府容許在新制度實施前所引致的遣散費及長期服務金，繼續容許僱主以實施日期前的僱主強積金供款相抵銷。其二，實施日期後所引致的遣散費及長期服務金，將不得以強積金的僱主供款低銷，但計算遣散費及長期服務金的賠償方法，將由現時年資 × 2/3 × 最後月薪，改為年資 × 1/2 × 最後月薪。其三，為了協助僱主適應新增的遣散費及長期服務金開支，政府將對僱主提供補貼，首年的補貼額為僱主相關開支的一半，分十年逐年遞減，十年後這筆開支須由僱主全數支付。

不論容許僱主繼續對沖新制度實施前累積的強積金，以及減低遣散費及長期服務金的支付水平，都引起了勞工界的反對。特別是遣散費及長服金的賠償水平大幅下降，將影響僱員應付生活的能力。

五、小結

強積金是現時全港唯一須要市民供款的養老金制度，雖然強積金現時每年因退休而支付的權益只有 50 多億元，仍遠低於用公帑支付的養老保障制度，但以現時每年所收供款近 700 億元計算，待制度成熟後，強積金將是本港最重要的（以總體支付水平衡量）養老保障制度。然而強積金制度的最大缺點，是制度過分

依賴個人的儲蓄，基本上並無任何風險分擔的設計。而且與海外相類制度相比，政府對私營受託人的監管亦不多。因此作為一個動用公權力強制市民參與的制度，卻失去了公權力可帶來的制度效率及保障功能。如未來的強積金不能透過改革讓市民感受參與的意義，那麼制度仍然會繼續缺乏認受性。

退休保障參考資料

香港

強制性公積金計劃管理局，http://www.mpfa.org.hk

安永諮詢服務有限公司（2012）。《香港強制性公積金制度行政成本研究報告》。

香港社會服務聯會（2011）。《香港退休保障制度問題與出路》。

強制性公積金計劃管理局（2011）。《強積金制度十年投資表現回顧》。

澳洲

Australian Government Australian Taxation Office, http://www.ato.gov.au.

Parliament of Australia. *Tax and Superannuation Laws Amendment (Increased Concessional Contributions Cap and Other Measures) Bill 2013.*

Vidler, S. (2004). Superannuation: Choice, competition and administration cost. *Journal of Australian Political Economy, 53,* 27-43.

智利

Superintendence of Pensions (Superintendencia de Pensiones), http://www.safp.cl

Alejandra, C.E., Augusto, I. & Estelle, J. (2010). *Chile's New Pension Reforms.*

Kritzer, B. E. (2008). Chile's Next Generation Pension Reform. *Social Security Bulletin, 68* (2).

瑞典

Swedish Pensions Agency, http://www.pensionsmyndigheten.se

Bahr, B.V. (2002). *Sweden's New Pension System*.

Swedish Pensions Agency (2012). *Orange Report: Annual Report of the Swedish Pension System.*

Weaver, R. K. (2004). *Design and Implementation Issues in Swedish Individual Pension Accounts. Social Security Bulletin, 65* (4).

新加坡

中央公積金局網站，http://mycpf.cpf.gov.sg/

新加坡人力部網站，http://www.mom.gov.sg/

中央公積金局 (2013)。《公積金終身入息計劃手冊》，新加坡：中央公積金局。

CPF Board (2013). FAQS On Workfare Income Supplement Scheme (WIS) For Budget 2013.

英國

National Employment Saving Trust, http://www.nestpensions.org.uk

Work Place Pension, https://www.gov.uk/workplace-pensions

國際比較

Hernandez, D. G., Stewart, F. (2008). *Comparsion of Costs, Fees in Countries with Private Defined Contribution Pension Systems.* International Organization of Pension Supervisors Working Paper, 6.

Rabelo, F. M. (2002). *Comparative regulation of private pension plans.*

Tapia, W. and Yermo, J. (2007). *Implications of Behavioural Economics for Mandatory Individual Account Pension Systems.* OECD Working Papers on Insurance and Private Pensions, 11.

Tapia, W. and Yermo, J. (2008). *Fees in Individual Account Pension Systems: A Cross-Country Comparsion.* OECD Working Papers on Insurance and

Private Pensions, 27.

Australian Government Productivity Commission (2012) "International Experience — Default Funds in Pension Systems" in *Default Superannuation Funds in Modern Awards,* pp.253-264.

註釋：

1　現時香港強積金制度把成員戶口所積累的供款稱為「權益」，在本章中，為方便比較不同國家的制度，所有於個人專戶制度戶口所累積的供款，一律簡單稱為「儲蓄」。

2　如成員於 60 歲提早退休，亦可領取強積金。

第十章
退休保障制度的改革

2015 年 12 月 22 日是香港的冬至,到近黃昏之時,不少香港市民已提早下班,預備回家與家人暖洋洋地過冬至。然而不少民間團體的人士卻在不斷密切留意互聯網,靜待政府發表一份名為《退休保障　前路共建》的諮詢文件。此文件是香港近年有關養老金改革最重要的諮詢文件。

這份諮詢文件一共就未來養老金制度的改革提出了十條問題,然而社會的焦點,卻主要集中在其中一條問題之上,就是究竟政府應推行無審查的全民養老金制度,還是帶資產及入息審查的制度。

事實上,上述的爭議已在社會討論多年,而政府展開是次諮詢,亦是民間社會爭取多年的成果。然而雖然政府聲稱會藉此次諮詢聽取民意,社會上卻有不少意見認為,政府在諮詢文件中已有預設立場,即反對推行不設審查的養老金制度。甚至有帶陰謀論的意見認為,政府選擇在冬至之日發表諮詢文件,正正是希望能分散市民的注意力,減少社會對諮詢文件的批評。

全民養老金運動,可說是近年最重要的、最能挑起社會爭論的民生倡議項目,而這運動的出現,亦某程度上改變了社會對養老金議題,以至對社會福利問題的概念,因此值得作更深入介紹。

一、背景：現行養老金制度的問題

全民養老金制度的設計，主要是針對現時養老金制度的流弊，因此在解釋什麼是全民養老金制度之前，先要理解全民養老金制度是希望解決現在養老金制度的什麼問題。

（一） 金額不足

現時香港各項公共養老金的覆蓋率約為 73%。當中 37% 是長者生活津貼，22% 是高齡津貼（俗稱生果金）或傷殘津貼，領取綜援的則為 13%。雖然超過一半的長者人口領取長者生活津貼、高齡津貼或傷殘津貼，高齡津貼更是完全免資產及入息審查的制度，但三者的金額並不足以應付長者的基本生活需要。事實上，正如前章所述，政府制定這些制度之初便帶權宜性質，不論高齡津貼、傷殘津貼或長者生活津貼的金額，都並不與長者的實際生活所需掛鈎，因此長者單靠這些制度所提供的養老金，並不足以滿足最基本的生活需要。

（二） 負面標籤

綜援的金額雖然名義上是根據市民的認可需要而訂，但審查制度十分嚴格，覆蓋率偏低。即使不討論審查門檻過嚴的問題，由於「綜援養懶人」的負面標籤效應，不少符合申領資格的長者亦沒有領取綜援（詳見本書第八章）。

（三） 個人承擔風險

強積金的性質基本為固定提撥（Defined Contribution），制

度須依靠個人儲蓄進行積累，而強積金制度於 2000 年才開始實施，因此自然不能解決現世代長者的養老問題，但即使制度成熟後，強積金仍有不少缺陷。

如與世界其他推行相類似的固定提撥制的退休制度比較，香港的強積金基本上可算是私營化程度最高的，制度不單由私營的受託人每年收取高昂的管理費，更重要的是沒有任何集體風險分擔的機制。除了投資的風險全由個人承擔外，更重要的是，強積金是以一筆過的形式發放給退休人士（雖然現時有分段發放機制，但概念亦非風險分擔），因此退休人士若壽命較長，便有儲蓄不夠應用的風險。如強積金是未來香港養老制度的主軸，便更須輔以風險分擔程度較高的公共養老金制度以作配合。

（四）可持續性

香港將面對嚴峻的人口老化問題。現時香港的公共養老金制度（長者生活津貼、高齡津貼、傷殘津貼、綜援）是以政府的一般稅收支付，政府的支付能力受當年的財政狀況影響，在未來面對人口老化下，屆時政府的財政收入應付有關開支的能力成疑。由於香港現時仍處於青壯人口相對較高的時期，而日後長者人口必然增長，因此香港的養老金制度現在是支出較少（因長者較少）而收入較高（因勞動人口較多），但在未來則形勢逆轉。即如制度只以當年的財政收入支付，應付養老開支的負擔必然愈趨加重。因此未來的養老金制度必須發展新的融資方案，方可處理可持續性的問題。

總括而言，在目前的公共退休保障系統下，不論窮人或中產階級都難以確保退休後有穩定的收入。最貧窮長者必須依靠綜援

制度解決問題，但制度卻因標籤效應使不少有需要人士卻步，而對政府來說亦是一項潛在並難以估算的財政負擔。經濟狀況相對稍好的長者，則被排除於綜援系統之外，但所能領取的長者生活津貼或高齡津貼卻給付水平不足。對於中產階級來說，強積金成為退休收入的主要憑依，但個人卻面對龐大的投資風險，以及長壽風險。

有見及此，民間團體提出了全民養老金的方案，補充現時養老金制度的不足。

二、全民養老金的基本理念

全民養老金的基本理念，就是讓所有香港長者都能每月領取一筆固定的養老金，現時不同公民社會團體據此理念設計了不同的全民養老金方案。雖然制度設計略有不同，但總體而言，全民養老金包含了三大原則：免審查、保基本、可持續。

（一）免審查

免審查原則是指，只以年齡及居民身份決定領取養老金的資格，而不會考慮申領者的經濟狀況（包括資產或收入）或供款記錄，養老金額也不會因上述因素而有差異。與之相對，其他類型的公共養老金制度，一般都會依據供款記錄（即過去有否供款或款額多少）或經濟狀況而決定領取資格，領取的金額也可因上述的變項而有差異。

其實現時高齡津貼制度也符合上述免審查的原則，即所有香

港公民年滿 70 歲便能領取劃一的養老金。

海外社會一般稱此制度為「全民基本養老金制度」（Universal Basic Pension），[1] 現時真正推行免審查養老金制度的國家，在 OECD（經濟合作發展組織）國家中，主要有新西蘭、挪威、荷蘭及捷克。此外，英國、日本、愛爾蘭及盧森堡四個國家亦有推行類近制度，即養老金額基本上不會因應市民的收入及資產高低而調整，但領取數額會與市民過去參與勞動市場的年期（或社會保險的供款期）而調整。

另外值得一談的是，全民基本養老金作為一種全民基本收入制度（Universal Basic Income），[2] 概念其實得到不少經濟學家，特別是自由主義的經濟學家的支持，例如 Milton Friedman 及 James Tobin 提出的負入息稅概念，基本上是一種全民基本收入的制度。在海外的討論中，全民基本收入最忠實的支持者，往往同時包括來自左翼及右翼的聲音，前者支持制度中政府擔當再分配的角色，後者則認為不設經濟審查，代表更有行政效率及更少政府干預（這點容後再談）。現時在香港全民養老金的爭論中，除了社福界、工會及民間團體外，亦有部分持守自由經濟立場的經濟學者贊成設立免審查的方案。

（二）「保基本」

民間社會的共識是養老金的金額必須足以應付最基本的生活需要，現時的計算金額為 3,500 元。此金額的基礎是 2004 年香港社會服務聯會與黃洪博士進行的香港基本生活需要研究，當時的結論是一位長者每月的基本生活開支約需 2,652 元（此基本生活需要金額未有計算房屋、特殊醫療及長期護理開支，以上三方面

的開支應另有社福系統支援），此金額須每年按通脹調整，以當時市價計算，現時約等於 3,500 元。

（三）持續性

　　全民養老金須處理的另一重要議題，是必須確保制度的可持續性。觀乎香港公民社會團體過去進行政策倡議，較少會以政府的財政負擔能力為關注重點，對於政策在長遠未來財務上的可持續性，更是少有談論，這一方面固然因為香港政府坐擁大額儲備而公共開支偏低，以致公共財政負擔常被視為偽命題。然而有趣的是，在養老金改革上，民間團體一直對於制度的可持續性卻極為重視，反過來認為政府對於此問題則顯得缺乏長遠規劃。在筆者的經驗中，有不只一次經歷民間團體討論，如政府提出把高齡津貼的申請門檻降低至 65 歲並把金額加至 3,500 元，團體會否放棄爭取全民養老金，而每次討論的結果都是由於制度未有解決可持續性的問題，而不為團體所接受。可見確保可持續性，是現時公民社會爭取的全民養老金中，不可或缺的一部分。

　　由於香港人口老化，如只以當年的財政收入應付當年的養老金開支，制度的財政負擔必然會日益加重。要解決可持續性的問題，現時最廣為民間團體接受的方法，是由政府成立專款專項的基金，以精算的形式計算每年所需收入，以達至長遠收支平衡。簡單來說，即透過基金在現時青壯人口較多、長者人口較少時進行儲蓄，到日後青壯人口較少、長者較多時，則動用基金儲備以填補當時的資金缺口。如此原本將愈趨增加的養老金支出，便能大致在不同世代中平均化，避免未來出現入不敷支的狀況。

　　上述的方法其實為社會保險制度的基本原則，而在推行全民

基本養老金的國家中，新西蘭亦以此方法確保制度的可持續性。新西蘭的養老金由新西蘭退休基金（New Zeland Superannuation Fund）專項支付，制度規定定期進行未來 40 年的精算，政府以確保制度可 40 年持續運作為標準，每年決定從一般財政收入中向該基金撥備的數額。

三、全民養老金運動的發展歷程

香港養老金制度改革的討論，可以 1965 年為起點，其時殖民地政府委託英國專家 Gertrude Williams 為香港的社會保障制度進行研究，研究的結果認為香港應推行供款性質的社會保險制度，政府其後成立工作小組跟進，並於 1967 年發表了《關於社會保障的若干問題報告書》，該報告書雖然原則上贊成養老保險的理念，但認為在華人社會難以推行。

Gertrude Williams 的報告只提出社會保險的概念，並未有具體的制度設計。自七十年代後期，香港的民間團體則開始了各種社會保險制度的探討，到 1989 年，香港社會保障學會提出的「三方供款老年保障方案」，由勞資及政府各供款薪金的 2%，市民到 65 歲時則可領取製造業工人工資中位數的 45% 作養老金。至於未有參與供款的市民，則經過一定簡單的資產審查，亦可得到領取養老金的資格，因此這制度幾乎是全面覆蓋。現時全民養老金所提出的三方供款、全面覆蓋、所有市民領取單一金額的精神，雛型其實源於上述方案中（最大不同者是非供款者須有一定審查）。然而，此方案提出後並未有引起社會太大反響，而當時勞工團體

主流支持的方案，則是屬於固定提撥制的中央公積金制度。

到 1992 年政府在政治壓力下，推出了《全港推行的退休保障制度》的諮詢文件，提出的制度是固定提撥制的強制性私人儲蓄計劃，結果遭到不少反彈，到 1993 年政府建議推行「老年退休金計劃」，並於 1994 年推出了諮詢文件，方案的內容與社會保障學會的三方供款方案類似，由僱員、僱主各供款薪金的1.5%，到 65 歲後則可每月領取 2,300 元，供款的年數不足者則需經一定的經濟審查才獲領取資格。方案提出後，卻受到當時不少商界及經濟學者的反對，當時甚至有學者在報章刊登聯署聲明，反對推行該制度。另一方面，由於正直過渡期，傳聞中方對於香港這類增加長遠福利開支的制度亦有保留，因此政府最後於1995 年 1 月宣報放棄方案。然而，政府其後卻又短時間內再提出以強積金作為香港養老制度的主要方案，有關法例並快速地在1995 年 7 月通過。

上述全民養老金（或類似全民養老金）的方案未能真正推行，但推動此制度的公民社會團體卻未有放棄繼續推動。2006 年香港社會服務聯會、黃洪博士，在港大精算系陳小舟博士的協助下，發表了《香港老年人保障制度報告書》，提出了全民養老金方案。為推動方案被社會所接納，七十多個民間團體共同成立了「爭取全民退休保障聯席」，當中包括社福界、宗教界、婦女界、勞工界等等，共同爭取全民養老金。是次方案的重點包括三方供款（同時減少強積金供款）、領取金額以基本生活需要為指標（即當時的每月 3,000 元），收取額外利得稅，與之前社會保障學會方案或政府的老年退休金計劃不同，是次的領取資格則完全不考慮供款記錄，亦不需要作任何經濟審查，這些設計基本為現時各

種全民養老金方案的主要框架。

聯席成立後，成為了爭取全民養老金運動的主要推手，聯席主要是負責製造社會議題，及游説社會各界支持全民養老金制度。爭取全民養老金的運動在過去十多年間有高低起伏，但聯席的一眾民間團體的爭取運動卻毫無間斷。經過多年的努力，全民養老金由一個不被主流社會認識的制度，發展至現在為市民，特別是社福界及泛民主派所普遍認識及支持的社會議題。

全民養老金運動的一大轉折，是政府在社會的壓力下，於2013年透過單一招標的形式，委託周永新教授進行養老金制度未來發展方向的研究。由於周教授過去對推動全民養老金制度有一定保留，加上政府以單一招標進行，當時社會估計周教授的研究結果只會建議政府改善現有社會保障制度（即保留審查制度），而不會建議另行發展全民養老金制度。然而在研究公佈後，周教授不單在報告中確認了聯席全民養老金方案的可持續性，更與研究團隊設計了一套全民養老金制度，建議政府推行。由於政府委託的顧問報告竟亦得出了與民間社會相同的結論，為運動注下了一支強心針。民間社會遂要求政府盡快根據報告的結論，推行全民養老金方案。

政府在民間社會的強大壓力下，終於在2015年底進行養老金制度的諮詢，但諮詢並不是以周教授報告的結論（即建議推行全民養老金制度）為起點，而是政府在報告中另行草擬了一個經濟審查的模擬方案，要求市民在全民養老金制度及有審查的理念中作出選擇。當諮詢文件推出時，不少民間團體認為諮詢文件的分析明顯帶偏向性，引導市民支持有經濟審查的制度（例如諮詢報告把「全民」與「非全民」方案稱為「不論貧富」及「有經濟

需要」方案，民間社會認為此名稱帶誤導性）。其中最令民間團體不滿的，是政府在委託周教授進行研究時，是以 30 年的人口推算為框架，但在諮詢報告中，卻以 50 年的人口推算為時間框架，結果之前研究報告中原本為可持續的全民養老金方案，在新的推算下便變為不可持續。從民間團體的角度，政府統計署一直只公佈 30 年的人口推算數據，但政府卻在周教授據此數據確認制度的可持續性後，把進行推算的時間框架延長，因此有不少批評認為此舉措為「搬龍門」。

一群學者為回應全民養老金在新推算下變得不可持續的形勢，重新參考政府公佈的未來 50 年人口推算，適度調整了聯席方案，以重新維持可持續性。這就是現時學者方案的由來。現時爭取全民養老金運動中，亦以學者方案為最主要的全民養老金方案。

Box 10.1 聯席方案與周永新方案的比較

全民養老金聯席（學者方案、2064 方案）[3]

給付資格

方案建議所有年滿 65 歲的香港居民都有資格領取養老金，當中不須經任何資產及入息審查，也不須有任何的供款記錄。至於香港居民的居住限制（如需要之前連續居港多少年，領取後最多可離開香港多少天）則仍未有明確定義。現時較主流意見是參考現行相類制度的標準（如高齡津貼和綜援）。

給付金額

學者方案建議為所有年滿 65 歲的長者給予每月 3,500 元的養老金，並每年按通脹調整。此數額約等於香港社會服務聯會當年進行的長者基本生活需要研究而界定的基本生活所需的數額（不計算租金、長期護理及特別醫療需要的開支）。

融資方法

方案提出政府成立一獨立基金，用以應付養老金的支出，此基金不會用於支付全民養老金以外的其他用途（因此為專款專項）。基金的融資來源主要有三方面，民間社會一般稱為三方供款辦法：

（1）政府

由於全民養老金的金額已高於現時的高齡津貼、長者生活津貼，以及綜援的標準金額，而且所有長者都能領取，因此推行全民養老金制度後，便可取代上述三項制度。聯席方案建議政府按年把原本用於此三項制度的開支撥入全民養老金的專項基金。具體方法是以現時政府用於上述三項制度的開支為基準，以後每年則根據當年長者人口數目的增減，按比例計算應撥入全民養老金基金的數額。

此外，由於制度運作之初，基金並無足夠的儲備，因此政府須額外撥入 1,000 億元作為制度運作的種子基金。

（2）企業

所有盈利 1,000 萬元以上的大企業，將額外徵收 1.9%

的利得稅撥入全民養老金基金。

（3）僱員僱主

僱員僱主每月各把薪金的 2.5%（合共 5%）撥入養老金基金，供款的規則（如最高及最低有關入息水平的界定）[4] 與現時強積金等同。同時為免增加僱員僱主負擔，在推行制度後僱員僱主強積金的供款額亦相應調低至 2.5%。因此僱員僱主實際用於養老保障的供款並無改變。

雖然名義上全民養老金的供款為僱員僱主供款，但由於強積金最終為僱員退休後的權益，因此推行聯席方案後基本上對僱主沒有影響（除了可用於對沖遣散費的僱主供款會相應減少），對僱員的影響則是他們日後可以得到的強積金權益會減少。

周永新教授老年金方案

給付資格

與聯席方案相近，周教授方案建議所有年滿 65 歲的香港居民都有資格領取養老金，當中不須經任何資產及入息審查，也不須有任何的供款記錄為條件。至於居港限制的細節問題，周教授方案則無詳細討論。

給付金額

每月 3,230 元[5]，並每年按通脹調整，亦如聯席方案相似，在推出此方案後，則會取消綜援的標準金額、高齡津貼及長者生活津貼。

融資方案

周教授方案亦是採用專款專項基金的概念，基金的融資由僱員僱主及政府共同負擔。

（1）政府

與聯席方案相似，政府每年調撥原本應用於綜援的標準金額、高齡津貼及長者生活津貼的預算，按長者人口的增長計算，並撥入基金中。在制度成立之初，政府投入500億元種子基金作營運之用。

（2）僱員僱主

僱員及僱主每月各需按薪金的若干百分比繳交老年稅，稅率[6]按收入遞增：

11,000元以下：1.6%（月薪在7,100元以下只有僱主繳稅，僱員不用繳）

11,000元－22,000元：2.4%

22,000元或以上：3.9%（月薪以129,000元為上限，即超過此數額者仍以129,000元為標準稅）

與聯席方案相比，周教授的融資方案有三點主要分別：

1. 周教授方案的老年稅是新增的稅項，沒有相應減少強積金的供款，而聯席的方案則提出減少強積金供款以抵銷市民在全民養老金供款的負擔。

這相信是因為周教授考慮到現實上很難改動現有強積金制度（例如會引起業界強烈反彈），此外周教授對現行強積金制度所能發揮的功能亦持較正面態度。周教授的方案並沒有要求徵收額外的利得稅率。

2. 聯席方案的僱員僱主的供款額為薪酬的 2.5%，而最高有關入息水平為 30,000 元，周教授方案的老年稅稅率則按薪酬遞增，低薪者稅率比聯席方案的供款率低（1.6% vs 2.5%），而高薪者的稅率卻較聯席方案的供款率高（3.9% vs 2.5%）。此外，聯席方案的最高有關入息為 30,000 元，亦即市民月薪高於 30,000 元的部分便不用再增加供款，周教授方案則以 129,000 元封頂，因此月薪較高階層的供款率遠高於聯席方案。[7]

聯席與周教授方案的供款比率／稅率的設計，都是一種先累進（聯席方案僱員月薪低於 7,100 元不用供款，因此亦有累進成分），後累退的設計（因兩方案均有封頂的設計，當薪金超出最高限額後供款／稅款便不再增加，因此供款率會不斷降低）。但周教授方案的累進成分卻較聯席高，因為一方面稅率在周教授方案中是隨僱員的薪金而增加，另一方面亦因為周教授方案的封頂水平遠高於聯席。

然而綜合而言，聯席的方案因設有大企業額外徵收利得稅的部分，從另一方面增加了制度的再分配成分，因此難以簡單判斷哪個制度的再分配成分較高，

3. 雖然兩者同樣需要僱員、僱主按照薪酬比例為制度融資，聯席稱此制度為供款，周教授方案把此部分的提撥稱為老年稅，而不稱之為供款。

聯席方案中的所謂三方供款，是把政府經營開支撥入養老基金，企業的利得稅，或是僱員僱主撥入全民養老金的部分，均統一稱為供款。因此聯席方案採用供款一詞

時，是採用較寬鬆的定義。

政府則多次強調上述聯席的融資辦法也是一種稅收，理由是聯席方案中市民領取全民養老金的資格，與市民曾否供款無關，因此市民的供款實質上是等同市民為某項公共服務納稅。相信周永新教授亦是基於此原因，把方案中的供款稱為老年稅。

然而，聯席（包括筆者）採用供款一詞，是希望凸顯所得的融資，只會專門投放於養老基金，與其他一般性稅收不同。其二，是希望強調大部分市民在壯年時向基金投入，最終於老年時則可從基金中取得養老金（而對大多數人而言，所取得的總金額更會大於供款），市民的供款／稅收實際上是用於為自己提供養老保障。

四、推行全民養老金的主要爭論點

民間社會一直爭取全民養老金運動多年，而自政府展開退休保障的諮詢，香港應否推行全民養老金制度引起了相當廣泛的辯論。根據最近半年所進行的民意調查，支持與反對全民養老金方案的市民大約維持於六四至七三比之間（視乎於如何設計問題，如單單問市民是否贊成全民養老金制度，支持率甚高，如問題觸及須市民供款／繳稅的融資設計，支持率會略為下降）。以下部分就現時社會對應否或如何推行全民養老金的主要爭論點，作簡要分析。

（一）爭議點一：應否審查（點解要養埋李嘉誠？）

對於應否推行全民養老金，最重點爭拗就是應否設審查。支持審查的一方認為，政府的資源應留給最有需要的人，較富裕的長者既然有能力應付自己的退休生活，政府便不應再提供養老金。這觀點最直接的表述就是：「點解要養埋李嘉誠？」亦則贊成透過資產及入息審查，把非貧窮的長者排除於制度之外。持這一觀點者，大多視公共養老金為一扶貧措施，政府的現金福利應只用於扶助貧窮人士。

此外，在贊成審查的市民之中，另有較溫和的意見認為，即使贊成富裕長者可領取公共養老金，應透過經濟審查，按長者的貧富程度調整不同長者所可得到的養老金額。或是認為，即使養老金制度不應只以扶助最貧困長者為目標，亦應排除少數資產／收入極高的長者。

至於反對審查的意見（即贊成全民養老金）則認為，應視領取全民養老金為長者的基本權利，而不是一種扶貧制度。按照這說法，公共養老金的性質應類近企業發給員工的退休金（或公務員的長俸），退休金是企業支付員工年老生活的一種責任（或是員工作為企業一份子所享有的權利），此權利不會因員工的貧富等差而有影響，全民養老金則為政府對所有公民年老後所給予的權利。從概念的角度分析，政府不同的分配制度其實都是根據市民不同身份或特徵進行財富轉移，而由富者向貧者作財富轉移（即扶貧），只是眾多轉移制度的其中一種，而養老金制度則是一種只考慮公民的年齡的轉移機制。

另一種贊成免審查的觀點，則視全民養老金為一種社會保險制度，制度確保所有長者每月能領取基本養老金，某程度上紓緩

了長者面對的長壽風險，由於不論貧富原則上都會有長壽風險，因此制度要求不論貧富者在職時供款，讓不論貧富者老年時都能從參與此計劃中得益。

最後一種支持免審查的觀點，則是較從制度效率角度出發，現時的養老金制度即使以扶貧為目標，但實際上扶貧的效率卻有待改進，研究顯示在現時審查制度之下，有一部分有需要的貧困長者因標籤效應而沒有接受支援。免審查的養老金制度即可簡單地解決上述的漏洞。此外，免審查的制度可節省審查所需的行政費，亦可避免市民因審查而造成各種浪費社會資源的行為（如提早提取保險並將資產轉移，或減少儲蓄或工作，這些行為都可視為制度的道德風險）。

Box 10.2「全民養老金」與「全民退休保障」

在現時社會的爭拗中，民間團體通常會把「全民養老金」及「全民退休保障」兩詞交換運用。從嚴格的定義來說，曾經從事有薪勞動者才有所謂退休，而所有長者（不論曾否工作）均須要養老，如我們現時要討論的議題，是如何確保所有長者都得到合理的生活保障，那麼「全民養老保障」應是比「全民退休保障」更為準確的說法。此外，「全民養老保障」與「全民養老金」亦應是兩個不同的概念，「全民養老保障」按字面意義應是指所有長者都能得到入息保障，而方法可以是透過多種不同的養老金制度（例如綜援、強積金、高齡津貼）互相配合以達到目標，「全民養老金」則是指一種特定的養老金制度，此制度的特點為免經

濟審查，所有長者領取單一金額。理論上，我們未必一定需要推行「全民養老金」才可達至「全民養老保障」的目標，但對於「全民養老金」的倡導者來說，推行「全民養老金」是達至「全民養老保障」的最有效辦法，甚至是唯一的有效辦法。

（二）爭議點二：可持續性（搞全民養老金遲早會如希臘一樣破產）

對全民養老金制度的第二點爭拗，就是制度是否可長遠持續。

反對推行全民養老金的意見認為，由於香港人口將急劇老化，任何需要政府作長遠承擔的養老金制度都有不可持續的危機。持這觀點者常常會引用歐美國家的養老保障系統的危機，特別是希臘的例子。

持上述觀點的最極端意見，基本認為政府任何對養老制度的承擔都會帶來未知的壓力，因此即使是審查式的養老金制度亦有可持續性的問題，解決辦法是盡量把所有養老金制度都轉變為固定提撥方式，把政府在養老金制度的角色減到最低程度。由於無審查的全民養老金制度領取人數必然較多，因此對制度可持續性的挑戰將更為巨大。

支持全民養老金的一方則指出，養老金制度是否可持續，所關乎的是制度的開支與收入長遠平衡，與制度是否設有審查並無必然關係。因此達至長遠收支平衡的關鍵並非限制開支，而是要預先計算未來的支出，再訂定融資策略。即使領取養老金人數增

加會使開支增加，只要在制度設計時相應增加收入，便能解決可持續性的問題，而全民養老金的設計，正正是要幫助政府解決香港養老金制度的可持續性問題。

根據全民養老金的方案（不論是聯席方案或周教授方案），在設計制度時已考慮了人口老化的問題，制度的基本設計原理是以人口推算計算了未來五十年的制度開支，然後在設計融資方案時把開支在不同世代的壯年人口平均分配，即在香港整體人口較年輕的階段為制度作儲蓄，到日後人口老化高峰時則透過儲備應付當時的需要，以減少未來一代青壯年人口的負擔。此制度經精算驗算後，估計未來五十年仍能夠持續運作。

雖然不同全民養老金的方案基本上其實已把數據及推算假設公開，但仍有反駁意見認為由於制度所涉開支十分龐大，若推算假設出現些微誤差（例如人口推算不準確），便會影響制度的可持續性。

對此意見，筆者認為不應把精算報告視為制度在未來五十年永恆不變的保證，因為根本不可能有任何模型可準確預測未來五十年的改變，精算報告應視為在已有資料下所可能作出的最準確預測，但制度在未來仍須不斷重複定期進行推算，再根據新的推算不斷調整制度。

此外，亦有一種質疑全民養老金可持續性的意見認為，這類制度即使理論上可行，現實上難以避免在民粹的政治操作下不斷提高養老金給付，最終導致制度破產。海外社會對應此問題的方法，一般是透過立法嚴格規定養老金的調整機制（有些國家甚至以憲制性的條文作出限制），以確保養老金的給付不會因政治而轉變。

現時民間團體在設計全民養金制度時（特別是聯席方案），實際上是採用了讓政府財政中立為原則（即不加重政府本來的財政壓力），則制度所衍生的新增開支，都用新的融資安排來承擔。政府未來在全民養老基金的財政投入（不計算僱員僱主供款或額外利得稅部分），都是維持於根據當時人口老化速度下，政府在現制度中本應投入的養老金開支。雖然理論上，政府在制度中投入本應投入的開支，對其財政負擔應既無正面影響亦無負面影響，然而如推行全民養老金，由於政府的養老金開支再不會因為當時長者的貧窮狀況而變化，因此全民養老金制度基本上是對政府用於養老金開支起了封頂作用，減少財政的不確定性。

(三) 爭議點三：居港年限 (點解新移民都有得攞？)

在全民養老金爭議中的另一大議題，是領取全民養老金的公民資格。這議題不單是在支持和反對全民養老金陣營中引起爭議，即使在支持全民養老金的陣營中亦有分歧。

公民資格的爭議其實可大致分為兩個問題，第一是要於香港最少連續居住多少年才合資格領取養老金，其二是應否容許並非於香港居住的市民領取養老金，而對於以香港為居住地的長者，制度最多可以容許他們每年離港多少天。

居港年期的爭議，基本上是中港矛盾的呈現，爭拗背後的主要潛台詞其實就是應否給予大陸新移民福利。此現象存在於香港所有福利議題之中，不論是綜援、公屋、公立醫院或學校，本土派的觀點認為，非在港出生的移民，對香港沒有貢獻便應沒有權利享受香港福利，另一種說法則是，如香港的福利太好，將會吸引更多內地居民移居香港。

全民養老金制度因不設任何資產及入息審查機制，本質上領取資格只有公民身份一道關卡，因此在本土派論者眼中，全民養老金的議題又較其他福利議題更容易引起公民身份的爭議。社會有不少聲音（特別是本土派）認為，即使推行全民養老金制度，亦必須要設定較高的居港門檻為前提。

雖然論者往往會擔心新來港人士領取全民養老金，將影響制度的可持續性，因而要求提高居港門檻，但其實全民養老金的居港限制如何設計，卻對制度的財政負擔並無重大影響。參考現時的人口統計數據，居港不滿 7 年的 65 歲人口，只佔整體長者人口的 0.6%。因此筆者認為居港年期的問題如同現時大多數有關新移民福利的論述，本質上並不是關乎財務可行性或行政效率的技術問題，而是身份認同的政治問題。其實，全民養老金既然是一公民權利而非救濟式的社會援助，那麼領取養老金的資格必然並不只關乎領取者的實際需要，而是領取者的公民身份。

筆者個人較傾向以寬鬆的方式處理居港年期問題。筆者認為政府應重奪移民審批權，但當移民取得居港資格後，便應盡量享有與其他公民相等的權利。另一個更實際的考慮是，如果全民養老金以較嚴格的公民資格為條件，屆時居港期不足而又貧窮者，則仍須以領取綜援處理，這只會增加社會保障系統的複雜性。

（四）爭論點四：財富轉移方向（黃之鋒為何要養埋王晶？）

全民養老金作為一收入轉移的政策，必然涉及財富再分配。也就是從一些人收取收入，再分配到另一些人手上。理論上，我們可以為每一位市民列出一張收支表，計算不同的人為制度付出

了多少，最終又得到多少支援，再把此總投入與總收益相比，看看是正數還是負數。

在全民養老金中，財富轉移的方向是社會爭論的焦點。財富轉移基本由兩個變數所決定，一是誰人可領取多少養老金，二是由誰來付鈔。由於全民養老金對第一個變項，已確定了為整體長者領取每月三千多元的養老金，所以餘下的變項，則為誰人付鈔的問題。

根據政府的推算，如要推行全民養老金 50 年，所需開支總計的現值約為 27,500 億元。[8] 因此財富再分配的問題，本質就是如何在不同階層不同世代的香港市民中分擔此 27,500 億元。

要為養老金制度進行融資，大致可以分為三種方法，第一種方法為以種子基金形式作一次性／或分期撥備，例如理論上政府只要一次過撥入 27,500 億元，則可應付 50 年內所有全民養老金的開支。

第二種方法為直接透過一般財政開支支付，即如同現時高齡津貼、長者生活津貼等處理的方式，制度每年所衍生的開支由當年的稅收所支付，亦即現時不少論者所談及／批評的隨收隨支方式。

第三種方法為供款制度，在全民養老金的討論即是指向養老基金作定期提撥。而這供款又可以分為幾種來源，分別是政府（即一般的經營開支）、大企業及僱員／僱主。

財富轉移的方向，則關涉上述融資方式與融資對象的組合。

第一個分析養老金財富轉移的向度是跨代間的轉移。

只要養老金制度涉及動用當時工作人口的供款（稅收），供養當時的長者，必會涉及跨代供養的問題。理論上，在一個人口

結構不變的社會，即使這一代的長者完全由青壯一代供養，但因青壯人口到年老時亦會被下一代供養，因此每一代的收支大致平衡（除了第一代長者在未供款下可得到供養外）。然而香港正面對人口老化，如制度純粹是隨收隨支（即第二種方式），必然有某一代的青壯人口需要供養大量長者，而到這一代青壯人口年老時，卻有機會因制度的可持續性問題而得到較少的養老金，結果必然對這一代人不公。另一方面，對於第一代的長者來說，由於他們並未有參與供款／繳稅或只有較少的供款年期，卻仍能得到領取養老金的資格，因此他們是制度的純受益者。反過來說，如果制度以種子基金的方式進行融資（第一種方式），未來世代的負擔則會減輕，如果我們視種子基金為這一代人原本可以享用的潛在資源，將之儲備作支付日後養老開支之用，則有把資源由上一代轉移至下一代的意義。

現時聯席方案的策略則是盡量在儲備與隨收隨支中取得的平衡，使到每一代人所支付於供養長者的開支平滑化。在此設計下，每一代人的供款都維持於工資的 5%（並假定實質工資不變），而所收取的養老金則固定於每月 3,500 元（按物價調整）。即每一代人的供款與收取的養老金應當相若，然而在制度開展初期（約首 40 年），領取全民養老金的人士都是供款期較短或沒有供款記錄，大約要到制度運作 40 年後，屆時所有制度的參與者都會共同有三四十年的供款經歷。亦即是說在全民養老金制度運作的初期，必然有一定的跨代財富轉移情況。全民養老金的倡議者認為這種跨代轉移是合理安排，一來向長者作財富轉移本身符合回饋長者的精神，另一方面，香港社會是上一代人在社會福利制度殘缺不存下打拚而來，因此社會發展是以犧牲上一代人的福

址為代價，亦即過去社會制度其實隱含了上一代向下一代的財富轉移（壓縮上一代的生活質素而帶動社會投資），因此現在只是在養老金制度稍為平衡過去的跨代轉移方向。

融資方案所包括的第二種轉移是貧富間的轉移。雖然領取全民養老金是不論貧富的全港長者，但由於貧富者的供款數額不同，因此亦會帶來財富轉移的效果。

在聯席方案中，僱員僱主按工資比例供款 5%，最終所有市民不論過去供款多少，都收取相同的養老金數額，因此本身已有財富轉移的成分。然而仍有不少人認為不論薪金皆收取 5% 的供款，而且還設有 30,000 元的供款上限，實際上是一種累退性質的供款。再加上當代的富有長者即使未有供款仍可受惠，因此亦有人將制度描述為有劫貧濟富的結果。這亦是全民養老金最飽受批評之處。

當然由於在聯席方案中，僱員僱主供款僅佔總供款的 30%，因此即使對大部分中產受薪階級來說，老後所得的養老金仍然必高於總供款。有關的補貼主要是來自利得稅及政府每年從一般預算中撥備，又由於此兩部分都帶有累進稅的性質，從這角度看，全民養老金制度仍是帶有減輕貧富差距的再分配意義。

至於其他方案則提出了增加制度再分配程度的其他融資方法，例如周永新方案以累進的薪俸老年稅及解除供款封頂，而加強制度的再分配成分（但他同時亦取消了增加利得稅的部分）。其他方案則有論者提出由現時稅收支付養老金開支。由於現時稅收的主要來源是利得稅、薪俸稅、印花稅及賣地收入，增加這些稅收將較抽取薪金的 5% 作供款有較高累進程度。

（五）爭論點五：政治的可行性（政府會真的推行全民養老金制度嗎？）

正如筆者於篇章之首所言，養老保障是一政治問題，亦是一技術性的問題，而歸根究底是政治問題。事實上，只要社會決定了養老制度應達至何種目標，願意為此目標付出多大代價，那麼要科學地設計一個有效率、可持續的養老金制度，其實並不困難。養老保障的爭論歸根究底，是持不同意見與價值者的政治角力，而即使持同一價值者，亦因為基於對政治可行性的不同評估，在進退取捨間堅持不同的退休保障改革方案。事實上，現時社會上不同團體倡議全民養老金方案，雖則都是基於推動社會進步的信念，但不同方案都帶有一定折衷性，是在過度妥協與不顧現實困難的兩端中來回遊走。

在融資方案上，不同全民養老金方案都帶有政治現實的估量，例如周永新教授方案中，沒有增加利得稅亦沒有減少強積金供款部分，相信部分原因是考慮到牽動現制度的重大改變將增加推行的政治難度；聯席方案減少強積金供款以確保制度不增加市民負擔。此外，另一方有批評認為聯席的供款方案累進性不夠，但周教授方案需要高收入人士大幅增加供款比率，是否又能得到中產階級的支持？

在應否經濟審查上亦遇上類似的情況。有意見認為，既然社會對徹底的全民制度有反彈，不如爭取把審查關卡定於高水平，並改為自願申報性質（如資產不得高於 1,000 萬元），那制度基本上達至全民受惠之實，同時較易得到更多社會人士支持，但另一種意見認為免審查是全民養老金制度的最核心價值，任何形式的經濟審查（不管此審查額定於多高），都是對全民理念的徹底

背叛。

在香港現時政治制度下，並無程序可以疏理不同政治力量、不同意見者的角力。由於議會政治的失效，很多時候支持與反對某種政策設計的力量，只能建基於市民的政治動員、政府的操作，或是不同利益集團間的密室談判，但這三種力量既充滿不確定性，亦不透明，這使到沒有人可以對於所謂政治可行性作出準確判斷，這又令全民養老金改革方案的合法性、可行性永遠處於一種脆弱的狀態。

五、總評：為什麼要推動全民？

在全民養老金的爭取運動中，一個最多人認為需要解答的問題是：「為什麼要推行全民養老金制度？」這問題的意思大概是：既然推動全民養老金制度要動用如此多社會資源，要設計新的融資方法，要改動現有制度，要在社會中尋求大共識，為何不在現有審查方案的基礎上稍作出改動？這是不是追求全民養老金運動的市民、團體，過於堅持宏大理念（如退休保障不是福利而是權利），而不去考慮現實的困難？

正如篇首所言，現時香港的公共退休保障制度，同時面對金額不足、覆蓋不夠、風險高、可持續性不強等等的問題，而全民養老金制度，從解決上述問題來說，是目前提出眾多改革方案中，設計最為簡單，亦能最有效率地解決問題的方案。全民養老金能透過給予所有長者單一的基本養老金額的同時，解決了金額不足、覆蓋不夠及長壽高風險的問題。又通過部分預籌基金的方

式，解決制度可持續性的問題。事實上從全民養老金方案的倡議歷程來說，制度改革的着眼點從來都不是宏大原則，而是要提出一種可操作的方案解決具體的社會問題。

要解決金額不足、覆蓋不夠、風險高、可持續性不強等等的問題，當然可能不只一種方法，筆者亦認為無必要把全民養老金視為一種唯一的絕對價值。例如說，要解決審查有損長者尊嚴而導致制度覆蓋面不足的問題，如把審查金額訂於一個足夠高的上限（例如 2,000 萬元），是否足以解決上述問題？如資產上限真的定於 2,000 萬元，或許真有助去除負面標籤。然而，當把資產水平定於 2,000 萬元，是否仍能夠有助政府節省開支？或是審查帶來的行政成本，反過來會增加政府的開支？反對全民養老金的另一種意見，則是認為設計帶有太多的折衷主義，失卻了價值的純粹性。這其實是同一硬幣的另一面，因為全民養老金的設計之初，強調的是制度的可操作性。

因此，如對全民養老金提出質疑的持份者，未能提出一套比全民養老金更能有效解決現時養老問題，同時又具可操作性的制度，那麼與其回答為什麼要推行全民養老金制度，筆者認為更值得反問的是：Why not?

對此問題最常見的回答是，全民養老金制度所需要的社會資源太多，香港承擔不了，但簡單作精算計算，政府推算全民養老金制度在人口老化最高峰期的開支每年約為 1,070 億元。即使香港的國民生產總值在未來五十年沒有任何增長，而養老金的開支亦只以當年的收入支付，全民養老金所佔用的經濟資源，亦只佔當年 GDP 的 5%，這仍低於現時不少發達國家投放於公共養老保障的百分比（經合組織現時的平均數為 8%），問題是香港的

國民生產總值並不會五十年也停止增長，如以每年經濟實質增長2% 計算，養老金開支佔 GDP 的比例只有 1.7%。[9] 當中還未有計算，現時大多數所倡議的全民養老制度，都是以預籌基金的方式進行融資，因此人口老化高峰時的開支會被制度前期所儲蓄的基金所補貼。

此外，即使政府不支付此部分養老開支，對於較富有的人士來說，此部分的資源只是改為由私人的養老儲蓄所擠佔（但效率卻更低）。因此，歸根究底，全民養老金能否推行，本質上並不是可行性的問題，而是政治問題。所謂政治問題，涉及資源再分配的角力，涉及市民是否信任政府控制如此龐大的資源，涉及身份政治（包括是否新移民、應否養長者、應否養富人）的爭拗。

全民養老金很多時候被政府視為一種「亂派錢」的民粹政治，但全民養老金本質上卻是一種經多方協調、深思熟慮的制度設計，反而全民養老金所面對的種種反對聲音，包括那些自稱中產專業的聲音，卻更多是出於民粹的政治操作。

因此全民養老金要繼續推動，必然需要從民粹政治中找到突破點，這顯然不可能單單是一種非政治化、技術性的方案設計與方案解釋，而是一種需要處理身份認同、分配制度、社會公義等議題的政治運動。筆者仍記起十多年前全民養老金方案開始推動之際，社會上幾乎無人認識，亦無人在乎此議題，過去多年透過民間團體、學者的努力，不論在論述上，以及在群眾動員上，已作出了不少突破。全民養老金運動所產生對養老金制度的想像，所帶來的政治能量，已在社會中生根，日後不論任何的養老制度改革，這股能量都將會產生不能忽視的影響。

註釋：

1　全民基本養老金制度從更宏觀來説，是全民基本收入制度的一種。該制度的根本概念就是由政府給予所有市民（不論貧富）基本收入。此概念的具體操作早在十八世紀已由湯瑪斯．潘恩（Thomas Paine）提出，當時他提出透過徵收土地稅以提供全民性的養老及傷殘保障。此制度在其後不斷發展，到上世紀七十年代初，美國甚至曾正式提出了家庭援助計劃（Family Assistance Plan, FAP），把當時扶貧性的社會援助改為全民性的基本收入制度，制度雖然得到眾議院通過，最後卻無疾而終。現時這制度又重新得到關注，計劃除了在不少歐洲國家及加拿大試行外，亦有少部分發展中國家（如印度）開始試行此計劃。

2　即使全民基本養老金在海外社會並不算普遍推行，但海外社會卻一般已發展了其他形式的公共養老金計劃，這些計劃大部分帶有社會保險性質，即長者領取的養老金金額與過去參與社會保險時的供款金額掛鈎，另有一些則帶有一定的經濟審查（但一般不會單以扶貧為定位）。香港現時基本卻沒有任何公共養老金制度，只有扶貧性的綜援及長者生活津貼制度，以及回饋性的高齡津貼制度。

3　學者方案其實基本上是參照聯席原方案，考慮了可持續性的問題後對方案微調，而其後聯席亦接納了學者調整方案的建議，因此把方案合稱為 2064 方案，在本文中會統一稱為聯席方案，但以調整後的制度設計作分析。

4　在現時強積金制度下，薪金低於最低有關入息水平的僱員不用供款，只需僱主供款，而高於最高有關入息水平的僱員，則供款只以最高水平計算，現時最低及最高有關入息水平分別是 7,100 元及 30,000 元。

5　周教授原方案的給付金額為每月 3,000 元，在政府推出諮詢文件時按通脹調整至 3,230 元。

6　周教授在進行上述供款的計算時，仍在使用當時政府提供的 30 年人口推算，後來政府再根據 50 年推算，重新調高了稅率。以下稅率是政府在進行 50 年人口推算後，在諮詢文件中列出的稅率。

7　如以最極端的月入 129,000 元計算，聯席方案的僱員僱主供款率為 0.58%，周教授方案為 3.9%。

8　上述是以周教授方案的給付金額計算，根據政府的諮詢報告，未來 50 年的總開支為 45,664 億元，經折現後現值約為 27,500 億元。

9　根據政府的預測，香港由 2015－2041 年每年平均的實質經濟增長為 2.6%，2042－2064 年的實質經濟增長為 1.6%。

香港社會保障的發展方向

本書的第二至第八章，探討了綜援及養老保障的過去與現在。本章乃全書的總結，旨在就本地社會保障發展的困境與可能，提出綜合性及前瞻性的意見。香港與其他發展水平相若地區的福利體制及社會保障，同樣面對三種內在及外在的壓力：後工業化、新社會風險及新自由主義。大部分西方工業國家，其福利資本主義都受惠於戰後生產力的提升、頗為穩定的勞資妥協及全民就業政策、戰後嬰兒潮的勞動人口，以及有限制的資本及人口流動等。誕生於工業時代的社會保障制度，除小部分北歐福利體制，大都依附男性養家者模式及相對穩定的家庭結構，主要針對核心工人及家庭因失去工作而損失的經濟收入。整體來說，這些社會保障的傳統，較集中於非就業群體的經濟需要，一定程度上依賴強勁的經濟增長與稅收。及至七十年代石油危機以後，隨着全球資本流動性的增加，本國的工業逐漸遷到成本較低的國家，同時經濟結構趨向以服務業為主。生產和資本積累模式的轉變，亦對這「福利黃金年代」及社會保障構成挑戰。

一般來說，服務業經濟在提升整體生產力的空間上，較工業經濟出現更多困難，吸收非技術工人的能力減弱，更容易出現無工作增長（jobless growth），導致工業國家面對結構性失業的威脅（Esping-Andersen, 1999; Pierson, 2001）。去工業化也打擊了

工人組織的力量，例如工會會員比例及動員力下降，維持基層工資的議價能力亦受削弱。面對後工業的壓力，不同福利體制都展現出「三難」（trilemma），只能在財政限制、收入平等及就業增長，選擇兩個原則（Esping-Andersen, 1999; Marx, 2007）。自由主義福利體制傾向選擇就業增長及財政限制，在限制公共開支及促進低薪就業下，犧牲了收入平等。社會民主體制維持收入平等及就業增長，需要大幅投資公共服務以刺激就業及保障平等。保守主義體制犧牲了就業增長，以維持既有工人的利益及政府的財政紀律。隨着不少國家愈益維持保守的財政政策，逐漸變成在經濟增長與收入平等之間取捨。

後工業服務經濟催生了勞動市場的不穩定性，包括大量低薪、短期及缺乏保障的職位，工人擁有的技術卻被廢棄。除了經濟層面外，家庭結構與教育制度的「鬆動」，造就了女性就業的增加；單親家庭及雙就業者模式，都反映了前所未有的工作與家庭生活張力。在經歷人口膨脹及醫療技術革新後，人口老化變成後工業體的命運，視乎有多少相抵的社會安排；這看似會減弱社會保障的融資能力及擴大開支需要。這些社會經濟轉變，形成所謂的「新社會風險」（Taylor-Gooby, 2004; Bonoli, 2006; Hendricks & Powell, 2009），特別集中於非核心工人，例如女性、青年及長者等。傳統的社會保障如失業福利及社會保險，一方面對非核心工人的覆蓋顯得不足；另一方面，人口結構轉變及新增的社會經濟需要，卻令社會保障的財政壓力不斷擴大。

歸根究底，目前社會保障的矛盾，並非全由生產技術決定，很大程度服膺於新自由主義所代表的觀念與利益。後工業及新社會風險沒有帶來更大的解放，反而大企業、金融食利者及右翼政府組成

了龐大的階級，藉經濟金融化及自由化攻擊舊有的勞工及社會保障制度，公共服務的市場化及私營化亦作為對資本主義的制度修復，奪回一度退讓給工人的經濟成果（Harvey, 2010），這在自由化程度較高的體制中最為嚴重。總而言之，社會保障及稅制作為主要的資源再分配，仍是對抗社會不平等的重要場域及制度。

在後工業、新社會風險及新自由主義的政治經濟中，香港有兩個相當突出的趨勢：人口高齡化及去工業化，兩者的速度之快與規模之廣，在國際經驗上並不常見。香港的社會保障作為自由─剩餘福利模式的典範，政府選擇財政限制及就業增長，放棄收入平等與保障，這似乎並不新鮮。然而，這種制度安排是否不能避免，即香港人「注定」不能享有健全的社會保障？這似乎是政治及政策的選擇，多於難以解決的技術問題。下文將點出幾個香港社會保障未完成的任務，超越了社會保障制度本身，需要社會共同思考及改變。

香港社會保障未完成的任務

（一）重建社會契約及身份認同

社會保障除了是一組政策制度外，它還可以透過界定福利資格及安排責任，鑲嵌着一個地域的社會契約及身份認同。不少社會保障及福利體制，與民族主義及民族國家的建立有密切關係（Beland & Lecours, 2008），既作為對國民身份及社會團結的肯定，亦是身份認同及權責分配的衝突來源。尤其是在人口流動日趨頻密的城市，加上經濟不穩定和低度的生活保障，以及未

能調和的文化差異，容易滋生所謂的「福利沙文主義」（welfare chauvinism）（Keskinen et al., 2016）。其實這種福利訴求一直普遍存在，主張只有土生人口或更嚴格的居住條件，才能合乎使用福利的資格，但有不同程度及方式的分別。不過近年在右翼民粹的政治議程中，福利沙文主義往往配合族群民族主義的修辭，例如透過收緊福利資格，維持民族的優先性及完整性，產生對「非我族類」陌生人的憤怒及恐懼，即使後者對社會福利並不構成實質重要的影響。

香港在本土思潮興起及「雨傘運動」後，關於族群及世代的政治，亦延伸至社會保障的爭議上。不論對綜援及養老保障的改革，「香港人」及「年青人」均是兩個最重要的身份。以「香港人」及「年青人」為號召的政治團體，經常以其利益受損為理由，拒絕擴張社會保障制度。例如部分青年團體曾表示，三方供款式的社會保險，不單令新移民受惠及對土生港人造成不公平，更因財政可持續性，令目前的青年一代承受沉重的負擔。類似的「世代結算」（generational accounting）及「代際公平」之說，早已出現於八十年代的西方社會，由右翼政黨及國際金融組織提出，為要攻擊既有的公共老年金制度，為退休保障私營化鋪路。這些世代及族群之間的矛盾，自然削弱了社會保障的認受性及集體認同。

港人身份危機與中港政治矛盾與日俱增，但不論從純粹的「香港人」，還是以「中華民族」的國族身份出發，都要面對建立「共同體」（community）的問題。在眾多民族建立的歷史經驗中，發展社會保障都是不可或缺的一環，它象徵了不同階級、性別、世代、族群、健康之間的社會契約：面對難以預測的社會風險，普遍個體不能獨力應對，更需要群體之間的相互依賴

性（interdependence），以及不論個人及政府對社會發展的長遠承擔。以「香港人」作為社會成員的資格不一定是問題，但不論是最嚴格或最寬鬆的定義，均對社會保障的功能產生影響。我們不應讓身份認同的考慮，完全凌駕於社會保障的「保障社會」目標，甚至作為拒絕發展社會保障的力量。

（二）減貧與超越減貧

香港的社會保障一向以扶貧或減貧為主要目標，這引申了兩個對社會保障發展的難題。首先，以減貧為目標的最低收入保障，在後工業經濟及新自由主義福利觀中，很容易與促進就業的目標產生張力（見第五章）。部分社會福利的政策及知識群體，紛紛提出革新福利體制以面對新的風險及促進就業增長。例如曾經流行於英美的「第三條路」（Third Way），以至近年新興的「社會投資取向」（social investment approach）等，均強調積極福利（active welfare）對就業的激勵作用，以及政府對人力資本的投資，包括教育培訓和照顧服務等。這種強調生產及投資作用的「新福利」，雖然對政府、僱主及市民甚具吸引力，但卻有意無意貶低了傳統社會保障對減貧的角色，特別在經濟衰退及緊縮時期中，更演變成由市場主導的就業政策及個人化的責任。整體來說，積極福利與傳統社會保障並無必然矛盾，但前者似乎未能有效地抵消社會階級對新舊社會風險的影響，例如失業、疾病、單親及低薪等（Pintelon et al., 2013）。不少政策群體對「新福利」所創造的機會過於樂觀，忽略了它們的「馬太效應」（Matthew effects），較能幫助本身已具備一定就業能力的人，但難以消除市場的邊緣性。「新福利」對促進就業的效果可說大於減貧，並不

足以處理更大的結構性問題，例如工資利潤比例的下降、勞動市場的管制等（Taylor-Gooby et al., 2015）。

縱使國際的「新福利」潮流，似乎失去對傳統社會保障的重視，但仍不可能否定它所針對的「舊問題」，例如貧窮及社會不平等，到今天不單沒有消失，反而以更複雜的面目呈現出來。香港的減貧政策在強調工作的同時，不應以未經證實的福利依賴為理由，拒絕全面地檢討社會保障（健全成人及兒童）的足夠性及就業模式。另外，近年新增的在職福利，某程度上是一種進步，但亦不應忽視作為審查式及條件式津貼的限制，例如對婦女就業的障礙及零散工的保障。這種在職福利的轉向，可能維持現行的勞動及照顧體制，同時製造新的問題。因此，不論新興或傳統的社會保障，都要以中短長期的減貧效果作為首要考慮，再檢視它們與其他制度及社會影響的關係。

當香港政府及社會只聚焦於社會保障的減貧功能，這吊詭地助長了社會保障發展的第二個樽頸：將社會保障僅僅定位於「幫助窮人」的補救性政策，忽視了社會保障的預防性功能。在香港的政策觀念中，不少聲音以為社會保障等於綜援，社會福利應只留給「最有需要的人」。這種想法既否定了社會援助以外的社會保障形式，又合理化香港社會保障對一般公民、基層工人及中產階級的排斥。當然剩餘福利觀並非罕見，但當它鑲嵌在發展不均的制度脈絡，便限制了香港人對社會保障的想像及損失受保障的機會。國際社會保障協會（ISSA）近年提出「動態社會保障」（dynamic social security）的策略概念，指出在不同發展程度的國家中，社會保障都需要擴闊覆蓋度及強化其行政效率（Matijascic & McKinnon, 2014）；這兩個發展目標可見於三個面向：保障性

（protective）、前瞻性（proactive）、預防性（preventive）。香港
政府目前的財政及行政能力，不亞於世界上任何一個國家或地
區，問題較大的是社會保障過於集中在審查式的安全網及社會津
貼，前者的覆蓋範圍過於狹窄，後者的足夠度難以應付基本生
活，兩者都有社會標籤及審查式福利的陷阱。即使它們具有特定
的保障功能，亦不能取代社會保險對預防風險的作用。

　　動態社會保障同時肯定社會保障的減貧及經濟功能，以包
容式增長滿足社會保障及經濟發展的需要（Diamond & Lodge,
2014），這能給予香港社會發展重要的啟示。前分配（pre-
distribution）的人力資本及技術投資、第一次分配的工資及職業
福利，以及再分配的轉移支付，都可受益於多層次的社會保障制
度。它對窮人有利，但不單是為窮人而設。超越減貧的社會保
障，可以作為反周期的經濟穩定器，亦可減低所有在職者的不安
全感，增強轉工對僱主及僱員的成本等（Sinfield, 2012）。總的而
言，香港需要建立多層次及多種目標的社會保障，強化安全網、
社會津貼、在職福利、最低工資及照顧政策等體制的互補性。

（三）重新定義權利、責任與社會公義

　　聯合國「經濟、社會及文化權利委員會」在 2008 年更新「社
會保障權利」的定義，[1] 特別提到當人在面對疾病、障礙、生
育、工傷、失業、老齡等情況，或不能負擔的健康照顧、或得不
到足夠的家庭支持等，可以不受歧視地使用社會保障的權利。換
言之，提供社會保障制度及維持福利的足夠性，是每個政府不能
推諉的責任。這可說是承繼着自 1948 年的《世界人權宣言》及
始於 1966 年的《經濟、社會與文化權利的國際公約》，其中對社

會保障作為人權的道德基礎（Townsend, 2009）。

不過，只以權利觀詮釋社會公民身份，有兩個常被批評的弱點，需要更多的補充以重新定義可接受的權利與責任觀。首先，強調福利權很容易被批評為忽視公民的責任面向，即使兩者並不互相排斥。有論者認為不少捍衛福利的聲音，都傾向只採納結構分析，無視福利政治中的能動者面向（Deacon, 2002）。事實上倡議社會保障並不需要拒絕對個體經驗的分析，或放棄任何關於道德及行為的討論。在肯定福利權的同時，社會保障可以在互助原則的前提下，接受「責任」的說法。換句話說，社會保障不單體現基本人權，更能促進社會成員共同分擔責任及風險。這「責任」一方面並非以慈善或憐憫的角度，而是體認到作為共同體的成員，需要在一定程度上向其他社會負責，基於同舟共濟的集體精神。另一方面，責任的履行方式及時間應該容許更大的自主性，不應將責任化約成市場就業及納稅，而能融合更多社會必要勞動。在香港的脈絡中，更可理解為促進公民在公共事務的參與，以及不同社會群體的互助行為與共同分擔精神。

權利觀的第二個弱點，可說是其對法律保護的依賴及個體化的傾向。由於社會保障權利受到人權公約的保護，不少針對社會保障的倡議行動，都會從法律的途徑，向政府追究責任。這種落實社會權利的方法，在自由民主體制中較簡單直接，但卻可能將權利的內涵局限於國家對公約條文的解釋，而政府亦傾向只滿足國際標準的最低要求。目前在香港的社會保障倡議行動中，其中最有效的方式是透過司法覆核指政府的社會保障安排違憲，如最終能勝出官司，可以迫使政府改變政策。批評者認為對權利的理解，應要超越技術性及個體性的層面，將權利及責任放置在結構

性及關係性的社會公義價值及議程（Hickey, 2014）。為此，社會保障可以借助 Fraser（2003）提出公義的三個維度及兩個策略，評估它在什麼程度上可以促進社會公義。分配的公義指社會保障需要有效地重新分配社會資源，以追求機會及過程的平等；認同的公義指特定群體的身份及地位，並不會構成任何的歧視與邊緣化；參與的公義指不同的持份者，包括使用者、供款者、納稅人、政策制定者等，都可以共同在開放的平台上，發表對社會保障的意見、設定社會保障發展的議程，以及作出重要的決定。

要落實這三個社會保障公義的面向，可以透過兩個介入策略達成。第一個較常見的是平權行動（affirmative action），可以透過社會保障提供差別對待，確保所有人均享有同等的機會，體認到少數群體需要及權利的特殊性，肯定他們內在的差異性及多元性。第二個是改革性行動（transformative action），藉普及性及公有化的社會保障及福利，讓每個成員都能分享公共資源、得到平等對待，打破群體之間的隔閡。社會保障不足以獨力完成社會改革，但它可以聯合其他社會制度，例如稅制及工資政策等，改變社會資源及權力分配的格局。

香港政府近年經常聲稱社會開支不斷增加，以證明在福利上的投入並不算少。這些社會保障的修正一方面較為碎片化，例如透過關愛基金試行綜援沒有資助的項目，缺乏整體社會保障的改革或及發展藍圖；另一方面，新增的福利如審查式照顧者津貼，並非完全基於其照顧身份，而是只針對經濟困難的照顧者。當然，設立這些審查式社會保障總比沒有好，亦是倡議運動的成果。問題是以「經濟困難」作為提供社會保障的最高原則，並不能達致更大的社會公義及實質平等。未來不單是政策制度需要更

宏觀的整合重構，香港政府及民間倡議團體，都需要重新定義社會公義、權利及責任的觀念，將它們連繫到整個社會結構及關係。

（四）提升對兒童及性別的敏感度

雖然香港的社會保障並無排斥特定的年齡及性別，但當它的介入缺乏結構性的社會理念，很容易把弱勢群體的邊緣性視為理所當然，更遑論消減對他們不利的處境。要落實分配、身份及參與的社會公義，就必須要在社會保障制度中，提高對被邊緣化群體的敏感度，尤其是他們被忽視的需要與貢獻。這裏首先提出兒童及性別的敏感度，並非貶低其他身份的重要性，而是這兩個群體的需要及權利，似乎較易達到社會共識，相對上可成為試驗的起點。所謂社會保障對兒童的敏感度，指福利能在多大程度上重視兒童的權利，並能理解兒童及照顧者面對的多重風險及發展需要，配合以兒童為中心的政策過程（Roelen & Sabates-Wheeler, 2012）。

由於兒童在面對環境震盪的生心理條件較成人脆弱，他們既依賴照顧者而只能行使有限的自主，其聲音亦在社會制度中較易受忽視，政策相關性的能見度較成人低。縱然兒童貧窮不能獨立於其家庭狀況，但社會保障可以透過普及式兒童福利，盡力減低兒童之間的不平等；同時利用社會援助對抗兒童貧窮，減少兒童遭遇的匱乏及社會排斥（Townsend, 2009），這亦是《兒童權利公約》所規定的兒童可享有的社會保障權利。因此，兒童的福祉不應被其他政策考慮犧牲，例如工作福利、人口政策及財政狀況；換言之兒童福利的足夠度，應佔社會保障制度中較高的優次。目前香港與兒童相關的社會保障，較集中於最貧窮的一群，

以安全網或審查式社會津貼，補助他們的基本生活。這並沒有將童年視為生命歷程中的奠基歷程，亦沒有視兒童為獨立的公民。既然香港社會可以接納為 70 歲以上的長者提供免審查津貼，同樣亦可考慮設立免審查的兒童津貼。

　　另外，新自由主義的福利改革及家庭工資的失效，或許促進了成人就業或雙人就業模式，加強婦女就業的壓力，但不代表可解決勞動市場的性別不平等。一般來說，婦女在家庭中是首當其衝地遭遇經濟危機的成本，而福利緊縮往往威脅與照顧及性別相關的社會保障權利（Piovani et al., 2015），因為這些勞動價值一直被低估。具性別角度的社會保障，需要擴闊「工作」的定義，肯定無償勞動的再生產價值，超越以就業為中心的福利改革，協助（基層）婦女可以在生活上實踐自主（Goldblatt, 2016）。更進一步，社會保障需要體認婦女及其他「弱勢群體」的「交織性」（intersectionality），即如具身心障礙的婦女或高齡女性，經驗着多重身份及壓迫。香港已簽署《消除對婦女一切形式歧視公約》（CEDAW），原則上不能因婦女選擇的工作或生活方式，隨意削減婦女的權利或施加懲罰性措施，最終令她們失去選擇。但香港的安全網懲罰沒有參與勞動市場的單親婦女，強積金未能有效保障沒有就業或穩定供款的零散女工。政府在提供社會保障的同時，常高舉個人化的工作動機，忽略了女性被經濟及社會體制建構的邊緣性，以「福利依賴」污名化社會成員之間的相互依賴性（interdependence）。這些都構成對女性不利的社會保障制度安排及政策論述，需要徹底改變。

　　總結而言，香港社會保障在過去只扮演着減貧的補救性角色，但在預防性及前瞻性方面，卻嚴重地受限於制度的設計及主

流的福利觀。在社會經濟環境急速轉變的時代，這種自由—剩餘式社會保障制度，以及「靠自己靠市場」的觀念，將受到更大的挑戰。香港社會保障能否及應否保障整體社會，既視乎不同社會階級等力量的角力，亦視乎我們在什麼程度上，決意擺脫源自殖民時代的福利短期主義，超越殘留社會的「難民旅居」精神，將香港視為值得長遠委身及發展的地方。

註釋：

1 UN Committee on Economic, Social and Cultural Rights (CESCR), *General Comment No. 19: The right to social security (Art. 9 of the Covenant)*, http://www.refworld.org/docid/47b17b5b39c.html.

參考資料

中文部分

人口政策專責小組（2003）。《人口政策報告書：政策建議摘要》。香港：政府印務局。

立法會（1999）。〈有關綜援的事宜〉。立法會福利事務委員會，1999 年 7 月 12 日會議。CB(2) 2520/98-99(10)。

立法會（2016）。〈財務委員會審核二零一六至一七年度開支預算管制人員的答覆〉。立法會財務委員會，2016 年 4 月 8 日。LWB(WW)-2-c1. docx。

勞工及福利局（2017）。〈傷殘津貼檢討跨部門工作小組建議的推行情況〉。立法會福利事務委員會，2017 年 3 月 13 日。CB(2)931/16-17(06) 號文件。

余偉錦（2013）。〈從就業安全與勞動保障看兩種社會質素詮釋〉。2013 年兩岸三地社會福利學術研討會。

李劍明（2015）。〈香港保守理財原則的根源及其影響〉。《明報》，2015 年 5 月 6 日。

社會事務司（1977）。《為最不能自助者提供援助 —— 社會保障發展計劃綠皮書》。香港：香港政府印務局。

社會福利諮詢委員會（2011）。《香港社會福利長遠規劃報告書》。香港：社會福利諮詢委員會。

社會福利署（1973a）。《香港福利未來發展計劃》香港：政府印務局。

社會福利署（1973b）。《香港社會福利發展五年計劃：1973 至 1978》。香港：政府印務局。

社會福利署（1996）。《綜合社會保障援助（綜援）計劃檢討報告書》。香港：政府印務局。

社會福利署（1998）。《投入社會，自力更生：綜合社會保障援助計劃檢討報告書》。香港：政府印務局。

社會福利署（2003）。〈為綜援單親家長而設的欣葵計劃最新情況〉。立法會福利事務委員會，2003 年 4 月 14 日。CB(2)1739/02-03(05) 號文件。

社會福利署（2004a）。〈在綜援計劃下推行加強自力更生支援各項措施的

進展〉。立法會福利事務委員會，2004 年 6 月 14 日。CB(2)2695/03-04(04) 號文件。

社會福利署（2004b）。〈為綜援單親家長而設的欣葵計劃成效評估報告〉。立法會福利事務委員會，2004 年 2 月 9 日。CB(2)1181/03-04(04) 號文件。

社會福利署（2004c）。〈綜合社會保障援助計劃的豁免計算入息規定〉。立法會福利事務委員會，2004 年 4 月 13 日。CB(2)1927/03-04(03) 號文件。

社會福利署（2005a）。〈檢討為綜合社會保障援助計劃受助人和準受助人而設的深入就業援助計劃〉。立法會福利事務委員會檢討綜援小組，2005 年 6 月 23 日。CB(2)2028/04-05(01) 號文件。

社會福利署（2005b）。〈檢討綜合社會保障援助（綜援）計劃下對單親家長的安排〉。立法會福利事務委員會檢討綜援小組，2005 年 5 月 24 日。CB(2)1603/04-05(01) 號文件。

社會福利署（2007）。〈綜合社會保障援助計劃 —— 自力更生計劃〉。自力更生支援計劃單張。http://www.swd.gov.hk/doc/social-sec/SFSI1107c(rev).pdf

社會福利署（2009）。〈綜合社會保障援助計劃下的豁免計算入息安排〉。立法會福利事務委員會減貧小組，2009 年 4 月 6 日。CB(2)1198/08-09(03) 號文件。

社會福利署（2013）。〈進一步鼓勵綜合社會保障援助受助人就業的試驗計劃構思〉。立法會福利事務委員會，2013 年 5 月 21 日。CB(2)1129/12-13(09) 號文件。

社會福利署（2014）。《綜合社會保障援助計劃 —— 豁免計算入息》。香港：社會福利署。

社會福利署（2016a）。《綜合社會保障援助計劃小冊子》。http://www.swd.gov.hk/doc/social-sec1/CSSAP052016c.pdf

社會福利署（2016b）。〈按年調整公共福利金計劃和綜合社會保障援助（綜援）計劃的社會保障金額，以及有關綜援計劃下租金津貼的事宜〉。立法會福利事務委員會，2016 年 11 月 14 日。CB(2)149/16-17(03) 號文件。

社會福利署（2016c）。〈綜合社會保障援助計劃〉。立法會扶貧小組委員會，2016 年 4 月 11 日。CB(2)1209/15-16(04) 號文件。

扶貧委員會（2007）。《扶貧委員會報告》。香港：扶貧委員會。

扶貧委員會（2016）。《退休保障前路共健諮詢文件》。香港：香港特別行
　　政區政府。

許賢發（1992）。〈從社會政策角度看「全港推行的退休保障制度諮詢文
　　件」〉。《社聯季刊》，122 期，頁 14－17。

唐英年（1992）。〈不公平的強制性退休保障計劃〉。《社聯季刊》，122 期，
　　頁 18－20。

唐英年（2010）。〈關愛基金：民商官三方合作〉。《明報》，2010 年 10 月
　　15 日。

政府部門聯合工作小組會（1967）《社會保障問題報告書》。香港：香港政
　　府印務局。

政府統計處（2004）。《1994 至 2003 年綜合社會保障援助計劃的統計數
　　字》。香港：政府統計處。

政府統計處（2015）。《2004 至 2014 年綜合社會保障援助計劃的統計數
　　字》。香港：政府統計處。

政府統計處（2016a）。《社會保障援助物價指數》。香港：政府統計處。

政府統計處（2016b）。《2015 年香港貧窮情況報告》。香港：政府統計處。

政府統計處（2016c）。《香港的女性及男性主要統計數字》。香港：政府統
　　計處。

政府統計處（2017）。《綜合住戶統計調查按季統計報告：2016 年 10 月 -12
　　月》。香港：政府統計處。

黃洪（2015）。《無窮的盼望：香港貧窮問題探析》（增訂版）。香港：中華
　　書局。

黃洪、蔡海偉（1998）。《終止及重新領取綜援研究》。香港：香港社會服
　　務聯會。

黃錦賓（2013）。〈傷殘津貼制度改革契機，全面協助殘疾人士脫貧〉。立
　　法會福利事務委員會，2013 年 2 月 25 日。CB(2)665/12-13(02) 號文件。

莫泰基（1982）。〈香港的失業問題與職業保障〉。《社聯季刊》，83 期，頁
　　16 至 19。

莫泰基（1993）。《香港貧窮與社會保障》。香港：中華書局。

莫泰基（1998）。《香港社會援助金額標準的制訂》。香港社會保障學會。

香港社會服務聯會（2001）。〈自力更生支援計劃之推行研究報告撮要〉。
　　福利事務委員會文件。CB(2)1804/00-01(01)。

香港社會服務聯會（2006）。《香港基本生活需要研究報告》。香港：香港
　　社會服務聯會。

香港社會服務聯會（2013）。《香港強積金制度問題與出路》。香港：香港
　　社會服務聯會。

勞工及福利局（2017）。〈傷殘津貼檢討跨部門工作小組建議的推行情況〉。
　　立法會福利事務委員會，2017 年 3 月 13 日。CB(2)931/16-17(06) 號
　　文件。

香港政府（1965）。《香港社會福利工作之目標與政策》。香港：政府印務局。

香港政府（1979）。《香港社會福利白皮書 —— 進入 80 年代的社會福
　　利》。香港：政府印務局。

香港政府（1991）。《跨越九十年代香港社會福利白皮書》。香港：政府印
　　務局。

周永新（1984）。《香港社會福利政策評析》。香港：天地圖書。

周永新（1988）。《香港社會福利政策縱橫談 —— 續篇》。香港：天地圖書。

周永新（1994）。《社會保障與福利爭議》。香港：天地圖書。

鍾劍華（2013）。〈基層組織與社會工作〉，載於周永新、陳沃聰編：《社會
　　工作學新論》，頁 295－309。香港：商務印書館。

楊森（1982）。〈評議香港的公共援助制度〉。《社聯季刊》，83 期，頁 7－
　　10。

趙維生（1999）。〈「投入社會、自力更生」：一個失敗的社會保障檢討〉，
　　載於《「綜援檢討」的再檢討：跨專業評估報告》。香港：香港政策透
　　視。

馮可立（1999）。〈香港的社會保障政策：模式的選取〉，載於李健正、趙
　　維生、陳錦華、梁麗清編，《新社會政策》，頁 143－156。香港：香港
　　中文大學。

馮可立（2008）。〈生果金敬老？〉。《明報》，2008 年 10 月 23 日。

蔡健誠（2000）。〈香港報章傳媒的綜援人士形象〉。《基進論壇：香港社會
　　文化評論季刊》，第五期。

蔡健誠（2008）。〈港式退休保障的政治經濟學〉。《思》雙月刊，第 108
　　期。香港基督徒學會。

顧汝德（2011）。《官商同謀：香港公義私利的矛盾》。香港：天窗出版社。

顧汝德（2015）。《富中之貧：香港社會矛盾的根源》。顏詩敏譯。香港：
　　天窗出版社。

歐陽達初（2010）。〈社會工作的新政治：福利改革與福利運動〉。載於香港社會服務聯會編，《社區發展服務：承傳、探索、蛻變》。香港：圓桌文化。

歐陽達初（2013）。〈製造與減緩在職貧窮：勞動及福利體制的轉變〉。載於羅金義、鄭宇碩編，《留給梁振英的棋局：通析曾蔭權時代》。香港：香港城市大學。

關注綜援檢討聯盟（2000）。《窮到極》。香港：關注綜援檢討聯盟。

關注綜援檢討聯盟、天主教正義和平委員會（2007）。《實施欣曉計劃對單親綜援受助人的影響》研究報告。香港：關注綜援低收入聯盟、天主教正義和平委員會。

樂施會、關注綜援檢討聯盟（2008）。《綜援 -Nization —— 13 個綜援人士的口述故事》。丁惟彬，郭美玲，鄧鋼輝編。香港：樂施會、關注綜援檢討聯盟。

英文部分

Annetts, J., Law, A., McNeish, W. & Mooney, G. (2009). *Understanding social welfare movements*. Bristol: Policy Press.

Aurich, P. (2011). Activating the unemployed-directions and divisions in Europe. *European Journal of Social Security*, *13*(3), 294-316.

Bahle, T., Hubl, V. & Pfeifer, M. (2011). *The last safety net: A handbook of minimum income protection in Europe*. Bristol: Policy Press.

Baker, M., & Tippin, D. (2002). 'When flexibility meets rigidity': sole mothers' experiences in the transition from welfare to work. *Journal of Sociology*, *38*(4), 345-360.

Béland, D. & Lecours, A. (2008). *Nationalism and social policy: The politics of territorial solidarity*. Oxford: Oxford University Press.

Berry, C. (2014). Quantity over quality: a political economy of 'active labour market policy'in the UK. *Policy Studies*, *35*(6), 592-610.

Berthet, T. & Bourgeois, C. (2014). Towards 'activation-friendly'integration? Assessing the progress of activation policies in six European countries. *International Journal of Social Welfare*, *23*, S23-S39.

Bonoli, G. (2006). New social risks and the politics of post-industrial social policies. In K. Armingeon and G. Bonoli (Eds), *The politics of post-*

industrial welfare states: adapting post-war social policies to new social risks, pp. 3-26. London: Taylor & Francis.

Bonoli, G. (2010). The political economy of active labor-market policy. *Politics & Society, 38*(4), 435-457.

Bonoli, G. (2013). *The origins of active social policy: Labour market and childcare policies in a comparative perspective*. Oxford: Oxford University Press.

Betzelt, S. & Bothfeld, S. (Eds.). (2011). *Activation and labour market reforms in Europe: challenges to social citizenship*. Basingstoke: Palgrave Macmillan.

Breidahl, K. N. & Clement, S. L. (2010). Does active labour market policy have an impact on social marginalization? *Social Policy & Administration, 44*(7), 845-864.

Brewer, B. & MacPherson, S. (1997). Poverty and social security. In P. Wilding, A. S. Huque, and J. P. Tao (Eds), *Social Policy in Hong Kong*, pp. 72-94. Cheltenham: Edward Elgar.

Brodkin, E. Z. & Larsen, F. (2013). Changing boundaries: The policies of workfare in the US and Europe. *Poverty & Public Policy, 5*(1), 37-47.

Carter, E. & Whitworth, A. (2015). Creaming and parking in quasi-marketised welfare-to-work schemes: designed out of or designed in to the UK work programme? *Journal of social policy, 44*(2), 277-296.

Chan, C. K. (1998). Welfare policies and the construction of welfare relations in a residual welfare state: the case of Hong Kong. *Social Policy & Administration, 32*(3), 278-291.

Chan, C. K. (2011a). Hong Kong: workfare in the world's freest economy. *International Journal of Social Welfare, 20*(1), 22-32.

Chan, C. K. (2011b). *Social security policy in Hong Kong: from British colony to China's special administrative region*. Lanham: Lexington Books.

Chan, C. K. (2011c). Understanding workfare in Western and East Asian welfare states. In C. K. Chan & K. L. Ngok (Eds.), *Welfare reform in East Asia: towards workfare?* pp. 3-13. London: Routledge.

Chan, K. W. (2012). Rethinking flexible welfare strategy in Hong Kong: a new direction for the East Asian welfare model? *Journal of Asian Public Policy, 5*(1), 71-81.

Chan, K. W. & Lee, J. (2010). Rethinking the social development approach in the context of East Asian social welfare. *China Journal of Social Work*, *3*(1), 19-33.

Chan, R. K. (2004). Globalisation, unemployment and the welfare regime in Hong Kong. *Social Policy and Society*, *3*(3), 273-282.

Chan, R. K. (2009). Risk discourse and politics: Restructuring welfare in Hong Kong. *Critical Social Policy*, *29*(1), 24-52.

Chan, R. K. (2016). From Transitional to Permanent Uncertainty: Employability of Middle-aged Workers in Hong Kong. *Asian Social Work and Policy Review*, *10*(3), 358-374.

Chan, R. K. & Chan, C. K. (2013). The shifting boundary between work and welfare—a review of active labour market policies in Hong Kong. *Journal of Asian Public Policy*, *6*(1), 26-41.

Cheung, K. C. K. & Chou, K. L. (2016). Working Poor in Hong Kong. *Social Indicators Research*, *129*(1), 317-335.

Chiu, S. (2003). Poverty, Vulnerability and the Expansion of Disciplinary Welfare in Hong Kong. In K. L. Tang & C. K. Wong (Eds), *Poverty monitoring and alleviation in East Asia,* pp.57-74. New York: Nova Science Publishers.

Chiu, S. & Wong, V. (2005). Hong Kong: from familistic to Confucian welfare. In A. Walker & C. K. Wong (Eds), *East Asian Welfare Regimes in transitions: From Confucianism to Globalisation*, pp. 73-93. Bristol: Policy Press.

Choi, Y. J. (2013). Developmentalism and productivism in East Asian welfare regimes. In M. Izuhara (Ed), *Handbook on East Asian Social Policy*, pp. 207-225. Cheltenham: Edward Elgar.

Chow, N. (1998). The making of social policy in Hong Kong: Social welfare development in the 1980s and 1990s. In R. Goodman, G. White & H. Kwon. (Eds), *The East Asian welfare model: welfare orientalism and the state*, pp. 159-174. London: Routledge.

Chung, K. W. (2010). Negative public perception on welfare recipients and its implications for social security in Hong Kong. *Journal of Asian Public Policy*, *3*(2), 200-206.

Clasen, J. (1999). Beyond social security: the economic value of giving money to unemployed people. *European Journal of Social Security, 1/2,* 151-180.

Clasen, J. & Clegg, D. (2006). Beyond activation reforming European unemployment protection systems in post-industrial labour markets. *European societies, 8*(4), 527-553.

Collins, J. L. & Mayer, V. (2010). *Both hands tied: Welfare reform and the race to the bottom in the low-wage labor market.* Chicago: University of Chicago Press.

Curchin, K. (2017). Using Behavioural Insights to Argue for a Stronger Social Safety Net: Beyond Libertarian Paternalism. *Journal of Social Policy, 46*(2), 231-249.

Daly, M. (2011). What adult worker model? A critical look at recent social policy reform in Europe from a gender and family perspective. *Social politics: international studies in gender, state & society, 18*(1), 1-23.

Davies, L. (2014). Nudged into employment: lone parents and welfare reform. In M. Harrison & T. Sanders (Eds.), *Social policies and social control: New perspectives on the 'not-so-big society',* pp. 151-166. Bristol: Policy Press.

Deacon, A. (2002). *Perspectives on Welfare: Ideas, Ideologies, and Policy Debates.* Buckingham: Open University Press.

Dean, H. (2007). The ethics of welfare-to-work. *Policy & Politics, 35*(4), 573-589.

Dean, H. (2014). Life-first welfare and the scope for a "eudemonic ethic" of social security. In M. Keune & M. Serrano (Eds.), *Deconstructing Flexicurity and Developing Alternative Approaches: Towards New Concepts and Approaches for Employment and Social Policy,* pp. 152-72. Abingdon: Routledge.

Dean, H., & Melrose, M. (1997). Manageable discord: Fraud and resistance in the social security system. *Social Policy & Administration, 31*(2), 103-118.

Deeming, C. (2017). Defining minimum income (and living) standards in Europe: Methodological issues and policy debates. *Social Policy and Society, 16*(1), 33-48.

Diamond, P. & Lodge, G. (2014). Dynamic Social Security after the crisis: Towards a new welfare state? *International Social Security Review, 67*(3-4), 37-59.

Dingeldey, I. (2007). Between workfare and enablement—The different paths to transformation of the welfare state: A comparative analysis of activating labour market policies. *European Journal of political research*, *46*(6), 823-851.

Dixon, J. E. (1999). *Social security in global perspective*. Westport: Praeger.

Dostal, J. M. (2008). The Workfare Illusion: Re-examining the Concept and the British Case. *Social Policy & Administration*, *42*(1), 19-42.

Ernst, E. (2015). Supporting jobseekers: How unemployment benefits can help unemployed workers and strengthen job creation. *International Social Security Review*, *68*(3), 43-67.

Esping-Andersen, G. (1999). *Social foundations of postindustrial economies*. Oxford: Oxford University Press.

Evans, P. M. (2007). (Not) Taking Account of Precarious Employment: Workfare Policies and Lone Mothers in Ontario and the UK. *Social Policy & Administration*, *41*(1), 29-49.

Farnsworth, K. (2013). Bringing corporate welfare in. *Journal of Social Policy*, *42*(1), 1-22.

Figari, F., Matsaganis, M. & Sutherland, H. (2013). Are European social safety nets tight enough? Coverage and adequacy of minimum income schemes in 14 EU countries. *International Journal of Social Welfare*, *22*(1), 3-14.

Fong, B. (2017). In-between liberal authoritarianism and electoral authoritarianism: Hong Kong's democratization under Chinese sovereignty, 1997—2016. *Democratization, 24*(4), 724-750.

Fraser, N. (2003). Social Justice in the Age of Identity Politics: Redistribution, Recognition, and Participation. In *Redistribution or recognition? A political-philosophical exchange*, pp. 7-109. New York: Verso.

Fung, K. K. (2014). Financial crisis and the developmental states: A case study of Hong Kong. *International Journal of Social Welfare*, *23*(3), 321-332.

Goldblatt, B. (2016). *Developing the Right to Social Security: A Gender Perspective*. London: Routledge.

Gough, I. (1979). *The political economy of the welfare state*. London: Macmillan.

Gough, I. (2004). East Asia: the limits of productivist regimes. In I. Gough &

G. Wood (Eds.), *Insecurity and welfare regimes in Asia, Africa and Latin America: Social policy in development contexts*, pp. 169-201. Cambridge: Cambridge University Press.

Grover, C. (2012). 'Personalised conditionality': Observations on active proletarianisation in late modern Britain. *Capital & Class*, *36*(2), 283-301.

Grover, C. & Stewart, J. (1999). 'Market workfare': social security, social regulation and competitiveness in the 1990s. *Journal of Social Policy*, *28*(1), 73-96.

Hall, P. A. & Soskice, D. (Eds.)(2001). *Varieties of capitalism: The institutional foundations of comparative advantage*. Oxford: Oxford University Press.

Handler, J. F. (2004). *Social citizenship and workfare in the United States and Western Europe: The paradox of inclusion*. Cambridge: Cambridge University Press.

Harvey, D. (2010). *The Enigma of Capital and the Crises of Capitalism*. Oxford: Oxford University Press.

Haux, T. (2012). Activating lone parents: an evidence-based policy appraisal of welfare-to-work reform in Britain. *Social Policy and Society*, *11*(1), 1-14.

Hay, C. (2004). Ideas, interests and institutions in the comparative political economy of great transformations. *Review of International Political Economy*, *11*(1), 204-226.

Hendricks, J. J. & Powell, J. L. (Eds.)(2009). *The Welfare State in Post-Industrial Society*. New York: Springer.

Henman, P., & Marston, G. (2008). The social division of welfare surveillance. *Journal of Social Policy*, *37*(2), 187-205.

Hickey, S. (2014). Relocating social protection within a radical project of social justice. *The European Journal of Development Research*, *26*(3), 322-337.

Hodge, P. (1978), Social welfare development plans — an overview. *Hong Kong Journal of Social Work*, 12: 1, 2-8.

Holden, C. (2003). Decommodification and the workfare state. *Political Studies Review*, *1*(3), 303-316.

Holliday, I. (2000). Productivist welfare capitalism: Social policy in East Asia. *Political studies*, *48*(4), 706-723.

Hudson, J., Hwang, G. J. & Kühner, S. (2008). Between ideas, institutions and interests: Analysing third way welfare reform programmes in Germany and the United Kingdom. *Journal of Social Policy*, *37*(2), 207-230.

Hudson, J., Kühner, S. & Yang, N. (2014). Productive welfare, the East Asian 'model'and beyond: placing welfare types in Greater China into context. *Social Policy and Society*, *13*(2), 301-315.

Hung, S. L. & Fung, K. K. (2011). Gendering Welfare: Lone Mothers' Experiences of Welfare-to-Work Programmes in Hong Kong. *Social Policy and Society*, *10*(2), 177-189.

International Labour Organization (2016). *World Employment and Social Outlook 2016: Transforming jobs to end poverty*. Geneva: International Labour Office.

Jaehrling, K., Kalina, T. & Mesaros, L. (2015). A paradox of activation strategies: Why increasing labour market participation among single mothers failed to bring down poverty rates. *Social Politics: International Studies in Gender, State & Society*, *22*(1), 86-110.

Jessop, B. (2002). *The future of the capitalist state*. Cambridge: Polity.

Jones, C. M. (1990). *Promoting prosperity: The Hong Kong way of social policy*. Chinese University Press.

Kalleberg, A. L. (2009). Precarious work, insecure workers: Employment relations in transition. *American sociological review*, *74*(1), 1-22.

Keskinen, S., Norocel, O. C. & Jørgensen, M. B. (2016). The politics and policies of welfare chauvinism under the economic crisis. *Critical Social Policy*, *36*(3), 1-9.

Kim, M. M. (2015). *Comparative Welfare Capitalism in East Asia: Productivist Models of Social Policy*. Basingstoke: Palgrave Macmillan.

Knijn, T., Martin, C. & Millar, J. (2007). Activation as a common framework for social policies towards lone parents. *Social Policy & Administration*, *41*(6), 638-652.

Kowalewska, H. (2017). Beyond the 'train-first'/'work-first'dichotomy: How welfare states help or hinder maternal employment. *Journal of European Social Policy*, *27*(1), 3-24.

Kvist, J., Straubinger, S. G. & Freundt, A. (2013). Measurement Validity in Comparative Welfare State Research: The Case of Measuring Welfare State Generosity. *European Journal of Social Security*, *15*(4), 321-340.

Kwon, H. J. (2005). Transforming the developmental welfare state in East Asia. *Development and Change, 36*(3), 477-497.

Kwon, H. J. (2009). The reform of the developmental welfare state in East Asia. *International Journal of Social Welfare, 18*, S12-S21.

Law, C. K. (2008) *A Study on Family Impact Analysis and Case Studies: Public Rental Housing and Comprehensive Social Security Assistance*. HKSAR: Central Policy Unit.

Lee, E. W. (2005). The renegotiation of the social pact in Hong Kong: Economic globalisation, socio-economic change, and local politics. *Journal of Social Policy, 34*(2), 293-310.

Lee, E. (2013) Anti-poverty campaign. In *Public Policymaking in Hong Kong: Civic Engagement and State-society Relations in a Semi-democracy*, pp. 69-82. Abingdon: Routledge.

Lee, K. M. & Wong, H. (2004). Marginalized workers in postindustrial Hong Kong. *The Journal of Comparative Asian Development, 3*(2), 249-280.

Lee, K. M. & Cheng, C. Y. (2011). Financialization, economic crises and social protection: the case of Hong Kong. *Journal of Asian Public Policy, 4*(1), 18-41.

Lee, K. M. & Law, K. Y. (2014). Economic insecurity and social protection for labour: The limitations of Hong Kong's adhocism during the financial crises. In M. Lau & K. H. Mok (Eds.), *Managing social change and social policy in greater China: welfare regimes in transition*, pp.47-69. Abingdon: Routledge.

Lee, S. Y., Ng, I. F. & Chou, K. L. (2016). Exclusionary attitudes toward the allocation of welfare benefits to Chinese immigrants in Hong Kong. *Asian and Pacific Migration Journal, 25*(1), 41-61.

Leggett, W. (2014). The politics of behaviour change: Nudge, neoliberalism and the state. *Policy & Politics, 42*(1), 3-19.

Leimgruber, M. (2011). *The historical roots of a diffusion process: the three-pillar doctrine and European pension debates, 1972-1994*. Paper presented at the 3rd European Congress on World and Global History 14-17 April 2011, London School of Economics & Political Science.

Leung, C. B. (2011). Workfare in Hong Kong. In C. K. Chan & K. L. Ngok (Eds.), *Welfare reform in East Asia: towards workfare?* pp. 41-59. London:

Routledge.

Leung, L. C. (2014). Gender mainstreaming childcare policy: barriers in a Confucian welfare society. *Journal of International and Comparative Social Policy*, *30*(1), 41-52.

Leung, L. C., & Chan, K. W. (2015). Workfare versus reconceptualizing work: Rethinking social security reform for lone mothers in Hong Kong. *International Social Work*, *58*(1), 111-122.

Levitas, R. (2005)(2nd ed). *The inclusive society?: social exclusion and New Labour*. Basingstoke: Palgravae Macmillan.

Lindsay, C., McQuaid, R. W., & Dutton, M. (2007). New approaches to employability in the UK: combining 'Human Capital Development' and 'Work First' strategies?. *Journal of social policy*, *36*(4), 539-560.

Lui, T. L. (2015). A missing page in the grand plan of "one country, two systems" : Regional integration and its challenges to post-1997 Hong Kong. *Inter-Asia Cultural Studies*, *16*(3), 396-409.

MacPherson, S. (1993). Social Security in Hong Kong. *Social Policy & Administration*, *27*(1), 50-57.

MacPherson, S. (1994). *A measure of dignity: report on the adequacy of public assistance rates in Hong Kong*. Hong Kong: City Polytechnic of Hong Kong.

Mahoney, J. & Thelen, K. (Eds.)(2010). *Explaining institutional change: ambiguity, agency, and power*. Cambridge: Cambridge University Press.

Marchal, S., & van Mechelen, N. (2015). A new kid in town? Active inclusion elements in European minimum income schemes. *Social Policy & Administration*, *51*(1), 171-194.

Martin, G. (2001). Social movements, welfare and social policy: a critical analysis. *Critical Social Policy*, *21*(3), 361-383.

Marx, I. (2007). A new social question? On minimum income protection in the postindustrial era. Amsterdam : Amsterdam University Press.

Matijascic, M., & McKinnon, R. (2014). Dynamic Social Security: A necessary condition for inclusive societies and economic development. *International Social Security Review*, *67*(3-4), 3-15.

McCollum, D. (2012). Towards (un) sustainable employment? Exploring policy responses to work-welfare cycling. *Policy Studies, 33*(3), 215-230.

McKeever, G. (2012). Social citizenship and social security fraud in the UK and Australia. *Social policy & administration, 46*(4), 465-482.

McLaughlin, E. (1993). Hong Kong: a residual welfare regime. In A. Cochrane & J. Clarke (Eds), *Comparing Welfare States: Britain in International Context*, pp. 105—140. London: SAGE.

Midgley, J. (2013). Social protection in countries experiencing rapid economic growth: goals and functions. In J. Midgley & D. Piachuad (Eds.), *Social protection, economic growth and social change: goals, issucs and trajectories in China, India, Brazil and South Africa*, pp. 7-25. Cheltenham: Edward Elgar.

Midgley, J. & Tang, K. L. (Eds.). (2008). *Social security, the economy and development*. New York: Palgrave Macmillan.

Miller, J. (2009). *Understanding Social Security: issues for policy and practice*. Bristol: Policy Press.

Moreira, A. (2008). *The activation dilemma: reconciling the fairness and effectiveness of minimum income schemes in Europe*. Bristol: Policy Press.

Murphy, M. (2012). Interests, institutions and ideas: explaining Irish social security policy. *Policy & Politics, 40*(3), 347-365.

Murphy, M. (2016). Low road or high road? The post-crisis trajectory of Irish activation. *Critical Social Policy, 36*(2), 1-21.

Nelson, K. (2012). Counteracting material deprivation: The role of social assistance in Europe. *Journal of European Social Policy, 22*(2), 148-163.

Nelson, K. (2013). Social assistance and EU poverty thresholds 1990—2008. Are European welfare systems providing just and fair protection against low income?. *European Sociological Review, 29*(2), 386-401.

O'Connor, J. (1973). *The fiscal crisis of the state*. New York : St. Martin's Press.

Organization for Economic Co-operation and Development (2015). *Pensions at a Glance 2015*. Paris: OECD.

Offe, C. (1984). *Contradictions of the welfare state*. Cambridge: MIT Press.

Parsons, C. (2016). Ideas and power: four intersections and how to show them. *Journal of European Public Policy, 23*(3), 446-463.

Patrick, R. (2014). Working on welfare: Findings from a qualitative longitudinal study into the lived experiences of welfare reform in the UK. *Journal of Social Policy*, *43*(4), 705-725.

Peck, J. (2001). *Workfare States*. New York : Guilford Press

Peck, J. & Theodore, N. (2000). Beyond 'employability'. *Cambridge Journal of Economics*, *24*(6), 729-749.

Pierson, P. (Ed.) (2001). *The New Politics of Welfare State*. Oxford: Oxford University Press.

Pintelon, O., Cantillon, B., Van den Bosch, K. & Whelan, C. T. (2013). The social stratification of social risks: Class and responsibility in the new welfare state. *Journal of European Social Policy*, *23*(1), 52-67.

Piovani, C., & Aydiner-Avsar, N. (2015). The Gender Impact of Social Protection Policies: A Critical Review of the Evidence. *Review of Political Economy*, *27*(3), 410-441.

Piven, F. F. & Cloward, R. A. (1993)(updated edition). *Regulating the poor: the functions of public welfare*. New York: Vintage Books.

Raffass, T. (2016). Work enforcement in liberal democracies. *Journal of Social Policy*, *45*(3), 417-434.

Raffass, T. (2017), Demanding Activation. *Journal of Social Policy, 46*(2), 349-365.

Rafferty, A. & Wiggan, J. (2011). Choice and welfare reform: Lone parents' decision making around paid work and family life. *Journal of Social Policy*, *40*(2), 275-293.

Roelen, K. & Sabates-Wheeler, R. (2012). A child-sensitive approach to social protection: serving practical and strategic needs. *Journal of Poverty and Social Justice*, *20*(3), 291-306.

Saunders, P. (2017). Understanding social security trends: an expenditure decomposition approach with application to Australia and Hong Kong. *Journal of Asian Public Policy*, *10*(2), 216-229.

Schmidt, V. A. (2010). Taking ideas and discourse seriously: explaining change through discursive institutionalism as the fourth 'new institutionalism'. *European political science review*, *2*(1), 1-25.

Schroder, M. (2013). *Integrating Varieties of Capitalism and Welfare State*

Research: A Unified Typology of Capitalisms. Basingstoke: Palgrave Macmillan.

Shildrick, T., MacDonald, R., Webster, C. & Garthwaite, K. (2012). *Poverty and insecurity : life in 'low-pay, no-pay' Britain.* Bristol: Policy Press.

Sinfield, A. (2012). Strengthening the prevention of social insecurity. *International Social Security Review, 65*(4), 89-106.

Social Welfare Department (2016). *2014/15 household expenditure survey on comprehensive social security assistance households and the rebasing of the social security assistance index of prices.* Hong Kong: Social Welfare Department.

Soss, J., Fording, R. C. & Schram, S. (2011). *Disciplining the poor: Neoliberal paternalism and the persistent power of race.* Chicago: University of Chicago Press.

Spicker, P. (2011). *How social security works: An introduction to benefits in Britain.* Bristol: Policy Press.

Standing, G. (2007). Social protection. *Development in Practice, 17*(4-5), 511-522.

Tam, M. Y. M. & Chiu, S. (2010). Job training provision by employers—an institutional analysis of employees in Hong Kong. *The International Journal of Human Resource Management, 21*(12), 2194-2217.

Tang, K. L. (1998). *Colonial state and social policy: Social welfare development in Hong Kong 1842-1997.* Lanham: University Press of America.

Tang, K. L. (2010). Welfare-to-work reform in Hong Kong: overview and prospects. In J. Midgley & K. L. Tang (Eds.), *Social Policy and Poverty in East Asia: the role of social security*, pp.99-115. New York: Routledge.

Taylor-Gooby, P. (2004). *New risks, new welfare: the transformation of the European welfare state.* Oxford: Oxford University Press.

Taylor-Gooby, P., Gumy, J. M. & Otto, A. (2015). Can 'New Welfare' address poverty through more and better jobs? *Journal of Social Policy, 44*(1), 83-104.

Tohyama, H. (2015). Varieties of Asian welfare capitalisms and the influence of globalization. *Journal of International and Comparative Social Policy, 31*(1), 51-73.

Townsend, P. (Ed.)(2009). *Building decent societies: Rethinking the role of social security in development*. New York: Palgrave Macmillan.

Tunley, M. (2011). Need, greed or opportunity? An examination of who commits benefit fraud and why they do it. *Security Journal*, *24*(4), 302-319.

van Berkel, R. & van der Aa, P. (2015). New Welfare, New Policies: Towards Preventive Worker-Directed Active Labour-Market Policies. *Journal of Social Policy*, *44*(3), 425-442.

Van Mechelen, N. & Marchal, S. (2013). Struggle for life: Social assistance benefits, 1992—2009. In I. Marx & K. Nelson (Eds.), *Minimum income protection in flux,* pp. 28-53. Basingstoke: Palgrave Macmillan.

Walker, A. & Wong, C. K. (Eds.)(2005). *East Asian welfare regimes in transition: from Confucianism to globalisation*. Bristol: Policy Press.

Walker, R. (2005). *Social Security and Welfare: concepts and comparisons*. Maidenhead: Open University Press.

Walker, R., Brown, L., Moskos, M., Isherwood, L., Osborne, K., Patel, K. & King, D. (2016). 'They really get you motivated': Experiences of a life-first employment programme from the perspective of long-term unemployed Australians. *Journal of Social Policy*, *45*(3), 507-526.

Wiggan, J. (2015). Reading active labour market policy politically: An autonomist analysis of Britain's Work Programme and Mandatory Work Activity. *Critical Social Policy*, *35*(3), 369-392.

Wilding, P. (2008). Is the East Asian welfare model still productive? *Journal of Asian Public Policy*, *1*(1), 18-31.

Williams, G. (1966). *Report on the feasibility of a survey into social welfare provision and allied topics in Hong Kong*. Hong Kong: Govt. Printer.

Wilson, S., Meagher, G. & Hermes, K. (2012). The social division of welfare knowledge: policy stratification and perceptions of welfare reform in Australia. *Policy & Politics*, *40*(3), 323-346.

White, S. (2004). What's wrong with workfare?. *Journal of Applied Philosophy*, *21*(3), 271-284.

Whitworth, A. & Griggs, J. (2013). Lone parents and welfare-to-work conditionality: necessary, just, effective?. *Ethics and Social Welfare*, *7*(2), 124-140.

Wong, C. K. & Lou, V. W. Q. (2010). "I wish to be self-reliant" : Aspiration for self-reliance, need and life satisfaction, and exit dilemma of welfare recipients in Hong Kong. *Social indicators research, 95*(3), 519-534.

Wong, C. K. & Tang, K. L. (2010). Knowledge of public policy and the perceived positive impact of the welfare benefits system. In J. Midgley & K. L. Tang (Eds.), *Social Policy and Poverty in East Asia: the role of social security*, pp.167-181. New York: Routledge.

Wong, H. (2015). Is Poverty Eradication Impossible? A Critique on the Misconceptions of the Hong Kong Government. *China Review, 15*(2), 147-169.

Wong, T. K. Y., Wan, P. S., & Law, K. W. K. (2010). The public's changing perceptions of the condition of social welfare in Hong Kong: lessons for social development. *Social Policy & Administration, 44*(5), 620-640.

Wong, M. Y. (2014). The politics of the minimum wage in Hong Kong. *Journal of Contemporary Asia, 44*(4), 735-752.

World Bank (1994). *Averting the old age crisis: policies to protect the old and promote growth.* Oxford: Oxford University Press.

Wu, A. M. & Chou, K. L. (2015). Public attitudes towards income redistribution: Evidence from Hong Kong. *Social Policy & Administration*, Early View, 1-17.

Yep, R. & Lui, T. L. (2010). Revisiting the golden era of MacLehose and the dynamics of social reforms. *China Information, 24*(3), 249-272.

Yu, W. K. (2007). Contradiction of Welfare and the Market: The Hong Kong Case Stated. In J. Lee & K. W. Chan (Eds.), *The crisis of welfare in East Asia,* pp.165-184. Lanham: Lexington Books.

Yu, W. K. (2008a) The normative ideas that underpin welfare-to-work measures for young people in Hong Kong and the UK. *International Journal of Sociology and Social Policy, 28*(9), 380-393

Yu, W. K. (2008b). The ideological orientation of the New Dawn project. *The Hong Kong Journal of Social Work, 42*(1/2), 105-117.

Yu, S. W., Chau, R. C., Boxall, K. & Chung, W. C. (2014). Looking to the east and the west: the double-attachment strategy used by the Hong Kong government to develop welfare to work measures for lone parents. *Journal of International and Comparative Social Policy, 30*(2), 93-106.

□ 責任編輯：黎耀強
□ 裝幀設計：霍明志
□ 排　版：時　潔
□ 印　務：劉漢舉

香港經驗叢書

未完成的香港社會保障：批判的導論

□
主編
羅金義

□
著者
歐陽達初　黃和平

□
出版
中華書局（香港）有限公司
香港北角英皇道 499 號北角工業大廈一樓 B
電話：（852）2137 2338　傳真：（852）2713 8202
電子郵件：info@chunghwabook.com.hk
網址：http://www.chunghwabook.com.hk

□
發行
香港聯合書刊物流有限公司
香港新界大埔汀麗路 36 號
中華商務印刷大廈 3 字樓
電話：（852）2150 2100　傳真：（852）2407 3062
電子郵件：info@suplogistics.com.hk

□
印刷
美雅印刷製本有限公司
香港觀塘榮業街 6 號 海濱工業大廈 4 樓 A 室

□
版次
2017 年 7 月初版
© 2017 中華書局（香港）有限公司

□
規格
16 開（230 mm×170 mm）

□
ISBN：978-988-8463-72-5

年份	香港電影大事記 ••
2011 年	4 月 14 日,《3D 肉蒲團之極樂寶鑑》上映,成香港首部 3D 情色三級片,香港上畫首日超越《阿凡達》與《鐵達尼號》的本土開畫票房紀錄,製作公司「中國 3D 數碼」股價於當日急升。
	葉德嫻憑《桃姐》贏得第六十八屆威尼斯國際電影節「最佳女演員」,為首個獲此殊榮的香港演員。
	黎筱娉獲第三十屆香港電影金像獎「終身成就獎」
	12 月,徐克導演的《龍門飛甲》上映,為首部華語武俠 3D 電影。
	演員及製片人鄧光榮、演員許冠英去世
2012 年	新導演梁樂民和陸劍青拍攝的《寒戰》成為唯一一部進入香港票房前十的本土影片
	彭浩翔導演的《低俗喜劇》和《志明與春嬌》分列香港本土年度票房的二、三位,後引發「香港電影核心價值是否就是低俗」的討論。
	許鞍華獲第六屆亞洲電影大獎「亞洲電影終生成就獎」
	倪匡獲第三十一屆香港電影金像獎「終身成就獎」
	許鞍華導演的《桃姐》成為繼《女人,四十。》後又一部金像獎大滿貫作品,許鞍華成為目前獲得四屆金像獎最佳導演唯一一人。
	演員羅慧娟、惠天賜、關山,編劇司徒錦源,導演朱克逝世。
2013 年	《寒戰》於香港電影金像獎獲得最佳電影、導演、編劇、男主角及新演員等共九個大獎
	吳思遠獲第三十二屆香港電影金像獎「終身成就獎」
	3 月,商務及經濟發展局創意香港推出「首部劇情電影計劃」,透過電影創作及製作計劃比賽選拔新秀。
	武術指導、導演劉家良逝世

年份	香港電影大事記 ••
2014 年	王家衛的《一代宗師》獲得香港電影金像獎最佳電影、導演、編劇、女主角等共 12 個大獎,成為金像獎歷來奪得最多獎項的電影。
	1 月 7 日邵逸夫逝世
	張鑫炎獲第三十三屆香港電影金像獎「終身成就獎」
	11 月 20 日向華勝逝世
	12 月 11 日前清水灣片廠廠長陸元亮逝世
2015 年	許鞍華導演的《黃金時代》獲香港電影金像獎「最佳電影」、「最佳導演」等五個獎項,許鞍華第五度得到金像獎「最佳導演」。
	演員紫羅蓮、林家聲、司馬燕、何家駒逝世
2016 年	獨立電影《十年》奪香港電影金像獎「最佳電影」引起爭議
	《寒戰 II》成為首部票房過六千萬的香港電影
	李麗華獲第三十五屆香港電影金像獎「終身成就獎」
	10 月 30 日,著名演員、監製夏夢逝世
	演員陳雲裳、王萊、馮克安逝世
2017 年	三位新人導演合作的《樹大招風》奪香港電影金像獎「最佳電影」
	第一屆首部劇情電影計劃得獎作品《一念無明》、《點五步》於香港電影金像獎獲多個獎項
	邵逸夫夫人方逸華,著名演員李麗華、于素秋,資深電影人陳佩華、高飛逝世。
	芳艷芬獲第三十六屆香港電影金像獎「終身成就獎」
2018 年	許鞍華導演的《明月幾時有》獲香港電影金像獎「最佳電影」、「最佳導演」等五個獎項,是許鞍華第六度獲得金像獎「最佳導演」。
	11 月 2 日,鄒文懷逝世。
	12 月 29 日,導演林嶺東逝世。
	演員雷震、岳華、藍潔瑛逝世。
	楚原獲第三十七屆香港電影金像獎「終身成就獎」

参
考
【書目】

①　大衛・波德維爾（David Bordwell）著，何慧玲譯：《香港電影的秘密：娛樂的藝術》，海口：海南出版社，2003。

②　王晶：《少年王晶闖江湖》，香港：明報周刊，2011。

③　王瑋：《意義與空白：當代香港電影觀察》，台北：萬象圖書股份有限公司，1995。

④　石琪：《石琪影話集（1）—新浪潮逼人來（上）》，香港：次文化堂有限公司，1999。

⑤　何思穎、何慧玲編：《劍嘯江湖：徐克與香港電影》，香港：香港電影資料館，2002。

⑥　何思穎、李焯桃編：《反建制的先鋒桂治洪》，香港：香港電影資料館，2011。

⑦　余慕雲：《香港電影史話（卷一）—默片時代）》，香港：次文化堂有限公司，1996。

⑧　余慕雲：《香港電影史話（卷二）—三十時代）》，香港：次文化堂有限公司，1997。

⑨　余慕雲：《香港電影史話（卷三）—四十時代）》，香港：次文化堂有限公司，1998。

⑩　余慕雲：《香港電影史話（卷四）—五十年代（上）》，香港：次文化堂有限公司，2000。

⑪　余慕雲：《香港電影史話（卷五）—五十時代（下）》，香港：次文化堂有限公司，2001。

⑫　吳君玉、黃夏柏編：《娛樂本色 —— 新藝城奮鬥歲月》，香港：香港電影資料館，2016。

⑬　李焯桃、何慧玲、許維文編：《浪漫演義 —— 電影工作室創意非凡廿五年》，香港：香港國際電影節，2009。

⑭　李焯桃：《觀逆集：香港電影篇》，香港：次文化堂有限公司，1993。

⑮　〈李萍倩暢談導演生涯〉，《娛樂畫報》，1967 年 5 月。

⑯　李翰祥：《影海生涯（上、下）》，北京：農村讀物出版社，1987。

⑰　汪曼玲：〈葛蘭勘破生死謎・盼望林翠能入夢〉，《明報周刊》，第 1469 期，1997 年 1 月。

⑱　卓伯棠：《香港電影新浪潮》，上海：復旦大學出版社，2011。

⑲　周承人、李以莊：《早期香港電影史（1897－1945）》，香港：三聯書店（香港）有限公司，2005。

⑳　周承人、李以莊：《早期香港電影史第一懸案：黎北海、黎民偉從影個案研究》，香港：電影雙周刊有限公司，2008。

㉑　尚戈：〈粵語片的成本與市場〉，《中聯畫報》，第 7 期，1956 年 3 月。

㉒　林青霞：〈淚王子楊凡〉，《蘋果日報》「果籽名采」，2009 年 6 月 15 日，擷取自 https://hk.lifestyle.appledaily.com/lifestyle/columnist/%E6%9E%97%E9%9D%92%E9%9C%9E%EF%BC%88%E8%91%97%E5%90%8D%E6%BC%94%E5%93%A1%EF%BC%89/daily/article/20090621/12901848（瀏覽日期：2009 年 6 月 21 日）。

㉓　香港國際電影節辦事處：《七十年代香港電影研究（第八屆香港國際電影節特刊）》，香港：市政局，1984。

㉔　香港國際電影節辦事處：《八十年代香港電影（第十五屆香港國際電影節特刊）》，香港：市政局，1991。

㉕　《香港電影七九一八九（第二十四屆香港國際電影節特刊）》，香港：香港國際電影節辦事處，2000。

㉖　家明：《溜走的激情 —— 80 年代香港電影》，香港：香港電影評論學會，2009。

㉗　張建德著，蘇濤譯：《香港電影：額外的維度》，北京：北京大學出版社，2017。

㉘　張煒：《永恆的光輝》，香港：創建出版，1990。

㉙　張徹：《回顧香港電影三十年》，香港：三聯書店（香港）有限公司，2003。

㉚　張徹：《張徹回憶錄・影評集》，香港：香港電影資料館，2002。

㉛　張靚蓓：《十年一覺電影夢》，台北：時報文化，2002。

㉜　張燕：《在夾縫中求生存 —— 香港左派電影研究》，北京：北京大學出版社，2010。

㉝　張燕：《映畫：香港製造 —— 與香港著名導演對話》，北京：北京大學出版社，2006。

㉞　梅綺：《戲劇的人生》，香港：文宗出版社，1956。

㉟　盛安琪、劉嶔編：《香港影人口述歷史叢書之一：龍剛》，香港：香港電影資料館，2010。

㊱　許敦樂：《墾光拓影 —— 南方影業半世紀的道路》，香港：kubrick，2005。

㊲　郭靜寧編：《香港影人口述歷史叢書之一：南來香港》，香港：香港電影資料館，2000。

㊳　郭靜寧編：《摩登色彩：邁進 1960 年代》，香港：香港電影資料館，2008。

㊴　陳家樂、朱立：《無主之城 —— 香港電影中的九七回歸與港人認同》，香港：天地圖書有限公司，2008。

㊵　黃愛玲編：《粵港電影因緣》，香港：香港電影資料館，2005。

㊶　彭麗君：《黃昏未晚：後九七香港電影》，香港：香港中文大學出版社，2010。

㊷　焦雄屏：《香港電影風貌（1975 – 1986）》，台北：時報文化出版企業有限公司，1987。

㊸　黃百鳴：《新藝城神話》，香港：天地圖書有限公司，1998。

㊹　黃百鳴：《獨闖江湖》，香港：天地圖書有限公司，1998。

㊺　黃愛玲、李培德編：《冷戰與香港電影》，香港：香港電影資料館，2009。

㊻ 黃愛玲編：《中國電影溯源》，香港：香港電影資料館，2011。

㊼ 黃愛玲編：《邵氏電影初探》，香港：香港電影資料館，2003。

㊽ 黃愛玲編：《故園春夢——朱石麟的電影人生》，香港：香港電影資料館，2008。

㊾ 黃愛玲編：《風花雪月李翰祥》，香港：香港電影資料館，2007。

㊿ 黃愛玲編：《香港影人口述歷史叢書之二：理想年代——長城、鳳凰的日子》，香港電影資料館，2001。

(51) 黃愛玲編：《國泰故事（增訂本）》，香港：香港電影資料館，2009。

(52) 黃愛玲編：《粵港電影因緣》，香港：香港電影資料館，2005。

(53) 〈粵語片清潔運動宣言〉，《大公報》第四版，1949 年 4 月 8 日。

(54) 葉月瑜、卓伯棠、吳昊編：《三地傳奇——華語電影二十年》，台北：國家電影資料館，1999。

(55) 〈鮑起靜做客《夫妻天下》自曝曾「使壞」耍方平〉，搜狐娛樂網電視訪問，擷取自 https://m.sohu.com/n/354182792/（瀏覽日期：2012 年 9 月 29 日）。

(56) 翟浩然：《光與影的集體回憶》，香港：明報周刊，2011。

(57) 蒲鋒、劉嶔編：《主善為師——黃飛鴻電影研究》，香港：香港電影資料館，2012。

(58) 蒲鋒、劉嶔編：《乘風變化——嘉禾電影研究》，香港：香港電影資料館，2013。

(59) 趙衛防：《香港電影史（1897－2006）》，北京：中國廣播電視出版社，2007。

(60) 銀都機構：《銀都六十（1950－2010）》，香港：三聯書店，2010。

(61) 潘國靈：《銀河映像，難以想像：韋家輝＋杜琪峰＋創作兵團（1996－2005）》，香港：三聯書店（香港）有限公司，2006。

㉒　蔡瀾：《電光幻影》，杭州：浙江文藝出版社，2002。

㉖　鍾寶賢：《香港影視業百年》，香港：三聯書店（香港）有限公司，2011。

㉗　藍天雲、郭靜寧編：《香港影人口述歷史叢書之三：楚原》，香港：香港電影
資料館，2006。

㉘　藍天雲編：《我為人人 中聯的時代印記》，香港：香港電影資料館，2011。

㉙　羅卡：《香港電影點與線》，香港：國際演藝評論家協會（香港分會），
2006。

㉚　關文清：《中國銀壇外史》，香港：廣角鏡出版有限公司，1976。

特別鳴謝：

❖❖

吳宇森先生

杜琪峯先生

徐　克先生

爾冬陞先生

❖❖

感謝以下人士在本書監修上提供
意見和作出協助：

❖❖

石　琪先生

林錦波先生

莊　澄先生

❖❖

香港電影 脈絡回憶

光影裏的浪花

魏君子 編著

責任編輯　張詩薇

特約編輯　鄭傳鏵

裝幀設計　小草

排　版　沈崇熙　賴艷萍

印　務　劉漢舉

出版 —— 中華書局（香港）有限公司

　　　　香港北角英皇道 499 號北角工業大廈 1 樓 B

　　　　電話：(852) 2137 2338　傳真：(852) 2713 8202

　　　　電子郵件：info@chunghwabook.com.hk

　　　　網址：http://www.chunghwabook.com.hk

發行 —— 香港聯合書刊物流有限公司

　　　　香港新界大埔汀麗路 36 號 中華商務印刷大廈 3 字樓

　　　　電話：(852) 2150 2100　傳真：(852) 2407 3062

　　　　電子郵件：info@suplogistics.com.hk

印刷 —— 美雅印刷製本有限公司

　　　　香港觀塘榮業街 6 號海濱工業大廈 4 字樓 A 室

版次 —— 2019 年 5 月初版

　　　　©2019 中華書局（香港）有限公司

規格 —— 16 開（240mm x 170mm）

ISBN —— 978-988-8572-49-6